作者简介

刘泱育　男，南京财经大学新闻学院副院长，复旦大学新闻学院博士后。

主持完成国家社科基金项目和中国博士后科学基金特别资助项目各1项。在《国际新闻界》、《新闻大学》、《现代传播：中国传媒大学学报》等学术期刊发表论文30余篇。曾获南京师范大学优秀博士论文奖，首届新闻传播学国家学会奖优秀学术奖，入选江苏省“青蓝工程”优秀青年骨干教师和江苏省“333工程”高层次人才。

国家社科基金项目成果“政务微博意见领袖形成机制的经济学分析”(13CXW047)。
江苏省“青蓝工程”优秀青年骨干教师和江苏省“333”工程高层次人才项目资助。

政务微博意见领袖形成机制的经济学分析

以省会城市政务微博为例

刘泱育◎著

人民日报学术文库

人民日报出版社

图书在版编目（CIP）数据

政务微博意见领袖形成机制的经济学分析：以省会城市政务微博为例 / 刘泱育著．—北京：人民日报出版社，2018.12

ISBN 978－7－5115－3470－5

Ⅰ.①政… Ⅱ.①刘… Ⅲ.①互连网络—传播媒介—应用—国家行政机关—行政管理—研究—中国
Ⅳ.①D630.1－39

中国版本图书馆 CIP 数据核字（2018）第 297141 号

书　　名： 政务微博意见领袖形成机制的经济学分析：以省会城市政务微博为例
著　　者： 刘泱育

出 版 人： 董　伟
责任编辑： 周海燕
装帧设计： 中联学林

出版发行： 人民日报出版社
社　　址： 北京金台西路 2 号
邮政编码： 100733
发行热线：（010）65369509　65369846　65363528　65369512
邮购热线：（010）65369530　65363527
编辑热线：（010）65369518
网　　址： www.peopledailypress.com
经　　销： 新华书店
印　　刷： 三河市华东印刷有限公司

开　　本： 710mm×1000mm　1/16
字　　数： 315 千字
印　　张： 17.5
印　　次： 2019 年 3 月第 1 版　　2019 年 3 月第 1 次印刷

书　　号： ISBN 978－7－5115－3470－5
定　　价： 78.00 元

序　言

毫无疑问，微博已成为我国重大新闻的首发平台和“第一大社会公共舆论场”，正在扮演着凝聚社会共识、推动社会治理、发展社会公益不可缺少的平台、桥梁角色。各级各类政府机关也与时俱进开设政务微博，及时发布时政信息和服务信息，广泛了解社情民意，通过互动协商达成共识，基于共识制定公共政策，实现从管理型政府向服务型政府的职能转变，进而达成“善治”这一理想的社会治理与运行状态。

微博尤其是政务微博自然也成为当下众多新闻传播学者、社会学者、政治学者关注、研究的焦点。在大量的研究成果中，刘泱育博士的这部专著《政务微博意见领袖形成机制的经济学分析》，自有其显著的特色和优点。

第一，明确的问题意识。我国政务微博数以万计，为什么有的账号能成为“意见领袖”或者说具有较大的“影响力”？本研究自始至终都是围绕这一核心问题，进行了相当深入的研讨。第二，独特的研究视角。泱育接受过系统的经济学专业训练，他以经济学视角来关照我国政务微博意见领袖，分析其影响力形成的复杂机制。这一研究视角，相对于大多数微博研究的传播学视角，显得独特而新颖。第三，合理的研究样本。本研究根据意大利经济学家帕累托（Vilfredo Pareto）提出的“帕累托定理”，从我国超过 16 万个基于新浪平台的政务微博中，选取具有较高影响力的 31 家省会城市政务微博进行定量分析和内容分析，重点分析其中的前三甲“上海发布”“南京发布”和“成都发布”，点面结合，合理科学。第四，可期的现实价值。本研究有不少重要而不为人知晓的发现。例如，作者通过研究分析发现，我国省会城市政务微博在传播中央政府工作报告时，存在议程设置的连续性缺乏、原创微博远少于转发微博、消息来源主要来自中央级媒体等问题，据此提出了准点“传”播、重点“转”发、定点“看”重要消息来源、趣点“选”符合新闻本质的信息等对策建议。诸如此类的研究发现和对策建议，对我国政务微博优化运营、提升影响力、有效引导社会舆论，应该会产生实际效用。

在我看来，本研究也存在一些缺憾。作者提出了两个假定作为研究分析的前提：其一，政务微博的用户是“理性人”，有相对稳定的内容需求和偏好；其二，政务微博的“转发数”“评论数”“点赞数”三项之中有一项数量超过100(包括100)，即视为高影响力微博。经济学研究确实是以一定的假定为前提，但是这两个假定的依据何在？我认为还需要予以说明和讨论。本研究主要是选取“高影响力”政务微博内容，来分析政务微博意见领袖的成因。这属于正向的研究逻辑。如果再选取若干“低影响力”政务微博内容进行反向论证，研究结论可能会更有说服力。

泱育2014年9月进入复旦大学新闻学院博士后流动站，我是他的指导老师。无论是做博士后期间还是出站之后，他都礼敬我为师长，我则待之以友朋，我们之间情趣相投，亦师亦友。他有时从南京来上海，我们总要在复旦周边的饭馆小酌几杯，互道近况。外出开会相遇时也是如此。2018年10月27日，我们二人在浙江大学传媒与国际文化学院承办的中国新闻史学会学术年会上不期而遇，晚上聚饮于西湖边的楼外楼，把酒临风，微醺而别。我和泱育之间，诚如古人所言——“相见亦无事，别后常忆君”。

泱育是一位真诚、勤奋而且有人生智慧和生活情趣的青年学者。他以研究我国新闻史大家方汉奇先生而知名于新闻传播学界，在出版的专著《治学与治己：方汉奇学术之路研究》中，揭示了自己为人为学的旨趣态度：践行四大理念——兴趣为业、与时俱进、与人为善、角色均衡；经营五种心情——孝顺心、责任心、宽容心、上进心、感恩心。这四大理念和五种心情，正是他真诚、勤奋、睿智、性情的体现。

出于诚，勤于思，志于学，爱于人。假以时日，相信泱育会有更多更好的学术成果问世。

陈建云

（复旦大学新闻学院新闻系主任、教授、博士生导师）

2019年3月1日于沪上放心室

目　录
CONTENTS

第一章　经济学视角下政务微博影响力效用的最优化问题

微信（包括政务微信）兴起之后，为什么还有必要研究微博（包括政务微博）？

微博不但是“两微一端”的有机构成部分①，而且，微信兴起之后，微博的作用仍然无可替代——“微博作为全球最大的中文社交媒体”，既是中国社会重大新闻的“首发平台”，也是“中国网民重要且首选的舆论参与平台、网民可信任的公开舆论场”和“中国第一大社会公共舆论场”。②

复旦大学新闻学院朱春阳教授坦言，他“一开始认为，微信与微博之间的关系应该是替代关系，很快，就应该是微信的天下了。但这个观点在2015年发生了变化，微博与微信的关系，应该是互补关系，而不是替代关系。”既然是互补关系，“就需要我们对微博和微信的角色做一个大致的区分。我们通常把微博空间比喻成城市中心广场，而把微信空间比喻为私家客厅。这样，人们的微博交流就类似城市中心广场的言说，是公共空间的聚合与冲撞；而微信交流则类似私家客厅的沙龙。从舆情的特征来看，城市中心广场的聚会和喧哗是舆情关注的核心所在，也是一般性政务机构所要面对的日常事件。”如果说“微博是舆情发作的第一信息落点”，那么，“微信则是对微博信息与观点进行阐释的二次聚合和再生产。”“微博作为网络舆情的第一落点应该承担起舆情引导主平台的功能，第一落点处置得当，舆情向第二平台演化的可能性就大大降低了。政务

---

① 2016年8月12日，国务院办公厅发布《关于在政务公开工作中进一步做好政务舆情回应的通知》（国办发〔2016〕61号），强调各地区各部门要“进一步提高政务微博、微信和客户端的开通率，充分利用新兴媒体平等交流、互动传播的特点和政府网站的互动功能，提升回应信息的到达率”。

② 侯锷：《2016年中国政务微博矩阵发展报告》，见唐绪军主编：《中国新媒体发展报告(2017)》，北京：社会科学文献出版社，2017年版，第143页。

微博近年来成为政府能力建设的重点也正是基于这一特征。”①

上海发布主编周凯在接受笔者采访时，同样认为微博的作用是微信所无法替代的：

周凯主编：微信公众号受到许多制约，比如每天发布的次数，上海发布现在已经改到每天发布5次了。相对来说还好一点，但是，即便如此，与微博随便什么时候想发都可以，是不一样的。还有，做一条微信的时间花费比较长，而微博说发就发，尽管其中，制作发布可能会花一点时间，但是，两三分钟就可以发一条，对于一些突发事件，特别特别强调时效性，要不断滚动发布，微博具有微信所不能替代的优势。

……微博尽管它的使用人群越来越娱乐化，但它的作用是微信所无法取代的，微博可以实时滚动，不断地发布，而且相当于是一个广场式的发布，那么，发生突发事件的时候，我肯定是首选微博来发声。但是，微信由于它的强关系的一个属性，可以更加准确地触达目标人群……所以，微博和微信两者各有所长，不可相互取代。

……就像马航370事件的时候，很多人都回到微博里面来找这件事情的原因，微信在许多时候对于传播信息来说，相当于二道贩子一样，但微博更多的是首发消息源。②

在2016年10月召开的第二届“V影响力峰会”上，中央网信办网络新闻信息传播局副局长孙凯认为，微博正扮演着三个不可或缺的重要角色——“凝聚社会共识不可或缺的平台、推动社会治理不可或缺的桥梁、发展公益事业不可或缺的力量”。③ 作为“推动社会治理不可或缺的桥梁”，“政务微博是我国从管理型政府向服务型政府转变的重要举措之一，是‘互联网+社会治理’的重要表现”。④

---

① 朱春阳：《政务微博还是政务微信?》，《当代贵州》2017年第24期，第63页。

② 据2017年7月13日笔者采访上海发布主编周凯的录音资料节录。

③ 《政务微博数量超16万 直播呈现规模化》，据2016年11月9日《重庆晚报》。

④ 谢耘耕：《〈政务微博舆情管理研究〉序言》，见杜杨沁：《政务微博舆情管理研究》，上海：上海大学出版社，2017年版，序言第2页。

第一节 研究的问题及其价值

一、研究的问题与文献回顾

本研究从经济科学的角度切入，并结合传播学、政治学等多学科理论，探究“政务微博意见领袖”是怎样形成的？深入解读和分析其原因。本研究的前提预设是：如果能够科学地分析出政务微博意见领袖的形成原因，那么，我们就可能有目标有效率地培育和生产政务微博的意见领袖，从而在风险社会中有效地引导微博舆论，以期实现我国社会治理的长治久安。

对于政府网络舆论引导与微博意见领袖关系的讨论，以及微博意见领袖形成机制的研究，自2009年微博在我国兴起迄今，成果十分丰富。

（一）政府网络舆论引导与微博意见领袖关系研究：“所见略同”——要高度重视微博意见领袖对于网络舆论的影响力。

喻国明等通过梳理网络舆情热点，提出重视并充分发挥网络意见领袖（包括微博意见领袖）的作用，是党和政府应对网络舆情的必要策略①；陈力丹等认为，就微博问政而言，官员微博天然有一定的权威性，官员因而要争取成为微博意见领袖，从而利用网络平台取得微博问政的良好效果②；杜骏飞等则系统地分析了近年各级政府部门所遭遇的网络危机事件，探讨了在网络环境下政府、公众、媒体、专家和非政府组织应对危机的行动规律，其中，发挥微博意见领袖的作用是政府应对网络危机的重要手段③；有研究者认为网络意见领袖是政府网络舆情传播的外源性动力之一，并探讨了微博时代意见领袖影响力的增减问题④；也有研究者认为政务微博对于政府的价值在于：第一信源，第一现场和第一平台⑤；但目前我国政务微博存在许多问题，而与意见领袖沟通合作，发挥意见领袖积极作用是发挥政务微博传播效果的关键⑥。

---

① 喻国明等：《微博：一种新传播形态的考察——影响力模型和社会性应用》，北京：人民日报出版社，2011年版。

② 陈力丹、曹文星：《微博问政发展趋势分析》，《编辑之友》2012年第7期。

③ 杜骏飞等：《政府网络危机》，北京：中国发展出版社，2011年版。

④ 李彪：《谁在网络中呼风唤雨：网络舆情传播的动力节点和动力机制研究》，北京：人民日报出版社，2011年版。

⑤ 林俊：《政务微博的媒介特征及功能运用》，《新闻战线》2012年第3期。

⑥ 刘锐、谢耘耕：《中国政务微博运作现状、问题与对策》，《编辑之友》2012年第7期。

（二）微博意见领袖形成机制研究："和而不同"——微博意见领袖的成因问题极为重要，但需要从多个维度深入分析。

对微博意见领袖形成机制的研究，首先面临的问题就是：如何识别微博意见领袖？张志安主编了国内首个《中国微博意见领袖研究报告》，提出了"网络影响力""传统媒体影响力"和"活跃度"等指标作为界定微博意见领袖的标准①；其他学者（如张涛甫、周庆山、刘志明、刘鲁、刘锐、王君泽、吴英女、魏志惠、彭丽徽等）也对此问题进行了探究②；讨论微博意见领袖，在某种意义上就是在讨论微博的影响力，廖卫民从"高转发微博"的传播机制切入，研究微博的影响力③。谢耘耕等学者将微博意见领袖放在微博舆论的生成演变机制中考察，认为意见领袖是微博传播中的重要节点，平常的信息一旦经过意见领袖的转发，就将成为整个信息传播的爆发式增长点④；有研究者认为，微博传播模式的创新催生了意见领袖形成机制的革新，在网络中成为意见领袖不仅要为其他网友所熟知，而且所发表的观点和见解要能够得到多数网友的认可，并且，网络意见领袖威望的形成时间较传统意见领袖而言更为迅速⑤。但是，也有研究者认为，微博并未真正改变传统意见领袖的形成机制和影响，反而是微博传播对于既有媒体的依附加深了既有意见领袖的地位⑥。

---

① 张志安、贾佳：《中国政务微博研究报告》，《新闻记者》2011 年第 6 期。

② 张涛甫、项一嵚：《中国微博意见领袖的行动特征》，《新闻记者》2012 年第 9 期；张涛甫：《纠偏：舆论场的结构性再平衡——兼论两种舆论引导偏向》，《新闻与写作》2017 年第 3 期。周庆山等：《微博中意见领袖甄别与内容特征的实证研究》，《山东图书馆学刊》2012 年第 2 期。刘志明、刘鲁：《微博网络舆情中的意见领袖识别及分析》，《系统工程》2011 年第 6 期。刘锐：《微博意见领袖初探》，《新闻记者》2011 年第 3 期。王君泽、王雅蕾、禹航、徐晓林、王国华、曾润喜：《微博客意见领袖识别模型研究》，《新闻与传播研究》2011 年第 6 期。吴英女、沈阳、周琴：《微博意见领袖网络行为——"净网"前后的数据分析》，《新闻记者》2014 年第 1 期。魏志惠、何跃：《基于信息熵和未确知测度模型的微博意见领袖识别——以"甘肃庆阳校车突发事件"为例》，《情报科学》2014 年第 10 期。彭丽徽、李贺、张艳丰：《基于灰色关联分析的网络舆情意见领袖识别及影响力排序研究——以新浪微博"8.12 滨海爆炸事件"为例》，《情报理论与实践》2017 年第 9 期。

③ 廖卫民：《高转发微博的传播机制及其可视化分析》，《现代传播》2014 年第 7 期。

④ 谢耘耕、荣婷：《微博舆论生成演变机制和舆论引导策略》，《现代传播》2011 年第 5 期。

⑤ 杜筠：《网络传播中意见领袖的角色分析》，《东南传播》2009 年第 5 期。

⑥ 桑亮、许正林：《微博意见领袖的形成机制及其影响》，《当代传播》2011 年第 5 期。

（三）政务微博意见领袖及其影响力研究的理论视角与经验材料——既鲜见经济学的视角，也未见到基于31个省会城市政务微博的系统研究。

关于政务微博意见领袖及其影响力的研究，由于问题的重要，成为研究的热点。近年出现的与本研究关联较大的成果，不能不提李颖对于“政务微博公众认可度”因素的分析①，其中涉及了公众对政务微博的评论以及公众的活跃度的影响因素。詹骞基于社会学的视角，以北京地区的政务微博为例，对政务微博意见领袖的社会网络进行了较为深入的分析，② 基于社会学视角的还有孙厚权等以广州公安的微博为例而展开的研究。③ 梁芷铭曾对政务微博舆论环境中的经济价值做过分析，但其聚焦的重点并不是政务微博意见领袖及其影响力，而是从舆论生态环境的角度讨论政务微博运行的收益。④ 值得注意的是，杜杨沁对于政务微博舆情管理的研究，采用的“委托代理理论”（principal - agent theory）虽然是由美国经济学家伯利和米恩斯提出的经济学理论，⑤ 但却并不是该研究的主导性理论视角——杜杨沁综合采用了“马克思主义舆论管理理论”“委托代理理论”和“社会网络分析方法”来研究政务微博的舆情管理。

基于经济学的视角研究政务微博意见领袖及其影响力的成果，时至今日，仍然鲜见。

对于省会城市政务微博进行个案研究的成果不少。“上海发布”“南京发布”和“成都发布”都是学术界研究的热点。对于其他省会城市政务微博所进行的个案研究，也不少见。

与本研究关联较大的研究成果有，以“上海发布”为个案，有研究者讨论“网络问政视野下的政务微博传播效果”，⑥ 有研究者思考政务微博与政府公信

---

① 李颖：《政务微博公众认可度因素分析》，北京：中国社会科学出版社，2017年版。

② 詹骞：《政务微博意见领袖的社会网络分析——以北京地区政务微博为例》，《现代传播》2014年第12期。

③ 孙厚权、王冬冬、张俊丽：《政务微博的意见领袖分析》，《情报杂志》2014年第1期。

④ 梁芷铭：《政务微博在舆论生态环境中的经济学分析——政务微博话语权系列研究之十》，《生态经济》2014年第8期。梁芷铭近年对“政务微博话语权”展开了系列研究，他曾以广东省为例，探讨了政务微博的受关注度及其优化策略，详见梁芷铭：《政务微博的受关注度及其优化策略研究——以广东省为例》，《广东行政学院学报》2014年第5期。

⑤ 杜杨沁：《政务微博舆情管理研究》，上海：上海大学出版社，2017年版，第27-28页。

⑥ 李志翔：《网络问政视野下的政务微博传播效果研究——以新浪微博平台“上海发布”为例》，上海交通大学硕士学位论文，2013年。

力之间的关系,① 也有研究者求解政务微博与“善治”的关系。② 以“上海发布”为个案研究省会城市政务如何应对突发事件也已出现不只一个研究成果。③ 关于“南京发布”的研究，以之为个案，有研究者研究政务微博运营中的用户思维策略④，也有研究者讨论政务微博与城市形象塑造的关系⑤，作为政务微博的运营者，则思考过政务微博与舆论引导的关系⑥。关于“成都发布”的研究，以之为个案，有研究者聚焦城市政务微博的传播效果,⑦ 有研究者思考影响政务微博在政府公共关系建构中有效传播的因素,⑧ 也有研究者探讨政务微博互动力的影响因素。⑨

对于其他省会城市政务微博的个案研究，与本研究关联较大的成果主要有——有学者曾以“北京发布”为个案，讨论过我国政务微博的运行机制⑩；有研究者以“重庆微发布”为个案，探讨政务微博与城市形象的塑造问题⑪；也有研究者以“中国广州发布”为个案，探研政务微博的功能定位与传播技巧。⑫

虽然，近年来对我国省会城市政务微博进行个案研究的成果不少，但是，

---

① 吴文洵:《政务微博与政府公信力关系研究》，华东政法大学硕士学位论文，2014 年。

② 姚志骅:《政务微博与善治研究——以“上海发布”为例》，复旦大学硕士学位论文，2014 年。

③ 王国华等:《突发事件中政务微博的网络舆论危机应对研究——以上海踩踏事件中的@上海发布为例》，《情报杂志》2015 年第 4 期。邵祺翔:《“研判、控制和反馈一体化”的突发事件政务微博应对机制研究——以“上海发布”为例》，复旦大学硕士学位论文，2013 年。孟吉杰:《突发事件中政务微博发布的实证研究——以“上海发布”典型案例为例》，上海交通大学硕士学位论文，2014 年。

④ 郑坤:《政务微博运营中的用户思维策略研究——以 2014 年度@南京发布为例》，华中科技大学硕士学位论文，2015 年。

⑤ 汪兴和:《政务微博在我国城市形象构建与传播中的作用刍议——基于南京发布微博的实证研究》，《新媒体研究》2015 年第 14 期。

⑥ 张建军、黄伟清:《“南京发布”，小微博搭建舆论引导大舞台》，《群众》2012 年第 7 期。

⑦ 刘思庆:《基于使用与满足理论的城市政务微博传播效果研究——以“成都发布”为例》，西南交通大学硕士学位论文，2015 年。

⑧ 邹蕾:《影响政务微博在政府公共关系建构中有效传播的因素——以“成都发布”为例》，电子科技大学硕士学位论文，2015 年。

⑨ 曹石磊:《政务微博互动力的影响因素——基于“成都发布”的经验研究》，西南交通大学硕士学位论文，2016 年。

⑩ 张玲:《政务微博运行机制》，北京：中国社会科学出版社，2016 年版。

⑪ 张婷:《政务微博对重庆城市形象的塑造——基于“@重庆微发布”的实证研究》，西南政法大学硕士学位论文，2015 年。

⑫ 任飞:《政务微博的功能定位与传播技巧——以@中国广州发布为例》，暨南大学硕士学位论文，2015 年。

系统地以我国31个省会城市政务微博作为经验材料来研究政务微博意见领袖及其影响力的成果，尚未见到。

二、选题的理论价值和现实意义

（一）理论价值

学界已有的研究成果表明：不但政府舆论引导与微博意见领袖的关系问题极其重要，而且微博意见领袖的形成机制极为复杂，这就需要并值得研究者采用包括经济学在内的各学科的诸种理论工具从不同视角对其进行深入研究。美国学者加里·S. 贝克尔（Gary S. Becker）在其经典著作《人类行为的经济分析》一书中指出：经济学之所以成为一门科学，其原因不在于它的研究对象或种种定义，而在于它的研究方法。本研究尝试利用经济学科的研究方法，聚焦政务微博意见领袖的形成机制，希冀在知识增量意义上丰富已有的关于政务微博意见领袖的研究成果，无疑具有重要的理论价值。

（二）现实意义

我国正处在社会转型期，已经步入了风险社会阶段，不但每个人都面临着风险，而且在微博时代，“人人都是通讯社，个个都有麦克风”，部分网民在微博上的实践行为事实上在人为地制造着潜在的风险，我国各级政府部门对于网络舆论的有效引导因此比以往任何时候都更加困难，这是我们无论承认与否都不得不长期面对的难题。而微博舆论似水，“防民之口，甚于防川”，众所周知，堵是堵不住的，唯有因势利导，切实发挥政务微博意见领袖对于舆论的引导作用，我们才有可能最大程度地化解社会转型期的各种网络舆论风险。而发挥政务微博意见领袖对于舆论的引导作用的前提是——我们需要通过深入研究政务微博意见领袖的形成机制，进而有效地培育政务微博意见领袖。否则，皮之不存，毛将焉附?

第二节 研究思路与研究方法

一、政务微博意见领袖的界定：影响力的角度

如何界定微博意见领袖？学界众说纷纭，本研究赞同从“影响力”的角度

来识别微博意见领袖。①

“影响力是一种关系”，“无论是行使影响力，还是接受影响力，或是这两种情形一起，都可以发生在个体或集体的层面”。② 达尔（Robert A. Dahl）和斯泰恩布里克纳（Bruce Stinebrickner）曾从关系的视阈定义过“影响力”：

人类行动者之间的这样一种关系，即一个或更多行动者的需求、欲望、偏好或意图，以一种与影响力施加者的需求、欲望、偏好或意图在方向上一致（而非相反）的方式，左右一个或多个行动者的行动或行动意向。③

微博意见领袖影响力的构成要素包括了“转发”和“评论”，在微博影响力的形成过程中，“转发评论数与微博影响力呈显著的正相关关系”。④ 而“点赞”则属于评论的一种特殊形式。

由于“意见领袖要影响公共事件的舆论，需要获得最广泛网友的支持”⑤，而网友是否支持政务微博账号，从“显示性偏好”的角度来说，可以从“转发”“评论”和“点赞”等网友与政务微博账号互动的方式中获知，因此，在本研究中，“政务微博意见领袖”主要是指“有影响力”的政务微博账号。政务微博账号是否被认定为意见领袖，在研究中，不限于获得大部分网友的“支持”，亦包括众多网友对政务微博账号发布的观点持“反对”意见，因为无论“支持”（例如以“点赞”的形式表现出来），还是“反对”（例如以评论的形式——尤其是负面评论的形式表现出来），都说明政务微博账号具有“影响力”。

而政务微博账号的影响力归根结底是通过发布一条又一条有影响力的微博而建构的。问题于是便转化为——政务微博账号发布的有影响力的微博可以类分为哪些稳定的偏好类型？这些有影响力的微博又具有何种特征？从经济学的角度来看，这些有影响力的微博满足了作为“理性人”的政务微博用户的哪些偏好与需求？

二、高影响力微博的定义与样本选择

“假定是经济学研究的前提。任何一个经济学理论或经济学模型，都是以一

① 张志安、贾佳：《中国政务微博研究报告》，《新闻记者》2011 年第 6 期。

② （美）达尔、斯泰恩布里克纳：《现代政治分析》，吴勇译，北京：中国人民大学出版社，2012 年版，第 46 页。

③ 同上书，第 22 页。

④ 白贵，王秋菊：《微博意见领袖影响力与其构成要素间的关系》，《河北学刊》2013 年第 2 期，第 174 页。

⑤ 芦何秋：《社交媒体意见领袖研究——以新浪微博平台为例》，武汉：武汉大学出版社，2016 年版，第 95 页。

定的假定为前提的。任何一个经济学研究只有在一系列假定之下，才能得以展开。”① 本研究从经济学的视角聚焦政务微博意见领袖的形成机制，自然也需要“以一定的假定为前提”。

根据新浪平台的微博技术设计，评价一条微博的影响力，可以从“阅读数”“转发数”“评论数”和“点赞数”等维度进入。由于以“阅读数”评价一条微博的影响力具有较大的局限性，这种局限性，如果用上海发布主编周凯的话来说便是：

我们一直倾向于用“转发”——来作为微博影响力的核心评价指标，评论数排在第二，点赞数排在第三。阅读数——我觉得不适合作为评价微博影响力的指标。像微博的阅读数，跟其他的是不一样的，你只要刷一下屏幕，这个屏幕里的每一条微博，不管你对于具体的微博内容读不读，它都算你已经阅读过了。其实你到底有没有看过呢，不一定的……像上海发布的这条微博，阅读量8.5万，如果真的有8.5万人阅读过了，那评论量至少有几百条了，而这条微博只有几条评论。所以，阅读量——不适合作为微博影响力评价的一个参考指标。②

因此，在本研究中，将采用“转发数”“评论数”和“点赞数”③ 作为评价一条微博影响力的指标，并据综览全国31个省会城市2016年全年所发布微博的实际情况，假定“转发数”“评论数”和“点赞数”，三者之中有一个在数量上超过100（包括100）的微博——即为高影响力微博。

经逐条统计全国31个省会城市政务微博2016年发布的全部174935条微博，共获得6920条“高影响力”微博，详见下表。

政务微博名　　称	高影响力微博数量	2016年发布微博数量	高影响力微博比率	高影响力微博比率排名
南京发布	1891	4633	40.82%	1
上海发布	1077	7550	14.26%	2
成都发布	1540	12911	11.93%	3

① 陈建群：《电视信息经济学初探》，北京：新华出版社，2014年版，第10页。

② 据2017年7月13日笔者到上海发布调研的录音资料整理。

③ 转发数、评论数和点赞数，这三个指标构成了政务微博的“互动力”。见2017年1月19日发布的《2016年人民日报·政务指数微博影响力报告》，http://yuqing.people.com.cn/n1/2017/0119/c209043-29036185-2.html

续表

政务微博名　　称	高影响力微博数量	2016 年发布微博数量	高影响力微博比率	高影响力微博比率排名
杭州发布	592	9809	6%	4
北京发布	396	10372	3. 8%	5
中国广州发布	317	8625	3. 7%	6
天津发布	393	11189	3. 51%	7
石家庄发布	59	2145	2. 75%	8
西安发布	181	10765	1. 68%	9
重庆微发布	75	5923	1. 27%	10
长沙发布	23	1806	1. 27%	10
银川发布	30	2372	1. 26%	12
昆明发布	99	8717	1. 14%	13
南昌发布	78	8211	0. 95%	14
长春发布	41	4700	0. 87%	15
武汉发布	51	7489	0. 68%	16
沈阳发布	43	6696	0. 64%	17
合肥发布	3	1071	0. 28%	18
兰州发布	23	15476	0. 15%	19
郑州发布	1	1039	0. 1%	20
贵阳发布	3	4183	0. 07%	21
微博济南	3	4162	0. 07%	21
呼和浩特发布	1	3458	0. 03%	23
海口发布	0	4140	0	24
夏都西宁	0	4130	0	24
福州发布	0	3982	0	24
南宁发布	0	3908	0	24
哈尔滨发布	0	3822	0	24
乌鲁木齐发布	0	879	0	24
拉萨发布	0	714	0	24
太原发布	0	58	0	24
合　　计	6920	174935		

三、经济学视角的限定：思维方式与语言描述

如前所论，在贝克尔（Gary S. Becker）看来，“经济学之所以有别于其他社会科学而成为一门学科，关键所在不是它的研究对象，而是它的分析方法”。① 本研究中的“经济学分析”，主要体现在以下方面：

首先是运用经济学的思维方式。

根据意大利经济学家帕累托（Vilfredo Pareto）提出的“帕累托定律”（80/20 法则），在我国超过 16 万个基于新浪平台的政务微博中，（1）选择只系统地研究具有较高影响力的省会城市政务微博。（2）在省会城市政务微博中，选择只系统地研究其中的高影响力微博。（3）重点研究省会城市中影响力排在前 3 位的“上海发布”“南京发布”和“成都发布”等政务微博。

其次是使用经济学的语言描述。

“经济学有三种语言：语言文字描述、图形直观展示和数理模型刻画。”其中，“值得注意的是，经济分析方法是严密的逻辑推理，数学语言有助于保证分析严密性，而且只要有可能，无疑是最好的分析方法，但这并不意味着非要用高深数学方法不可”。② 经济学既然有三种可用的“语言”来分析研究对象，则使用任何一种语言在逻辑上都是平等的。本研究中虽然部分地涉及数学语言（详见本书第二章关于“理性人”稳定偏好的检验），但主要采用经济学的“语言文字描述”，包括理性人假设，效用分析（显示性效用、叙述性效用——又称“陈述性效用”），偏好、生产函数、占优策略、合作均衡、外部性，最优化组合分析，等等。

四、为何选择省会城市政务微博作为研究样本？

之所以选择省会城市政务微博作为研究我国政务微博意见领袖形成机制的样本，乃是因为：

（一）舆论引导是省会城市政务微博的重要任务。

本研究最终的落脚点在于回答——如何培育政务微博意见领袖，从而更有效率地引导舆论，以期实现我国社会治理的长治久安。而省会城市的市委宣传

---

① （美）加里·S·贝克尔：《人类行为的经济分析》，王业宇，陈琪译，上海：格致出版社：上海人民出版社，2008 年版，第 7 页。

② 佘时飞，钟生根主编：《微观经济学分析方法》，北京：清华大学出版社，2015 年版，导论第 VII 页。

部、新闻办公室以及互联网信息办公室（网信办）是舆论引导的归口管理部门，省会城市的市委宣传部、新闻办公室或网信办开设的政务微博，除了新闻发布外，其重要的任务就是舆论引导。实际上，有的省会城市之所以开通政务微博，就是因为舆论事件所触发，例如南京发布之所以于 2011 年 4 月上线，直接的动因就是 2011 年 3 月至 4 月间发生的“南京梧桐树事件”。①

（二）在运营质量上，31 个省会城市政务微博在某种意义上能够代表我国党政微博运营的最高水平。

在 2017 年 1 月发布的 2016 年全国政务指数排行榜上，上海发布②和南京发布③位居全国政务微博总榜单的十强④，而在全国十大党政新闻发布政务微博中，省会城市政务微博占有 7 席——上海发布、南京发布、成都发布位居前三名，在前十名中，还有中国广州发布（第 5 名）、天津发布（第 6 名）、杭州发布（第 8 名），和北京发布（第 9 名）。⑤

（三）城市人口是我国舆论引导的重点和难点，省会城市政务微博是城市传播的关键节点。

自中国共产党的十八大以来，城镇化已经上升为我国的国家战略⑥，在经济发展过程中，由于经济重心围绕省会城市呈现脉动，“表征为劳动力的生产要素也将相应地围绕省会城市呈现脉动。在聚集过程中，因工业及服务业的经济活动向省会城市聚集，随后将引致劳动力、资金及原料等生产要素向省会城市聚集，而其中最为显著的是人口向省会城市的聚集”。⑦

由于人口向省会城市聚集，省会城市的人口数量越来越多，人口输入导致了住房刚性需求的长期性存在——这也可以由近年来我国省会城市的房价居高

① 芦何秋：《社交媒体意见领袖研究——以新浪微博平台为例》，武汉：武汉大学出版社，2016 年版，第 104 - 105 页。

② 排名第 6 位。

③ 排名第 10 位。

④ 在全国政务微博总榜单的十强中，除了省会城市政务微博外，公安系统的微博占 6 席，分别是“公安部打黑除四害”“平安北京”“江宁公安在线”“深圳交警”“深圳公安”和“天津交警”。另外加上“共青团中央”和“深圳天气”。

⑤ 见 2017 年 1 月 19 日发布的《2016 年人民日报·政务指数微博影响力报告》，http://yuqing.people.com.cn/n1/2017/0119/c209043 - 29036185 - 2.html

⑥ 《国家新型城镇化规划（二〇一四——二〇二〇年）（节选）》，见中共中央文献研究室编：《十八大以来重要文献选编（上）》，北京：中央文献出版社，2014 年版，第 879 - 892 页。

⑦ 倪鹏飞、杨华磊、周晓波：《经济重心与人口重心的时空演变——来自省会城市的证据》，《中国人口科学》2014 年第 1 期，第 49 页。

不下而得到印证。对于舆论引导而言，由于省会城市人口数量庞大，且人口的异质性较高，不但发生舆情的概率大，而且舆论引导的难度亦大。省会城市政务微博成为城市传播尤其是舆论引导的关键节点——正如上海发布主编周凯所体会到的：

在上海这样的一个城市里，它人口基数很大，在全国受关注度很高，有些事情在一个边远山区，可能出了也就出了，但是在上海来说，就可能引发一个全国性的舆情。就像美国的恐怖事件死 10 个人，与肯尼亚恐怖事件死 10 个人，那完全不是一个重量级的。①

五、为何选择 2016 年作为系统研究政务微博用户稳定偏好的年份?

在全国 31 个省会城市中，“成都发布”于 2010 年 6 月 23 日率先在新浪平台上开通微博，随后，南京发布和上海发布等其他省市陆续在新浪平台上开通微博。至 2015 年 10 月 20 日“海口发布”上线，我国 31 个“省会城市”官方微博皆已进驻新浪平台。

如果要选择一个完整的年份，来系统地研究全国 31 个省会城市政务微博的运营情况，显然，2016 年是第一个可供选择的年份，因为在此之前，无法系统地研究全部 31 个省会城市政务微博在新浪平台一年的运营情况，毕竟，“海口发布”于 2015 年 10 月 20 日才上线。

之所以选择“一年”作为一个时间长度来观测省会城市政务微博的运营情况，乃是因为政务微博的运营是以年为单位的“周期性”的政府与网民沟通的实践，每年有许多政务问题和民生问题，是按照特定的时间“周期性”地“有规律”地出现的。例如，元旦、春节、清明、中秋、国庆等假日，每年 3 月的全国“两会”，每年 8 月和 9 月的纪念抗日战争胜利活动，自 2014 年起每年 12 月的“国家公祭日”，在一个年度中，例如本研究中所提到的上述特殊日子，政务微博的运营实践（例如发布的微博主题）有其规律可寻。

同时，就舆论引导（包括政务微博的舆论引导）而言，也是以年度为单位来进行舆论引导实践和对实践进行理论总结的——例如，喻国明主编的《中国

---

① 据 2017 年 7 月 13 日笔者到上海发布调研的录音整理。

社会舆情年度报告》①、谢耘耕主编的《中国社会舆情与危机管理报告》②，都是按照一个自然年度来进行梳理和分析的。

基于以上理由，本研究选择2016年一年作为一个切面，来聚焦全国31个省会城市政务微博的高影响力微博的成因分析，深入思考这些高影响力微博能够给政务微博用户提供经济学意义上的何种效用？剖析这些高影响力微博能够满足分布在全国各省的政务微博用户的哪些类型的稳定偏好？

做出这种分析的前提预设是，政务微博用户——作为“理性人”——其需求和偏好是相对稳定的，在一个年度表现出来的相对稳定的需求和偏好，会在其他年度继续（反复）地出现。也正是基于此种假设，政务微博作为“意见领袖”的影响力才可能有目标并且有效率地被政务微博运营者生产和建构出来。学术界基于此——为党政机关如何更有效率地最优化地运营政务微博建言献策也才是有意义的。

六、研究方法

（一）内容分析法

本书由于要研究全国31个省会城市2016年全年的高影响力微博，因此需要对于筛选出来的6920条高影响力微博逐条进行内容分析。

本研究有些章节（例如探研省会城市政务微博如何传播《政府工作报告》）还涉及2011年至2015年省会城市政务微博发布的部分内容，对于这些微博也需要采用内容分析法。

（二）定性访谈法

在前期阶段性研究成果和深入思考的基础上，笔者于2017年7月10日到“南京发布”工作室调研，对“南京发布”主编黄伟清进行了深度访谈。随后于2017年7月13日，到“上海发布”工作室调研，对“上海发布”主编周凯进行了深度访谈。此前，笔者还曾于2017年7月4日到“平安南京”进行调研。由于公安系统政务微博与省会城市政务微博的运营内容存在较大差别，本

---

① 喻国明主编：《中国社会舆情年度报告（2010）》、《中国社会舆情年度报告（2011）》、《中国社会舆情年度报告（2012）》、《中国社会舆情年度报告（2013）》、《中国社会舆情年度报告（2014）》，《中国社会舆情年度报告（2015）》等，北京：人民日报出版社。

② 谢耘耕主编：《中国社会舆情与危机管理报告（2011）》、《中国社会舆情与危机管理报告（2012）》、《中国社会舆情与危机管理报告（2013）》、《中国社会舆情与危机管理报告（2014）》、《中国社会舆情与危机管理报告（2015）》，《中国社会舆情与危机管理报告（2016）》，北京：社会科学文献出版社。

书对于“平安南京”调研的内容没有纳入。但调研“平安南京”无疑有助于从比较的视野来审视省会城市政务微博运营的逻辑。

（三）参与式观察法

由于与“南京发布”主编既是校友又是朋友，笔者得以加入了 QQ 群号为 206308348 的“新媒体学院”，别名为“南京政务新媒体网络培训讲堂”。

“新媒体学院”QQ 群创建于 2015 年 3 月 25 日，截至 2017 年 8 月，“新媒体学院”群里已经有 800 多名成员。除了南京发布工作室的全部成员外，全国 31 个省会城市政务微博运营人员在本群中的还有——上海发布周凯、姜中钰、布景雯、成都发布谭麟、杨欢、中国广州发布张海洪、陈怀聪、杭州发布吴洁、童杭丽、叶敏佳、石家庄发布詹新诚、孙梦影、重庆微发布刘敏等十几位。

相较于“南京发布”微博账号而言，“新媒体学院”要求群成员按照“单位＋真实姓名”的格式修改群名片，因此，在 QQ 群中可以清晰地了解作为省会城市政务微博之一的“南京发布”的人脉资源。这种人脉资源——在某种意义上，即是南京发布可以利用的影响力资源。其中既有相当比例的媒体从业人员，例如《新华日报》《南京日报》《扬子晚报》《现代快报》《金陵晚报》《南京晨报》《东方卫报》《江南时报》《江苏经济报》《江苏教育报》《江苏商报》《石家庄日报》《郑州晚报》《鲁南商报》、人民网、新浪网、中国江苏网、中国山东网、龙虎网、江苏省广播电视总台、南京电视台、南京电台等众多媒体，也有网络名人，例如“十年砍柴”。

（四）以经济学分析为基础的跨学科方法

政务微博意见领袖追求效用最大化，它的实现过程由“界定目标公众偏好”“投入资源”“生产效用”“满足目标公众偏好”四个环节构成。其中，最大程度地“满足目标公众偏好”与政务微博意见领袖效用最大化是一致的。因而，政务微博意见领袖追求效用最大化，可用函数表示为：

$\text{Max}V = F(\sum T, \sum R, \sum U)$。其中：

$\sum T$ 表示政务微博意见领袖所界定的目标公众稳定的偏好（basic tastes）的总和；

$\sum R$ 表示政务微博意见领袖为满足目标公众稳定的偏好所能够投入的全部可用资源（available resources）；

$\sum U$ 表示政务微博意见领袖所可能生产出来的满足目标公众稳定偏好的全部效用（all utilities）。

除了采用经济学分析方法之外，由于政务微博意见领袖的深入研究涉及议程设置、网民心理、传播情境、政府形象、群体感染、信息流向等多个层面，因此决定了本研究除了经济学的分析方法之外，还需要采用建立在传播学、社会学、心理学、政治学、公共关系学、出版学等交叉透视基础上的研究方法。

（五）实证研究与规范研究相结合

“规范分析和实证分析是经济学的最基本的研究方法。规范方法是以一定的价值判断作为出发点，提出行为的标准”，回答“应该是什么”的问题。实证研究则是通过对现实的客观描述，分析回答“是什么”或“怎么样”的问题。①

本研究的论题——“政务微博意见领袖形成机制的经济学分析”，其中，政务微博意见领袖形成机制，如果从实证研究的层面，预设了承认已经存在着政务微博意见领袖，亦即承认“上海发布”“南京发布”“成都发布”等具有较高影响力的政务微博为政务微博意见领袖。在此种情况下，从经济学的视角分析其“形成机制”，实质上是进行“原因分析”——探讨“上海发布”“南京发布”“成都发布”等政务微博为什么会成为（对于用户而言）的意见领袖？

对于“政务微博意见领袖形成机制”，如果从规范研究的层面，则将重点聚焦现有政务微博——即使是作为全国省会城市政务微博运营中的佼佼者的“上海发布”“南京发布”和“成都发布”——在成为意见领袖方面可能存在的优化空间，并在深入研究的基础上，提出若干的对策建议。

第三节　研究设计和研究发现

本研究在具体内容上设计为三章，每章分四节，从十二个维度系统地展开论述。在逻辑结构上，第二章重点探研省会城市政务微博发布哪些具体类型的微博才能够有效率地、可操作地产生高影响力；第三章和第四章则是探研省会城市政务微博为产生高影响力——具体应该如何发布微博？

一、第二章的研究设计与研究发现

从经济学的视角来看，信息需求可以划分为“消费”“生产”“娱乐”和“投票”四种类型。② 第二章通过系统地研究全国 31 个省会城市 2016 年的高影响力微博，按照“消费”“生产”“娱乐”和“投票”四种信息需求类型，来分

① 张静敏：《互联网络的经济学分析》，北京：中国金融出版社，2010 年版，第 17 页。

② （美）詹姆斯·T·汉密尔顿：《有价值的新闻》，展宁、和丹译，杭州：浙江大学出版社，2016 年版，第 14 页。

析省会城市政务微博公众的显示性偏好，从实然的层面揭示省会城市政务微博公众的信息需求特征。

（一）关于“消费”的政务微博高影响力信息类型

可以具体划分为“衣”“食”“住”“行”等四种子类。省会城市政务微博用户对于“空气”与“天气”（“衣”）、“美食”与“吃法”（“食”）、“房子”与“户口”（“住”）、“交通”与“旅游”（“行”）等信息具有稳定的偏好。研究发现：

1. 关于“空气”与“天气”的高影响力微博的特征

（1）关于“空气”的高影响力微博皆与“空气污染”有关。

（2）关于“天气”的高影响力微博主要与“极端天气”有关。

（3）关于“天气”的高影响力微博已经成为“上海发布”的品牌信息。“上海发布”关于“天气”的微博发布具有三大特色：“发布的时效性”“标题的提要性”和“语言的亲和性”。

2. 关于“美食”与“吃法”的高影响力微博的特征

（1）总体特征可以归纳为“精心做标题”和“美食配多图”。

（2）关于“美食”的高影响力微博已成为“成都发布”的优势内容，原因至少包括强调“吃的理由”，介绍“做的方法”和提出“转的号召”。

3. 关于“房子”与“户口”的高影响力微博的特征

（1）关于“住”的高影响力微博的主题词是“户口”“买房”和“租房”。

（2）关于“住”的政策解读，是省会城市政务微博用户关注的焦点。

4. 关于“交通”与“旅游”的高影响力微博的特征

（1）“行”的高影响力微博关键词：交通工具、交通事故、交通法规、旅游出行。

（2）“交通工具”，可以细分为公共自行车、公交、出租车、地铁、高铁、飞机等六大类。其中，关于“公共自行车”“地铁”和“高铁”三类交通工具的微博，易成为高影响力微博。研究发现，并非任何关于“交通事故”的微博都会引起省会城市政务微博用户的高度关注。省会城市政务微博用户较为关注交通法规中的“违法”和“车牌拍卖”。省会城市政务微博关于旅游出行的地点推荐，能够吸引用户的高度关注。

（二）关于“生产”的政务微博高影响力信息类型

可以具体划分为“政令”与“民生”“教育”与“读书”“医疗”与“卫生”“新闻”与“知识”等四个子类。研究发现：

1. 关于“政令”与“民生”的高影响力微博的特征

（1）“政令”与“民生”高影响力微博的关键词：公民收益与政府服务。关于政府的便民服务的微博产生了高影响力，政务微博用户高度关注与自身的获得感直接相关的微博。

（2）与招聘或创业有关的微博受到省会城市政务微博用户的重视。

（3）省会城市政务微博所发布的政策法规，关系到市民“不能做什么”“能做什么”以及“怎么做”等3种类型，都获得了较高关注。

（4）与领导或会议有关的高影响力微博的特征有三：一是，用户关注省会城市政务微博发布的与国家领导人有关的信息；二是，用户关注本市市委书记或市长的言行；三是，用户关注本地官员与市民切身利益密切相关的会议。

2. 关于“教育”与“读书”的高影响力微博的特征

（1）“教育”与“读书”高影响力微博的周期性关键词：“高考”与“中考”。

（2）关于“教育”的高影响力微博的主题细分：升学与毕业，开学与就业，高校新闻。

（3）关于“读书”的高影响力微博的主题细分：书店、书展和读书。

省会城市政务微博发布关于所在城市的书店的微博，可以赢得用户较高的关注。许多省会城市每年举办图书博览会，相关微博成为高影响力微博。省会城市政务微博为用户读书而推荐的“书目”，也易于赢得用户的较高关注。

3. 关于“医疗”与“卫生”的高影响力微博的特征

（1）“医疗”与“卫生”最高影响力微博的特征：医药与创意相融合。

在2016年全国31个省会城市政务微博——所发布的关于“医疗”与“卫生”的高影响力微博中，一条关于中药“当归”的创意微博，巧妙地将中药“当归”的形状与宝岛台湾在地图中的形状建立了关联，并且选择在2016年1月16日台湾地区领导人选举投票的当天晚上来发布，产生了巨大的影响力。

（2）“医药政策”与“治疗方法”，是“医疗”与“卫生”高影响力微博的常规主题。“非法疫苗”与“禽流感”则是“医疗”与“卫生”高影响力微博的临时主题。

4. 关于“新闻”与“知识”的高影响力微博的特征

（1）“新闻”与“知识”的高影响力微博特征：“实用知识”为王。

（2）“新闻”与“知识”是“成都发布”的优势内容，可以细分为四大主题：心灵鸡汤、实用技能、生活知识和城市新闻。

（3）北京发布的“新闻”与“知识”的高影响力微博：以“党建声音”作

为微博发布的栏目标题，具有值得其他省会城市政务微博借鉴的鲜明特色。

（三）关于“娱乐”的政务微博高影响力信息类型

可以具体划分为“摄影”与“美图”“文艺”与“展览”，“体育”与“健身”和“节日”与“假日”等四个子类。研究发现：

1. 关于“摄影”与“美图”的高影响力微博的特征

（1）“摄影”与“美图”的高影响力微博品牌：“最南京，全民拍”。

在2016年全国31个省会城市政务微博——所发布的关于“摄影”与“美图”的高影响力微博中，南京发布的数量排名第一。并且，在关于“摄影”和“美图”排名前10位的高影响力微博中，全部来自南京发布。

（2）“摄影”与“美图”的高影响力微博的借鉴与模仿：“津城美景大家拍”。

在2016年全国31个省会城市政务微博——所发布的关于“摄影”和“美图”的高影响力微博中，“天津发布”的数量排名第二。而“天津发布”的“摄影”和“美图”微博，在某种意义上成功地借鉴和模仿了南京发布的“最南京，全民拍”，推出了“津城美景大家拍”。

2. 关于“文艺”与“展览”的高影响力微博的特征

（1）“文艺”与“展览”高影响力微博的关键词：“明星”与“大展”。

（2）在2016年全国31个省会城市政务微博——所发布的关于“文艺”与“展览”的高影响力微博中，主题细分为七个类别：明星、展览、影视、戏剧、歌舞、音乐会和搞笑视频。

3. 关于“体育”与“健身”的高影响力微博的特征

（1）“体育”与“健身”的高影响力微博关键词：奥运会。

在2016年全国31个省会城市政务微博——所发布的关于“体育”与“健身”的高影响力微博中，作为“媒介事件”的“奥运会”，是影响力最大的关键词。

（2）“体育”与“健身”的高影响力微博关键词：足球。

足球是世界第一运动。在2016年全国31个省会城市政务微博——所发布的关于“体育”与“健身”的高影响力微博中，有72条是关于“足球”的，在高影响力微博的数量上仅次于“奥运会”。

（3）“体育”与“健身”的高影响力微博关键词：城市马拉松。

在全国许多省会城市里，每年都会定期举办“城市马拉松”。研究发现，省会城市发布关于“城市马拉松”的微博，往往能够获得较高的影响力。

4. 关于“节日”与“假日”的高影响力微博的特征

（1）在2016年全国31个省会城市政务微博——所发布的关于“节日”与“假日”的高影响力微博中，主题排在前两位的是“春节活动”与“放假通知”。

（2）“节日”与“假日”的高影响力微博，可以细分为18个主题：元旦、春节、情人节、二月二、妇女节、植树节、三月三、劳动节、青年节、母亲节、儿童节、端午节、七夕、中秋节，重阳节、国庆节，节气和放假安排。

（四）关于“投票”的政务微博高影响力信息类型

可以具体划分为“调查”与“互动”“城市”与“城事”“倡议”与“辟谣”，和“记忆”与“纪念”等四个子类。研究发现：

1. 关于“调查”与“互动”的高影响力微博的特征

（1）使用户通过参与呈现“我”的力量。

在2016年全国31个省会城市政务微博——所发布的关于“调查”与“互动”的排名前10位的高影响力微博中，有多条高影响力微博满足了用户——通过参与呈现“我”的力量。

（2）设计通用“句型”与用户互动。

省会城市政务微博主动寻求与作为“理性人”的用户进行“互动”时，有若干常用的“句型”，如果将之比喻为“考试题型”，则有填空题、选择题、问答题等几类。

（3）采用多种方法激励用户参与互动。

关于“调查”与“互动”，在2016年全国31个省会城市政务微博发布的高影响力微博中，采用多种方法激励作为“理性人”的用户参与互动，所用的方法大致可以分为三类：省会城市政务微博直接发奖、省会城市政务微博联合其他机构共同发奖，以及省会城市政务微博委托其他机构间接发奖。

2. 关于“城市”与“城事”的高影响力微博的特征

（1）寻找城市形象与网络大V的交集。

在2016年全国31个省会城市政务微博关于“城市”与“城事”的排名前10位的高影响力微博中，2016年1月4日14：48分上海发布的微博【为啥是胡歌?】，寻找城市形象与网络大V的交集，该微博的影响力指数排名第1位。

（2）通过城市地标凝聚城市认同。

每个省会城市都有一些建筑因其能够指称所在的城市而成为“城市地标”。在2016年全国31个省会城市政务微博关于“城市”与“城事”的排名前10位的高影响力微博中，以作为南京地标的“南京长江大桥”为主题的两条微博入选。这为全国其他省会城市政务微博如何充分利用“地理媒介”凝聚城市认同，从而建构影响力提供了启示。

(3)“城市之美”与“城事之趣”可以作为城市认同的构成要素。

在美国学者芒福德（Lewis Mumford）看来，城市不只具有生产性、服务性的功能，同时也具有象征性和表达性功能。在此意义上，无论是“城市之美”，还是“城事之趣”，因其具有象征性和表达性功能，所以能够作为城市认同的构成要素。

3. 关于“倡议”与“辟谣”的高影响力微博的特征

(1)“倡议”：“正能量”的类型与典型的群体。

当下，中国人为所有积极、健康的、催人奋进的、给人力量的、充满希望的人和事，都贴上“正能量”的标签。在省会城市政务微博所发布的关于“倡议”的传递“正能量”的微博中，有一些人群（例如环卫工人、警察、快递员），由于其职业的特殊性，成为被诸多省会城市政务微博所重点关注的对象。

(2)“左行右立”的“倡议”与“辟谣”：未完成的习惯重塑。

在自动扶梯上“左行右立”早已被我国公民接受，也被视为一种文明习惯。但是，被许多城市居民视为“通行文明”的“左行右立”——实际上是一个陷阱，使人忽略了在高速运转的自动扶梯上步行也是高风险的行为。2016 年，南京发布关于不再提倡“左行右立”发过微博，但是传播效果有限，若想取得理想的传播效果，不仅需要省会城市政务微博“发声”，而且需要通过“策划”而“反复”地就同一问题发声。

(3) 省会城市政务微博“辟谣”的难点。

省会城市政务微博“辟谣”的难点——不仅在于网络谣言的种类繁多，而且也在于如何让用户相信省会城市政务微博的公信力。

4. 关于“记忆”与“纪念”的高影响力微博的特征

(1) 全民参与的“国家公祭日”。

在 2016 年全国 31 个省会城市政务微博——所发布的关于“记忆”与“纪念”的排名前 10 位的高影响力微博中，主题全部是南京发布关于“国家公祭日”的微博。

(2) 国家领导人与周期性纪念。

国家领导人的出生日与逝世日，会引发省会城市政务微博周期性的纪念，并产生高影响力微博。

(3) 以城市人物作为微博的主题。

城市人物既包括为公众所熟知的名人，也包括不为公众所熟知，但为城市做出过特殊贡献的普通人。以城市人物作为微博的主题，易于产生高影响力。

（4）城市“历史上的今天”。

每个省会城市在历史上都有一些特殊的日子。这些特殊的日子，作为“历史上的今天”，或者“当年今日”——每年都会出现，因而成为省会城市政务微博开展“周期性地纪念”而生产高影响力微博的契机。

（5）城市的老建筑与城市记忆。

每个省会城市的有历史的建筑，也会成为省会城市政务微博发布关于“城市记忆”的切入点，同样易于产生高影响力。

基于2016年全国31个省会城市政务微博的高影响力微博的系统研究——而发现的上述四大类（共16个子类）稳定的政务微博用户的偏好类型，以及每个子类高影响力微博的特征，可以作为省会城市政务微博运营者（以及其他城市政务微博运营者）今后发布“高影响力微博”的实践指南——从而有效率地、可操作地提升省会城市政务微博（以及其他城市政务微博）的影响力。

二、第三章的研究设计与研究发现

第三章选择对于省会城市政务微博而言乃是其“共享偏好”的四种事件类型，来系统地审视作为“理性人”的政务微博的“有限理性”的具体呈现，并提出相应的对策建议。

在逻辑关系上，国务院每年的《政府工作报告》，是每个省会城市政务微博都有责任和义务进行传播的周期性事件。上海发布、南京发布、成都发布，作为我国省会城市政务微博影响力指数的前三名，本研究分别选择一个事件作为切入点检视其“有限理性”，具体而言，通过“奥运会”传播来考察上海发布作为“理性人”的理性表现，通过“国家公祭日”传播来考察南京发布作为“理性人”的理性体现。无论是“奥运会”还是“国家公祭日”，两者都同“国务院《政府工作报告》”一样，属于每个省会城市政务微博都应重视的“周期性”传播的事件类型，而“成都女司机被打事件”则代表着在省会城市中的“突发公共事件”类型，以此作为切入点来考察成都发布作为“理性人”的理性表现。

（一）省会城市政务微博如何传播中央政府工作报告的研究发现

1. 超过半数的省会城市政务微博在传播中央政府工作报告时缺乏议程设置的连续性。每年“传”与“不传”中央政府工作报告，并无制度性保障，实际上处于由其工作人员根据己意而定的随意状态。

2. 省会城市政务微博传播中央政府工作报告的“原创微博”远少于“转发微博”。

3. 省会城市政务微博转发有关中央政府工作报告微博的“消息来源”主要来自@人民日报（人民日报客户端、人民网）、@中国政府网（国务院客户端）、@新华视点（新华社、新华网）、@央视新闻（央视网、央视）等四大中央级媒体。

4. 省会城市政务微博转发的信息是依据由“复杂性”、“异常性”和“相关性”构成的“新闻本质”理论而生产的内容。

本部分相应地提出了对策建议。包括准点“传”播关于中央政府工作报告的信息应为地方政务微博运营的制度安排。重点“转”发关于中央政府工作报告的信息应为地方政务微博运营的优先考虑。定点“看”重要消息来源对中央政府工作报告的解读应为地方政务微博的运营习惯。趣点“选”符合新闻本质的信息成为地方政务微博传播中央政府工作报告的依据。

（二）“上海发布”采用“占优战略”传播奥运会的研究发现

政务微博的影响力和竞争力由包括“时效性”在内的多种复杂因素共同构成。如果无论其他新闻报道者（新闻发布机构）采用什么速度来报道此条新闻，都能够确保某一新闻报道者（新闻发布机构）报道此新闻的速度是最快的，那么，采用最快的速度来报道某一新闻，便可以称为此新闻报道者（或新闻发布机构）的“占优战略”。

1. 在2016年上海发布关于奥运会比赛结果的106条高影响力微博中，除去13条微博无法比较微博发布速度之外，在其余的93条可以比较发布速度的微博中，有78条微博的发布速度——上海发布快于新浪体育微博和人民日报微博，或者同步，占比达83.88%。

2. 发布一条微博的时间，实质上讨论的是微博信息编制的时间。在此种意义上，如果想要使通过微博发布的关于某一类新闻的速度最快，那么，需要思考的便是，如何做才能够将编制一条微博信息的时间缩至最短？

由于构成一条微博信息的要素可以分为“常量”与“变量”——所谓的“常量”是指，在某一类新闻发生之前，通过思考便可以预先做出判断的稳定的部分；所谓的“变量”则是指，某一类新闻实际发生前无法判断的不确定的部分。由于构成微博信息的“常量”的稳定性，因此，可以在某一类新闻发生之前，即把一条微博信息中的常量编排好，这样，当某一类新闻发生后，只需要将原来无法判断的不确定的部分，填入已预先编排好的常量之中即可，若此，便可以在微博的发布速度上实现经济学意义上的“占优战略”。

上海发布关于奥运会新闻的发布速度之所以能够绝大多数时候做到“全网领先”，采用的便是此种运营方法。

3. 上海发布关于2016年奥运会的发布速度，之所以能够遥遥领先于新浪体育微博等，并不是领导的要求或考核的约束，而是上海发布主编周凯追求新闻发布时效性的个人理想——转化为上海发布工作团队的政务微博运营实践。

这一典型案例使我们充分注意到省会城市政务微博“主编”作为“意见领袖”——在影响政务微博运营质量时所起的关键性作用。

（三）“南京发布”传播“国家公祭日”时的“合作均衡”的研究发现

2014年2月，我国将12月13日设立为南京大屠杀死难者“国家公祭日”。由于是“国家公祭日”，此后每年的12月13日，全国31个省会城市政务微博都要思考如何发布与“国家公祭日”有关的微博。无论省会城市政务微博如何传播“国家公祭日”，在某种意义上，其实质都是在讨论“南京大屠杀和我有什么关系?”

1. 南京发布于2016年12月13日转发知乎网友“荒土”对于“南京大屠杀和我有什么关系”的回答，该条微博产生了南京发布传播“国家公祭日”迄今关于如何记忆“南京大屠杀”的最高影响力。

2. 在转发“荒土”的“南京大屠杀和我有什么关系”之前，南京发布所发布的众多关于“国家公祭日”的微博，如果以“评论数”作为评测的尺度，都没有实现其影响力的最大化。而“荒土”所写的“南京大屠杀和我有什么关系”，在被南京发布转发之前，也没有产生全国性的巨大影响。当南京发布在“国家公祭日”的时间节点，转发了“荒土”所写的“南京大屠杀和我有什么关系”，两者同时实现了“信息产品”影响力最大化的“双赢”局面。从经济学的“合作均衡”理论出发，对于省会城市政务微博而言，实现传播影响力的最大化，并非只有“原创微博”一条路可走。如果“转发微博”可以实现传播影响力的最大化，那么，便应通过精心筹划之后以“转发微博”的方式来生产自己的影响力。

3. “南京发布”作为全国31个省会城市政务微博之一，无疑属于“地方性”政务微博，但这并不意味着“南京发布”的影响力始终是“地方性”的。在某些特殊的时点——例如“国家公祭日”，“南京发布”其实是具有全国影响力的“全国性”媒体，其影响力，在某种意义上等于全国所有关注“国家公祭日”的媒体的影响力总和。这一研究发现，使我们有必要用变化的眼光来具体问题具体分析省会城市政务微博的影响力。

（四）“外部性”视野下政务微博在突发公共事件中舆论引导的研究发现：以“成都女司机被打”为焦点

借助经济学的“外部性”理论，思考省会城市政务微博对于“突发公共事件”的舆论引导时发现，“突发公共事件”对于省会城市政务微博而言，虽然省会城市政务微博会受到突发公共事件的影响——例如，省会城市政务微博要为突发公共事件而发布相关的微博，但对于特定的“突发公共事件”，省会城市政务微博，既无法参与“突发公共事件”是否发生以及如何发生的决策，“突发公共事件”对于省会城市政务微博而言，也“缺乏有效的反馈机制”。

1. 研究发现，与政务微博和个人微博相比，主流媒体仍然是突发公共事件中最重要的意见领袖。在突发公共事件的“初始阶段”，主流媒体在舆论引导上发挥作用的大小与其所处空间有关，但随着事件的进展，影响舆论的主流媒体便可以超越地域和空间限制。

2. 虽然同为政务微博，但与所发生的突发公共事件紧密相关的全国性政务微博与地方性政务微博在舆论引导上的表现大不相同。虽然同为“主流媒体”，但地方性都市报与中央级党报在舆论引导上的作用也不相同。

3. 在“是非”易判的突发公共事件中，政务微博进行舆论引导的实质是在满足公众知情权的同时，适时地“放大”部分理性的网民的声音，而绝非完全是让公众跟着主流媒体走。

三、第四章的研究设计与研究发现

第四章从四个维度具体地讨论政务微博影响力效用最优化的实然与应然问题。

（一）追求事件影响力效用始自重视日常影响力效用的研究发现

政务微博运营者首先需要以“参与”的姿态进入到网络空间中来，而后在日常生活中以“朋友”的角色来陪伴政务微博用户，通过建构和积累“日常影响力效用”，来追求“事件影响力效用”。

（二）关于叙述性信息偏好与显示性信息偏好存在错位的研究发现

作为“理性人”的政务微博，如果要实现影响力效用的最优化，离不开细致地思考如何将发布微博的“时间因素”用到极致。本研究抽取并统计分析上海发布、南京发布和成都发布 2016 年各 4 个月的微博发布时段，聚焦高影响力微博的百分比出现较高的时段，以此来审视上海发布、南京发布以及成都发布每天具体的微博发布时间应如何调整——以实现其影响力效用的最优化。

研究发现，无论是上海发布、南京发布还是成都发布，在一天的 24 个时段中，其微博发布的高峰期，与其所出现的高影响力微博百分比最高的时段，都存在着“错位”。

为减少这种“错位”，本研究提出了相应的对策建议：（1）将政务微博运营时间划分为“正常运营时间”与“事件运营时间”。(2) 以高影响力微博出现百分比高的时段作为“正常运营时间”的依据。(3) 不同省会城市政务微博的“正常运营时间”不必相同。

(三) 用“出版”来实现政务微博舆论引导效用最优化的研究发现

“舆论引导”是政务微博的重要任务。为了实现作为“理性人”的政务微博的影响力效用的最优化，可以借助“出版学”的视阈来将政务微博的舆论引导实践视为一种“出版活动”。研究发现，作为“出版活动”的政务微博舆论引导实践的特征是：(1) 出版的目标是获取社会效益——引导舆论。(2) 出版的形式是碎片化的呈现——发布微博。(3) 出版的内容是变化着的编码——建构意义。

本研究也提出了作为“出版活动”的政务微博舆论引导实践最优化的对策建议：(1)“效益最优化”：提示政务微博的舆论引导兼顾经济效益。(2)“系统最优化”：昭示政务微博的舆论引导注明主题标签。(3) “动态最优化”：揭示政务微博的舆论引导抱持开放思维。

(四) 关于我国政务微博的“评论”缺位的研究发现

政务微博的影响力归根结底是由“事实性信息”和“意见性信息”共同建构的。若想最大限度地实现政务微博的影响力效用——在发布微博时，政务微博运营者既要重视发布“事实性信息”，也要重视发布以“评论”为表征的“意见性信息”。本研究发现，我国省会城市政务微博迄今的运营呈现出评论的“不在位”，评论的“不到位”，急需改进。本研究有针对性地从——认清“为何评”、厘清“评什么”、思清“怎样评”和弄清“谁来评”等方面提出了对策建议。

第二章　“理性人”显示性信息偏好的类型分析——基于高影响力政务微博

“显示性偏好”理论（Revealed Preference）是由美国经济学家保罗·萨缪尔森率先提出的。在萨缪尔森看来，消费者在一定价格条件下的购买行为显示了其内在的偏好倾向。因此，我们可以通过研究已经发生的消费者行为来判断消费者的内在偏好。

由于显示性偏好是基于所观察到的实际行为进行分析，而陈述性偏好（Stated Preference）是基于假设条件下受访者的反馈信息进行分析，因此，一直以来，显示性偏好分析被认为是比陈述性偏好分析更可靠的技术，“其待估值限定在过去或目前使用一些资源的实际情况，因此数据有较高的真实性”。①

Anthony Downs“注意到人们在四个功能上需要信息：消费、生产、娱乐和投票。个体依赖于边际成本和收益来寻找和消费信息”，因此，从经济学的视角来看，信息需求可以划分为“消费”“生产”“娱乐”和“投票”四种类型。②

本研究通过系统研究全国31个省会城市政务微博2016年高影响力微博，按照“消费”“生产”“娱乐”和“投票”四种信息需求类型，来分析省会城市政务微博公众的显示性偏好，从实然的层面揭示省会城市政务微博公众的信息需求特征，以此来回答——政务微博发布的高影响力微博的特征是什么？

第一节　“理性人”作为消费者的显示性信息偏好

所谓“消费”信息，是指“为了从大多数信息类型中充分获益，个人需要

① 韦健华，王尔大：《基于陈述性与显示性偏好联合方法的旅游需求模型及应用》，《运筹与管理》2016年第5期，第271页。

② （美）詹姆斯·T·汉密尔顿：《有价值的新闻》，展宁，和丹译，杭州：浙江大学出版社，2016年版，第14页。

消费信息”，例如，“在周五晚上想看好电影的消费者也许会买一份报纸看看影评、放映时间和剧场位置的信息。如果他们不去查询信息，他们就不会轻易找到适合自己口味的电影。”①

从个体生存的角度来讲，每个“理性人”作为“消费者”为了生存，都需要“衣”“食”“住”“行”四种最基本的信息类型。由于“衣”“食”“住”“行”关乎个体的生存需要，因此，对于“理性人”而言由于具有“重要性”和“接近性”，所以，成为其稳定的信息偏好的构成类型。

全国31个省会城市政务微博的高影响力微博的统计结果，也证实了“衣”“食”“住”“行”四种微博信息类型——是引起用户“转发”“评论”或“点赞”的高影响力微博的基本信息类型，占31个省会城市政务微博2016年高影响力微博总数（6920条）的30.8%（2134条）。分布情况详见下表。

偏好分类 / 政务微博	衣	食	住	行	合计
上海发布	204	32	18	209	463
南京发布	54	123	18	214	409
成都发布	8	349	2	77	436
杭州发布	11	95	7	159	272
天津发布	11	3	8	74	96
北京发布	9	10	4	51	74
中国广州发布	2	53	2	63	120
其他省会城市政务微博合计	19	53	9	183	264
合计	318	718	68	1030	2134

“理性人”作为消费者信息偏好的稳定性

本研究认为政务微博用户对于某一信息类型所表现出来的信息偏好是稳定的，信息偏好的强弱具体可以从政务微博用户对于微博的互动——即转发数、评论数、点赞数来体现。

① （美）詹姆斯·T·汉密尔顿：《有价值的新闻》，展宁，和丹译，杭州：浙江大学出版社，2016年版，第15页。

首先选取上海发布的所有高影响力政务微博作为研究对象，将"上海发布"在"衣""食""住""行"类别内所有微博的转发数、评论数与点赞数作为分析数据，并绘制散点图。选择"上海发布"的原因不仅由于上海发布的微博数量多，而且因为"上海发布"的微博制作水准较为成熟、稳定，排除了微博自身的干扰因素，这两点原因都有利于提升研究结果的准确性。

通过观察，发现部分微博的转发数、评论数与点赞数过高，比如在 2016 年 7 月 21 日发布的"上海高温预警"微博，就获得了 1336 个转发，然而，能实现这样高影响力的政务微博还属于少数，并且从散点图中可以看出，大部分微博的转发数、评论数和点赞数都在一个稳定的区间内徘徊，具有一定的稳定性。

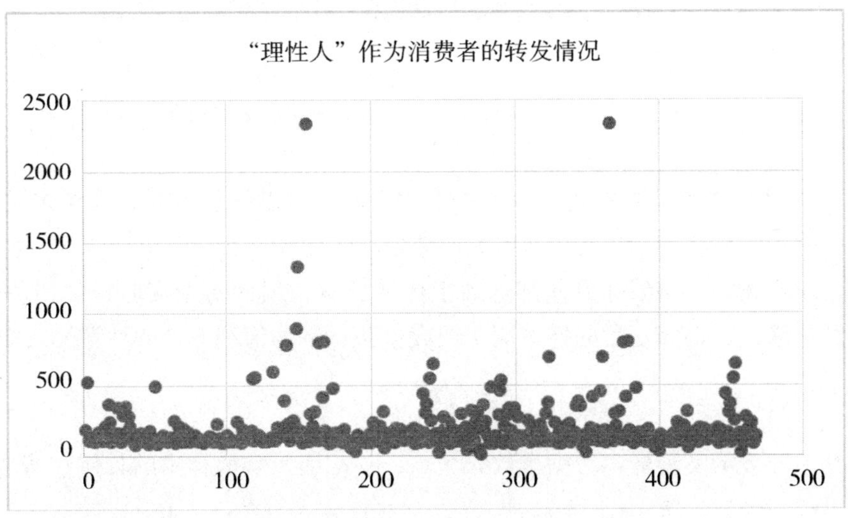

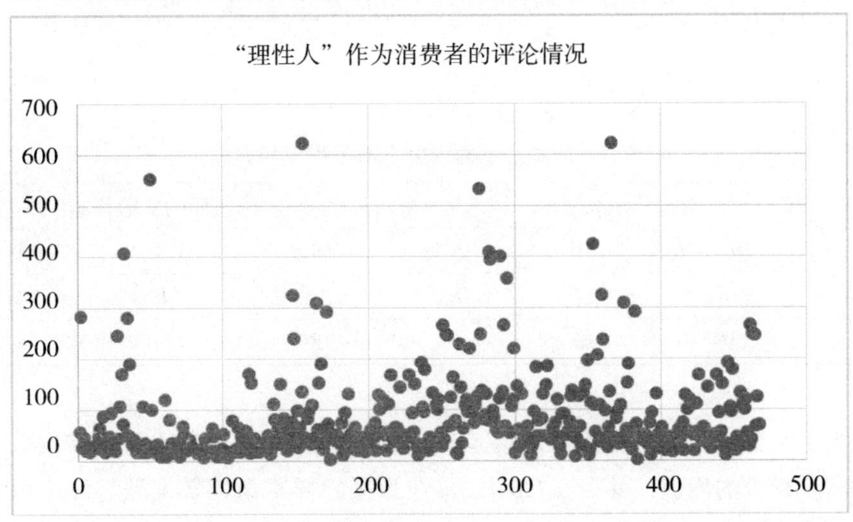

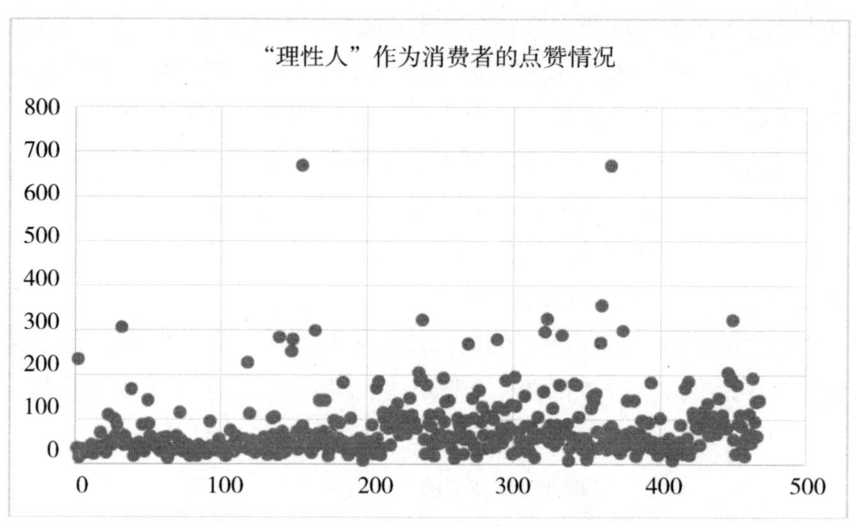

图 1-3 "上海发布"的转发、评论、点赞情况

在这四大类型微博中共选取了样本 463 条，假设检验需要标准样本用于参照，因此本研究将前 230 条微博作为标准样本，后 233 条作为实验样本。实验样本中发现转发的平均值和方差都远高于标准样本，因此对于实验样本中的个别数据做了修正，将修正后的样本用于假设检验。平均值和方差的计算公式如下：

平均值：$M = \frac{x_1 + x_2 + \cdots + x_n}{n}$ (1)

其中 n 表示实验样本数据个数，$x_1, x_2, \cdots, x_n$ 表示实验样本的具体数值。

方差平方和：$s^2 = \frac{(x_1 - M)^2 + (x_2 - M)^2 + \cdots + (x_n - M)^2}{n}$ (2)

其中 s^2 越小，代表数据波动越稳定。

表 X：样本在不同维度下的平均值和方差

	标准样本			修正后的实验样本		
维度	转发	评论	点赞	转发	评论	点赞
M	164	77	69	163	74	74
s	93	88	53	89	65	58

为了区分两种样本均值的表示，令 μ_1, μ_2, μ_3 作为标准样本微博转发数、评论数和点赞数的均值；并令 $\mu_{11}, \mu_{22}, \mu_{33}$ 作为实验样本微博转发数、评论数和点赞数的均值。

要验证的假设分别为：

$$\text{Ⅰ}: \mu_1 = \mu_{11} \rightarrow H_1: \mu_1 \neq \mu_{11}$$

$$\text{Ⅱ}: \mu_2 = \mu_{22} \rightarrow H_1: \mu_2 \neq \mu_{22}$$

$$\text{Ⅲ}: \mu_3 = \mu_{33} \rightarrow H_1: \mu_3 \neq \mu_{33}$$

对于转发、评论和点赞，它们的拒绝域均可表示为：

$$W_{H_0} = \{(x_1, \cdots, x_n) \mid |T| \geq t_{\frac{\alpha}{2}}(n-1)\}$$（本研究设 α 为 0.1）

转发数的检验统计量可表示为：$T = \dfrac{u_{11} - u_1}{s/\sqrt{n}} \sim t(n-1)$

通过计算得 $T = 0.17 < t_{0.05}(233) = 1.6514$，因此假设Ⅰ成立，即消费者的显示性偏好在转发这一维度上具有稳定性。

同样地，评论数这一维度选取检验统计量：$T = \dfrac{u_{22} - u_2}{s/\sqrt{n}} \sim t(n-1)$

通过计算得 $T = 0.70 < t_{0.05}(233) = 1.6514$，因此假设Ⅱ成立，即消费者的显示性偏好在评论这一维度上具有稳定性。

针对点赞数这一维度选取检验统计量：$T = \dfrac{u_{33} - u_3}{s/\sqrt{n}} \sim t(n-1)$

通过计算得 $T = 1.31 < t_{0.05}(233) = 1.6514$，因此假设Ⅲ成立，即消费者的显示性偏好在点赞这一维度上具有稳定性。

综合以上分析可以表明用户作为消费者，对于"衣""食""住""行"微博的偏好具有一定稳定性。

一、"天气"与"空气"——高影响力微博的特征分析

"天气"与"空气"都关系到"理性人"穿多少衣服。空气如果重度污染，人则需要戴防护口罩，"口罩"也属于广义的"衣"的范畴。天气冷，人加衣，反之，则减衣。

在2016年全国31个省会城市政务微博——发布的关于"天气"和"空气"的318条微博中，影响力指数排在前10名的微博主题如下表所示。

政务微博	发布时间	微博主题	转发数	评论数	点赞数	影响力	排名
上海发布	2016-1-14 10:32	【2015年本市空气净化器质量抽查结果：小米等4批次不合格】	4407	1950	87	6444	1

续表

政务微博	发布时间	微博主题	转发数	评论数	点赞数	影响力	排名
上海发布	2016－1－19 13：38	【近30年同期最强冷空气！明晚起有雨雪，周日5到7度!】	3203	740	616	4559	2
上海发布	2016－7－23 14：16	【超过40度！今夏首个高温红色预警发布!】	2336	622	167	3629	3
上海发布	2016－7－21 8：46	【不到9点就发高温橙色预警！今天最高38度!】	1336	240	279	1855	4
上海发布	2016－7－21 15：06	【39.1度！上海今天气温飙出新高!】	896	326	252	1474	5
南京发布	2016－8－24 8：02	南京终于要降！温！啦！	740	227	453	1420	6
上海发布	2016－7－27 13：16	【快讯：今夏第2个高温红色预警刚刚发布!】	794	309	300	1403	7
石家庄发布	2016－3－3 14：00	240C的石家庄街头，短袖与棉袄齐飞	352	235	717	1304	8
南京发布	2016－7－14 22：23	你们看，今天南京的雨，下出一个大蓝鲸……	287	120	895	1302	9
天津发布	2016－12－20 10：03	#天津身边事#【公交车司机给乘客免费发放防霾口罩】	267	103	892	1262	10

（一）关于“空气”的高影响力微博皆与空气污染有关。

在2016年全国31个省会城市政务微博——发布的关于“天气”和“空气”

的318条微博中，影响力指数排在前10名的关于“空气”的高影响力两条微博，分别是上海发布于2016年1月14日发布的关于空气净化器质量的抽查结果，和天津发布于2016年12月发布的关于公交车司机给乘客免费发放防霾口罩。

两条关于“空气”的高影响力微博——皆与我国许多省市近年来冬季频发的空气重度污染有关。由于个体对于发生的空气重度污染除了采取防护措施，别无其他更好的应对办法，因此，关于室内防护用的空气净化器的信息、关于出门防护用的防霾口罩的信息，便成为政务微博用户，在空气重度污染之时高度关注的信息类别。

符合“理性人”对于具有“重要性”“接近性”和“异常性”的信息感兴趣的信息影响力原理。

（二）关于“天气”的高影响力微博主要与极端天气有关。

在2016年全国31个省会城市政务微博——发布的关于“天气”和“空气”的318条微博中，影响力指数排在前10名的关于“天气”的高影响力微博，主要与“最冷”或“最热”的极端天气有关。

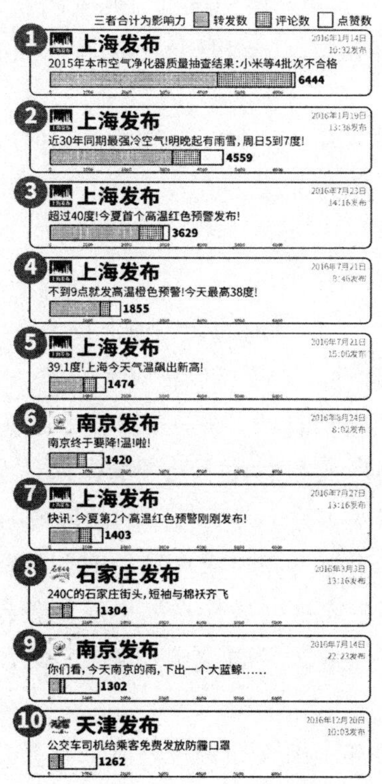

从上图中可见，2016 年 1 月 19 日，上海发布关于“近 30 年同期最强冷空气”的微博，2016 年 7 月上海发布与 2016 年 8 月南京发布关于“高温”天气的微博，影响力指数都超过 1000。

“最冷”或“最热”都是与正常天气相比较的“异常”状态，“最冷”与“最热”又直接关涉到“理性人”生活的舒适度，由城市政务微博所发布的关于本市的天气状况，又与城市政务微博用户之间存在着“接近性”，因此，关于“天气”的高影响力微博符合“理性人”对于具有“异常性”“重要性”和“接近性”的信息感兴趣的信息影响力原理。

（三）关于“天气”的微博已成为“上海发布”的品牌信息。

在 2016 年全国 31 个省会城市政务微博——发布的关于“天气”和“空气”的 318 条高影响力微博中，来自上海发布的有 204 条，占比超过 60%（64.15%）。在影响力指数排在前 10 名的关于“空气”和“天气”的高影响力微博中，来自上海发布的有 6 条，占比达 60%。而上海发布 2016 年全年发布的高影响力微博总数为 1077 条，204 条关于“天气”和“空气”的微博，占其全部 1077 条高影响力微博的 18.9%，接近五分之一。这说明，关于“天气”和“空气”的微博，成为上海发布的鲜明特色与显著优势。换言之，上海发布提供的“天气”和“空气”微博信息——是在全国 31 个省会城市政务微博中，影响力最大的。

上海发布关于“天气”和“空气”的微博——何以能够做到在全国 31 个省会城市政务微博中影响力最大？

原因至少有以下三点：

1. 发布的时效性

虽然“天有不测风云”，但目前的天气预报技术已经相当发达，因此，根据天气预报提供的信息，“理性人”便可以相应地安排一天的生活。上海发布每天都争取在获得当天天气预报信息的“第一时间”，通过微博将天气情况告诉用户。因此，统计上海发布所发布的关于天气的微博信息，便会发现，早上 6 点至 7 点之间，是上海发布发布关于“天气”的微博最为集中的时间。

当高温天气来临时，上海发布追求在第一时间，将高温天气的微博发布出去。为了最大限度地提高发布的时效性，缩小从气象台获知天气预报到编制微博发布出去的“时间差”，上海发布主编周凯在 2017 年 7 月接受笔者的采访时说：

包括就像这段时间的那个天气预警——高温预警信息，我们在全国微信公众号里，没有号像我们对于高温预警信息，苛刻到这种程度，一条高温预警，它是气象局9：19分发的，我们是9：27分推了微信啊，微信本身到手机可能还有个两三分钟……我们从一开始就是这样要求发布的时效性的。

上海发布
2016-7-27 14:56 来自 微博 weibo.com
【大风黄色预警发布！】#天气预警#[市预警发布中心]上海中心气象台2016年07月27日14时46分发布大风黄色预警信号：预计本市下午到上半夜，崇明、嘉定、宝山及浦东新区北部将出现7-9级雷雨大风，请加强防范。此前发布的高温红色预警、雷电黄色预警仍未解除。

收藏 | 150 | 45 | 27

2. 标题的提要性

与其他省会城市政务微博的发布相比较而言，上海发布关于“天气”和“空气”的微博，每一条微博都用【】的形式作为标题，标题中提炼出微博内容的精华。类似于写论文的“摘要”。这种做法可以使微博用户只要看一眼“标题”便知微博的主要内容。尤其便于用户在地铁或公交车上，使用手机的移动互联网，只看一眼微博的标题便知当日天气的主要情况。

上海发布
2016-7-23 14:16 来自 微博 weibo.com
【超过40度！今夏首个高温红色预警发布！】#最新#[市预警发布中心]上海中心气象台2016年07月23日14时10分发布高温红色预警信号：受西太平洋副热带高压影响，目前本市气温正快速上升，预计中心城区今天的最高气温将超过40℃，高温橙色预警信号更新为高温红色预警信号。

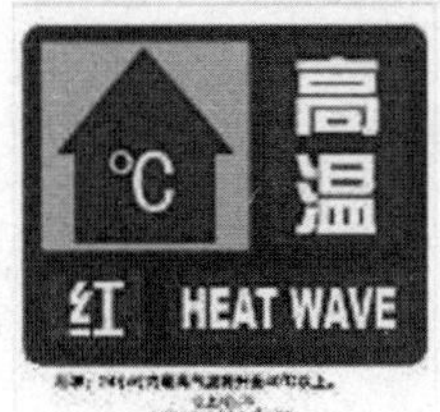

收藏 | 2336 | 622 | 671

3. 语言的亲和性

除了“发布的时效性”和“标题的提要性”，上海发布关于“天气”和“空气”的微博，还讲求“语言的亲和性”。在天气预报中，巧妙地插入用户惯常的语言，拉近政务微博和用户之间的心理距离。

例如，使用个人的习惯用语“热热热!”：

上海发布

2016-7-21 06:58 来自 微博 weibo.com

【热热热！今天晴到多云，最高温度38℃】#早安上海#昨天，最高气温飙至37度，同城蒸桑拿的你，有没有为自己"带盐"？今天，副热带高压继续"热"爱上海，晴好天气继续的同时，极端高温可能达到38度。然而这只是个开始……今天起，魔都将放出"高温五连击"的大招，筒子们一定要hold住啊 ... 展开全文

收藏 | 176 | 44 | 45

再如，使用比喻性的“冻成冰棒”：

上海发布

2016-1-19 06:58 来自 微博 weibo.com

【冻成冰棒！今天最低-1度，明晚起雨夹雪】#早安上海#冰冻的一天来到了，今天市区最低温-1度，郊区县不少地方-2到-4度，早起行走江湖的筒子一定要把自己裹严实了。目前空气质量中度污染，实时指数159。明天0度，晚上开启雨夹雪模式。周六再次降温至-1度，周日-3度。

收藏 | 244 | 45 | 38

又如，化用“冬天来了，春天还会远吗?”。

上海发布

2016-8-26 08:00 来自 微博 weibo.com

【今天出伏啦！秋天还会远吗？】长达40天的加长版三伏天终于结束了！最迟到明天，魔都的小伙伴们就有望和这一波高温说再见了~最近可以多吃梨子、白木耳、百合以及一些滋阴养肺、润燥生津的粥汤，同时早睡早起，加强锻炼。伏天走了，筒子们准备好迎接凉爽的秋天了吗？

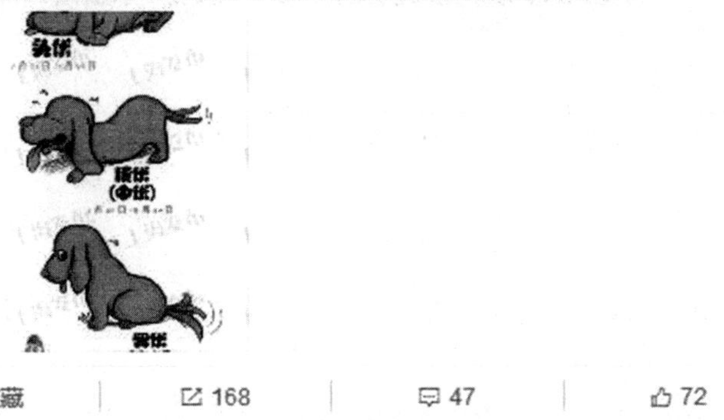

收藏 | 168 | 47 | 72

再如，使用“快递”用语——“冷空气已经发货，即将送达”。

上海发布

2016-12-26 17:03 来自 微博 weibo.com

【冷空气已发货，即将送达！明后天降温8-10度】#天气预报#申城今天下午起雨势减弱。不过，受强冷空气影响，新一波"大降温"又将来袭，上海目前寒潮蓝色预警高挂，预计未来两日降温8-10度。明天阴到多云，最高温仅为6度，最低4度；后天早晨到上午，东部沿海可能出现小雨夹雪，最低温将降至2度上下，郊... 展开全文

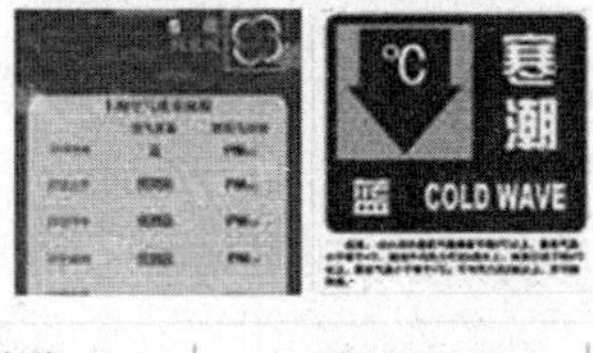

收藏 | 110 | 45 | 52

由上可见：

1. 极端天气与空气最易产生高影响力微博。

2. “天气”与“空气”信息是上海发布的信息品牌与核心竞争力。用户已经养成了依赖上海发布的“天气”与“空气”信息的习惯。

3. 全国31个省会城市政务微博可以学习上海发布关于“天气”与“空气”的微博信息编制与发布。

二、“美食”与“吃法”——高影响力微博的特征分析

“民以食为天”。2016 年全国 31 个省会城市政务微博所发布的 6920 条高影响力微博中，以“食”为主题的微博达 718 条，占比超过 10%（10.38%）。其中，“美食”与“吃法”影响力指数排名前 10 位的政务微博及其主题如下表所示：

政务微博	发布时间	微博主题	转发数	评论数	点赞数	影响力	排名
成都发布	2016－12－25 17：13	【牛肉千层饼，咬一口就酥到掉牙】	2032	347	1686	4065	1
成都发布	2016－10－4 22：50	【半夜发吃：4 种秋季必吃甜品】	1531	222	1881	3634	2
南京发布	2016－3－2 13：02	快来为南京小吃投票吧	1300	1492	304	3096	3
成都发布	2016－8－27 22：52	【半夜发吃：来一份文艺的酸辣粉】	1041	327	1548	2916	4
成都发布	2016－1－4 16：35	#美食成都#成都性价比超高的 28 家自助餐厅（内附价格）	1232	639	973	2844	5
成都发布	2016－10－5 12：13	【私藏的成都火锅地图，Mark 住吃起】	1119	404	1290	2813	6
北京发布	2016－10－30 19：07	【秋食京城老字号，不只有“全聚德”】	1233	290	1089	2612	7
成都发布	2016－11－2 16：36	【成都甜品店推荐！约上闺蜜一起去】	1035	608	937	2580	8
成都发布	2016－9－18 21：11	【收啦！成都冒菜馆合集】	868	391	1117	2316	9
成都发布	2016－12－29 17：25	#美食成都#天冷了，好想吃点巧克力	703	307	1261	2271	10

（一）高影响力美食微博的特征的总体分析

1. 精心做标题

在中国当前全面建设小康社会的语境里，对于绝大多数省会城市政务微博

用户而言，“吃饱”早已不成问题。如何“吃好”才是“理性人”需要考虑的。由于“食物”的种类不可胜数，任何一条关于“美食”与“吃法”的政务微博，必须精心制作吸引用户的特色标题，才有可能获得用户的“转发”“评论”或“点赞”。

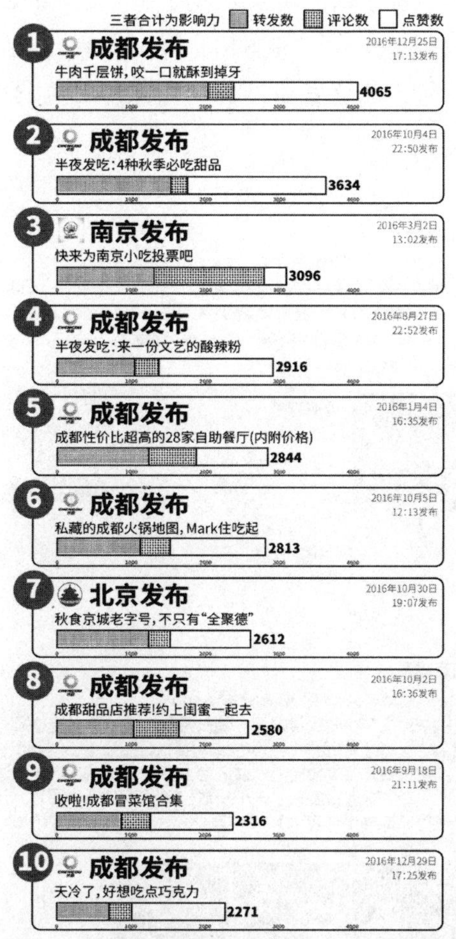

在2016年全国31个省会城市政务微博关于“食”的发布中，入围前10名的微博信息，无一例外地具有“精心做标题”的特征。如上表所示，成都发布关于“牛肉饼”，用“掉牙”强调其“酥”的口感。南京发布用催促式的语气—“快来—投票”，发布关于“南京小吃”的微博。北京发布关于京城老字号，用“不只有‘全聚德’”来设置悬念，吊用户的胃口。

2. 美食配多图

关于“美食”，一个重要的评价标准是“色”“香”“味”。微博发布的信息，虽然无法实时传递“香”和“味”（只能诉诸于文字描述），但却可以采用微博配图的方式，来呈现“美食”的“色”。

在2016年全国31个省会城市政务微博关于“食”的发布中，入围前10名的微博信息全部配有关于“美食”的图片。限于篇幅，本研究在此只选择“成都发布”“南京发布”和“北京发布”各一条微博的美食图片，以见关于美食的高影响力微博配图之一斑。

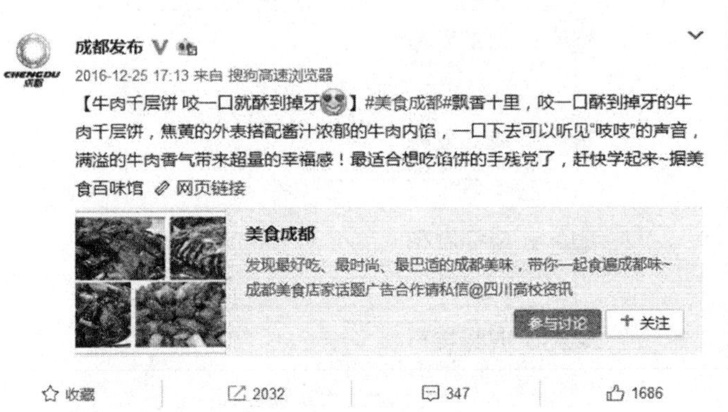

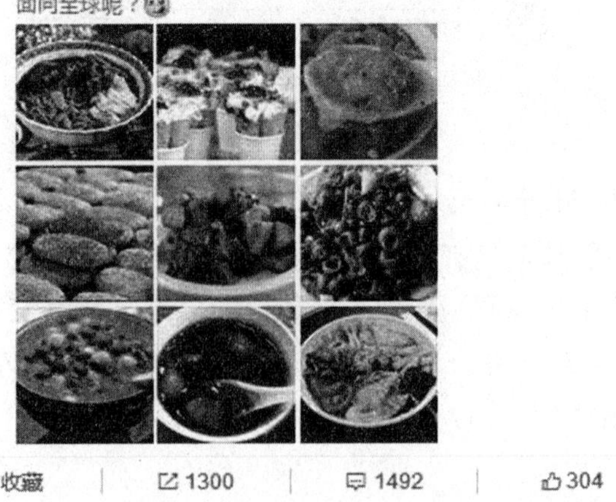

（二）“美食”微博是成都发布的优势内容

在2016年全国31个省会城市政务微博所发布的——关于“食”的718条高影响力微博中，来自成都发布的有349条（远超过排名第二的南京发布的123条和排名第三的杭州发布的95条），占比近50%（达48.8%），这表明，类似于高影响力的“天气”微博是上海发布的优势内容，高影响力的“美食”微博是成都发布的优势内容。

高影响力的“美食”微博，之所以能够成为成都发布的优势内容，原因至少有三：

1. 吃的理由

成都发布的“美食”微博，有意识地强调用户“吃”其所推荐的美食的理由。

“吃”的理由首先在于，既然是“美食”，“如果没吃过”，自然应该吃。这种基于演绎推理而得出来的吃的理由，例如，2016年1月1日20：37分所发布的微博：【鲜美的“疙瘩汤”吃过吗?】

"吃"的理由也在于逢年过节的约定俗成。例如，2016 年 2 月 5 日 21：40 分所发布的微博：【好吃不过饺子 ~ ~过年了，吃饺子!】

"吃"的理由还在于"健身"的要求。例如，2016 年 3 月 13 日 17：18 分所发布的微博：【减脂期必学的"吃草大法"】，2016 年 4 月 2 日 9：01 分所发布的【春季一碗汤，全家都健康】。

"吃"的理由也在于"下饭"。例如，2016 年 5 月 5 日 22：25 分所发布的【半夜发吃：超级下饭菜，肉末豆角】，2016 年 5 月 9 日 17：40 分所发布的微博：【下饭菜：小炒肉】，等等。

当然，"好吃"无疑是"吃"的理由的题中应有之义。例如，2016 年 6 月 1 日 18：05 分所发布的微博：【在成都，你绝对不忍拒绝的 8 碗销魂饭!!】

2. 做的方法

享受"美食"，除了可以到相关的美食餐馆享受厨师的手艺，还可以自己动手制作"美食"。成都发布的许多"美食"微博，细致地介绍各种"美食"做的方法，包括凉菜、热菜、冷饮、面食、调料、点心、炒饭等等。

例如，2016 年 7 月 5 日 18：30 分所发布的微博：【九道爽口凉拌菜的做法】，2016 年 7 月 6 日 17：45 分所发布的微博：【各种小龙虾的做法】，2016 年 7 月 7 日 17：54 分所发布的微博：【16 种自制冰棒配方，今年夏天吃个够!】，2016 年 7 月 8 日 18：20 分所发布的微博：【回锅肉做法！你们看正宗不正宗?】，2016 年 7 月 9 日 17：30 分所发布的微博：【学会这五款，你也可以成为意面小达人】，2016 年 8 月 3 日 22：31 分所发布的微博：【自制辣椒油】，2016 年 9 月 5 日 22：52 分所发布的微博：【中秋节要到了，来学学做冰皮月饼】，2016 年 12 月 7 日 17：45 分所发布的微博：【36 种炒饭做法，让你的炒饭做出花样来】，等等。

成都发布将"美食"做的方法，分成三类。首先是分解成政务微博用户人人可以学会的操作步骤，例如，2016 年 7 月 11 日 17：36 分所发布的微博，如下图所示：

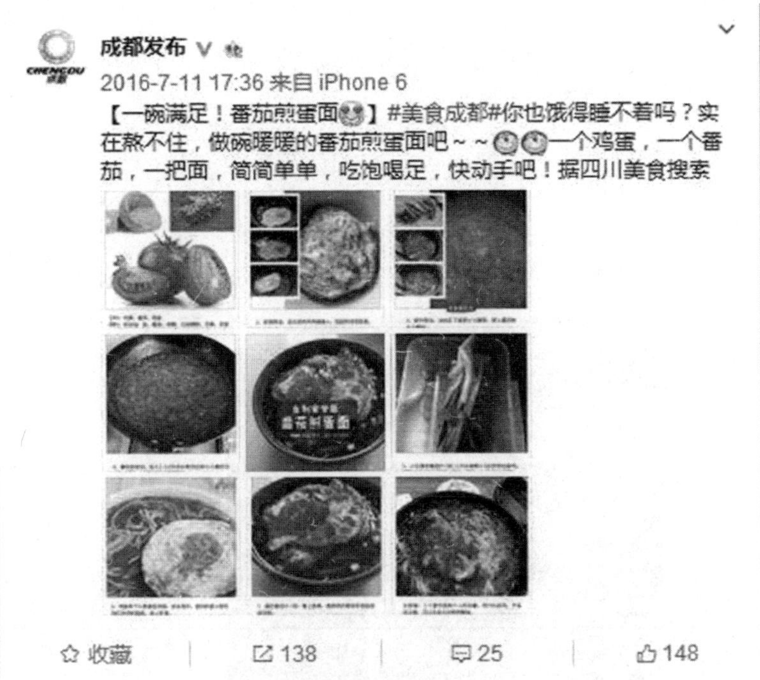

成都发布关于“美食”的做法，其次是提供制作“美食”的“秒拍视频”，例如，2016年10月18日22：53分所发布的微博，如下图所示：

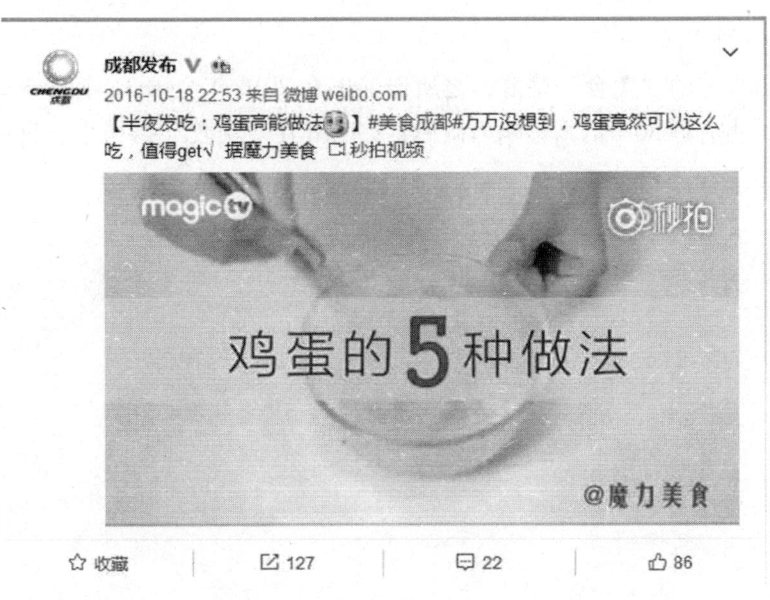

成都发布关于“美食”的做法，再次是提供制作“美食”的“动图”，例如，2016 年 11 月 19 日 17：05 分所发布的微博，如下图所示：

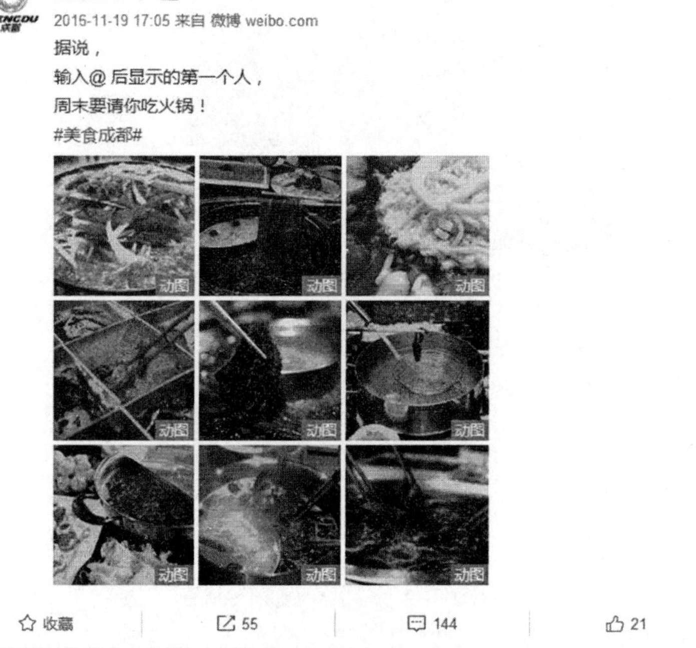

3. 转的号召

成都发布的“美食”微博，之所以能够在 2016 年全国 31 个省会城市政务微博中，占有近 50% 的高影响力微博，亦与其在“美食”微博中，直接号召用户“转发”密不可分。

例如：

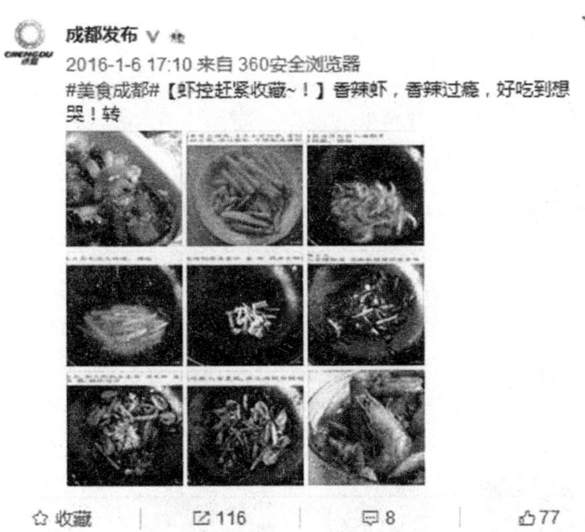
成都发布
2016-1-6 17:10 来自 360安全浏览器
#美食成都#【虾控赶紧收藏~！】香辣虾，香辣过瘾，好吃到想哭！转
收藏
116
8
77

再如：

成都发布
2016-7-17 15:20 来自 微博 weibo.com
【成都吃喝玩乐攻略，收藏收藏】#住在成都#网友@LIANGSIRUI-绘制了一个小小的成都旅游合集：P1-P4麻辣的火锅川菜，P5-P6甜蜜的甜品糕点，P7-P8幸福的面条夜宵，P9可以逛逛的地方。转给需要的小伙伴，收藏！
收藏
117
54
94

又如：

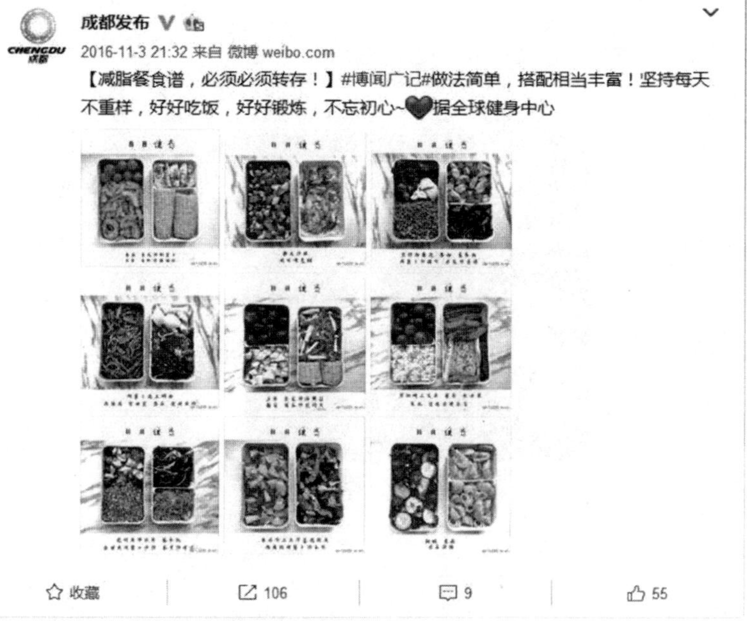

三、“房子”与“户口”——高影响力微博的特征分析

近些年来，由于大城市房价长期的居高不下，在北京、上海、广州等地的群租和蜗居现象很严重，而“耕者有其田，居者有其屋，是百姓最基本需求”。①

在2016年全国31个省会城市政务微博所发布的关于“住”的高影响力微博中，虽然与“衣”（天气和空气）和“食”（美食与吃法）等类别的微博数量（分别为318条和718条）相比，“住”的微博数量非常少（只有68条），但关于“住”的微博的最高影响力指数5047却并不低，介于“衣”（6444）和“食”（4065）之间，详见下表。

① 钟南山：《耕者有其田，居者有其屋，是百姓最基本需求》，参见2014年3月10日中国青年网，http：//news. youth. cn/gn/201403/t20140310_ 4839565. htm

政务微博	发布时间	微博主题	转发数	评论）数	点赞数	影响力	排名
沈阳发布	2016－3－1 22：36	沈阳市政府有关部门支持高校和中等职业学校在校生和毕业生买房	2774	1616	657	5047	1
上海发布	2016－3－25 10：13	上海市进一步完善住房体系和保障体系，9项政策出台	1228	1601	468	3297	2
上海发布	2016－11－28 21：00	上海市住房信贷政策关于首套房和二套房首付比例均有调整	1472	1303	437	3212	3
上海发布	2016－4－23 20：22	上海各银行将暂停与链家等6家房产中介合作1个月	1083	681	786	2550	4
上海发布	2016－7－5 14：53	市绿化市容局成立专项工作组，全力配合调查垃圾外运一事	238	1029	370	1637	5
南京发布	2016－6－30 12：09	7月1日起，南京市发放高校毕业生住房租赁补贴	740	432	350	1522	6
南京发布	2016－9－25 17：00	南京出台限购政策	857	458	201	1516	7
南京发布	2016－6－29 17：20	以后在南京租房，有补贴拿啦	583	514	246	1343	8
西安发布	2016－12－31 18：05	西安出台住房"限购令"	454	443	413	1310	9
南京发布	2016－10－5 19：13	南京再出房产新政：外地人缴社保一年以上才能买房……	612	459	186	1257	10

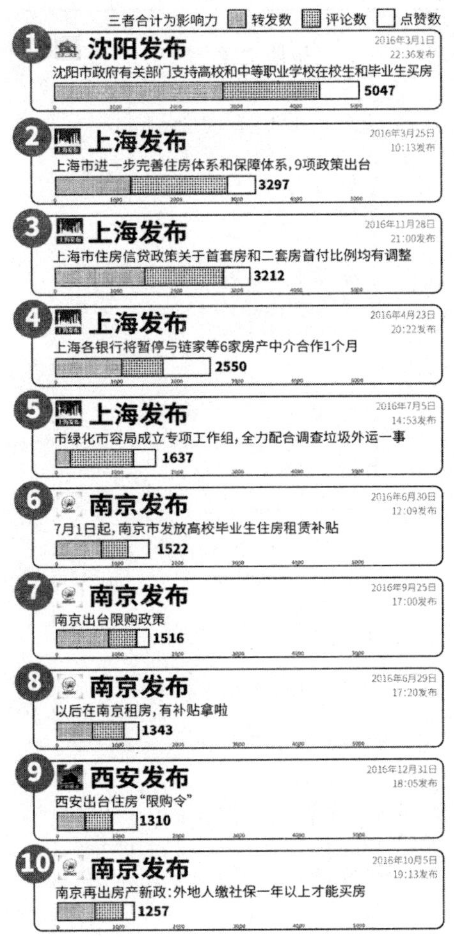

（一）关于“住”的高影响力微博的主题词：户口、买房、租房

在 2016 年全国 31 个省会城市政务微博关于“住”的高影响力微博中，排名前 10 位的微博的主题词是“户口”“买房”和“租房”。

1. 作为高影响力微博主题词的“户口”

在上海发布于 2016 年 3 月 25 日 10：13 分发布的微博中，上海市为进一步完善住房体系和保障体系，出台 9 项政策的第一项就是关于“户口”：“将非本市户籍家庭购房缴纳个税或社保的年限调整为自购房之日前连续缴纳满 5 年及以上”。在南京发布于 2016 年 10 月 5 日 19：13 分发布的微博中，南京市再出房产新政：外地人在南京缴社保一年以上才能买房……

2. 作为高影响力微博主题词的“买房”

上海发布有多条关于住房公积金的政策的微博，上海发布、南京发布和西安发布都发布了——在特定时期对于“买房”实行“限购”的微博，这些微博都成为高影响力微博。而沈阳发布则通过住房公积金政策，对于在沈阳购买商品房的毕业未超过5年的高校和中等职业学校毕业生给予支持，这条微博也成为2016年全国31个省会城市政务微博中，关于“住”的微博信息中影响力指数最大的。

沈阳发布 V

2016-3-1 22:36 来自 iPhone 6

沈阳市政府有关部门表示"关于支持高校、中等职业学校在校生、新毕业生购房。对毕业未超过5年的高校、中等职业学校毕业生在沈购买商品房的，给予住房公积金政策支持，公积金连续缴存时限由6个月降为3个月，首付比例实行"零首付"政策"还处于前期调研论证阶段，暂不具备出台条件。

☆ 收藏　|　2774　|　1616　|　657

3. 作为高影响力微博主题词的“租房”

在上海发布于2016年3月25日10：13分发布的微博中，上海市为进一步完善住房体系和保障体系，出台9项政策的第5项就是关于“推进廉租住房和公共租赁住房并轨运行”。

南京发布于2016年6月29日17：20分发布了——“三类人群”在南京租房的重大利好微博，以后在南京租房，有补贴拿啦”。

“三类人群”是指“城市中低收入住房困难家庭”，“外来务工人员”和“在宁就业的全日制普通高校毕业生”。补贴的标准分别为，“外来务工人员”每人18元/月/平方米，保障面积每人20平方米，低保家庭每人补贴32元/月/平方米，低收入住房困难家庭每人补贴28元/月/平方米，中等偏下收入住房困难家庭每人补贴18元/月/平方米。对于高校毕业生，学士和技师每人每月补贴600元，硕士每人每月补贴800元，博士每人每月补贴1000元。

南京发布关于“租房发放补贴”的4条微博，由于直接关涉到政务微博用户的核心利益，因此，有2条跻身全国31个省会城市政务微博中关于“住”的高影响力微博的前10名。

南京发布

2016-6-29 17:20 来自 微博 weibo.com

【以后在南京租房，有补贴拿啦！】7月1日起，南京将实行公租房货币化保障。对符合条件的高校毕业生、外来务工人员和城市中低收入住房困难家庭，发放梯度住房租赁补贴，学士和技师每人每月600元，硕士每人每月800元。详戳

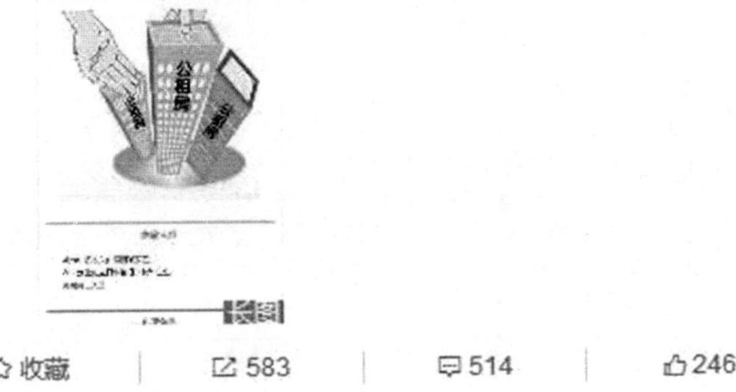

（二）关于“住”的政策解读是用户关注的焦点

在2016年全国31个省会城市政务微博关于“住”的高影响力微博中，除了“户口”“买房”和“租房”三大主题词之外，还涉及“政策解读”“居住证”“供暖”“住的环境”“房的知识”和“房屋中介”等主题。其中，省会城市政务微博关于“住”的“政策解读”是用户关注的焦点。如下表所示：

主题分类／政务微博	户口	买房	租房	政策解读	居住证	供暖	住的环境	房的知识	房屋中介	合计
上海发布	1	1	0	12	0	0	1	0	3	18
南京发布	2	2	7	6	0	0	0	1	0	18
成都发布	0	1	0	0	0	0	1	0	0	2
杭州发布	0	0	0	7	0	0	0	0	0	7
天津发布	0	2	1	1	0	4	0	0	0	8
北京发布	0	1	0	0	1	2	0	0	0	4
中国广州发布	2	0	0	0	0	0	0	0	0	2
其他省会城市政务微博合计	0	3	0	2	0	1	0	1	0	7
合计	5	10	8	28	1	7	2	2	3	66

在2016年全国31个省会城市政务微博关于“住”的高影响力微博中，政策解读类的微博，可以分为“公积金”政策解读，银行贷款利率政策解读，房屋契税政策解读和房屋产权政策解读等四种主要类型。

“公积金”政策解读类的微博，例如杭州发布的如下微博：

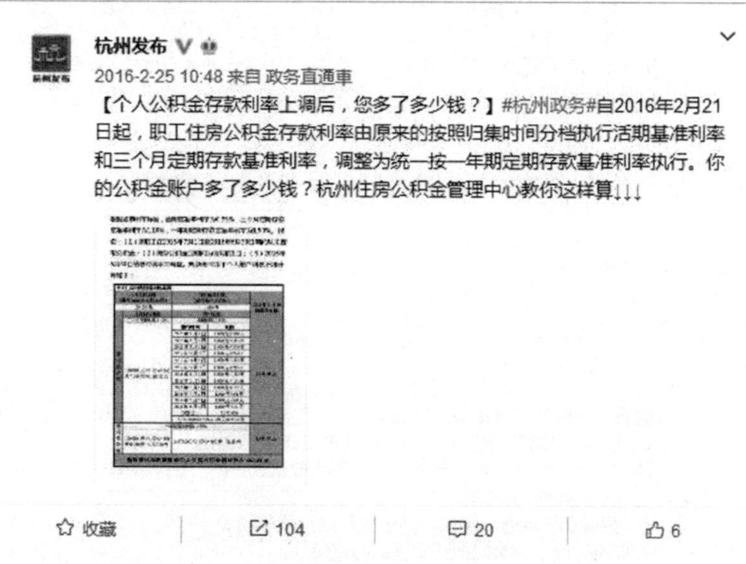

银行贷款利率政策解读类的微博，例如上海发布的如下微博：

上海发布

2016-1-1 08:56 来自 360安全浏览器

【你的房贷月供今天就降啦！算算能降多少？】#图解新闻#由于央行去年5次降息，而多数银行房贷又是一年一调，所以今天开始，房贷一族的月供将大幅减轻哦~5年以上商业贷基准利率降到4.9%，如100万元等额本息20年期，月供降低706.68元！5年以上公积金利率也降至3.25%。详见附图

房屋契税政策解读类的微博，例如上海发布的如下微博：

上海发布

2016-2-19 18:38 来自 微博 weibo.com

【权威发布：房地产契税政策调整，上海这样操作】#最新#财政部等三部委今天发布《关于调整房地产交易环节契税 营业税优惠政策的通知》。@上海税务 解释，本市的政策变化主要为：以前的政策必须是普通住房才可享受契税优惠。新政取消了"普通住房"这一条件，符合新的规定条件都可享受契税优惠。详见图

房屋产权政策解读类的微博，例如南京发布的如下微博：

南京发布

2016-4-18 20:30 来自 微博 weibo.com

【有没有想过，你家房子70年产权到期后，怎么办？】南京广播电视台的这条微信，说的比较详细了↓↓↓

而官方的解答也通常是这样的：

1、延长土地使用权期限。可以由房屋业主联名提出，补交土地出让金，这个价格应该低于同类的土地出让金的价格，类似于成本价和市场价的差额。

2、根据规划需要，国家收回土地和地上建筑物的，对业主进行相应补偿，用类似拆迁安置的办法解决。

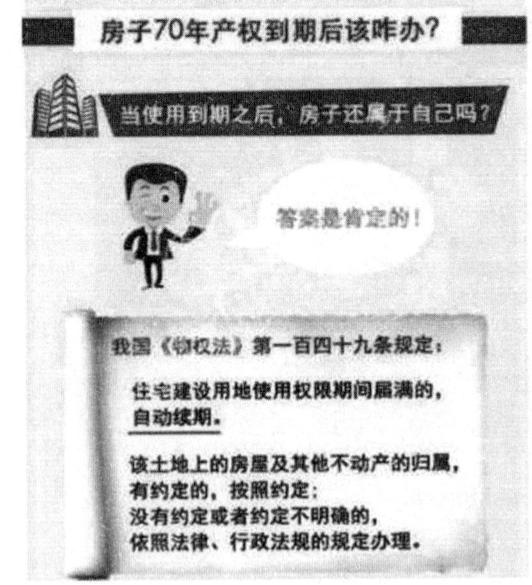

四、"交通"与"旅游"——高影响力微博的特征分析

"出行"是人"衣""食""住""行"的四大基本需求之一。尤其是在城

镇化过程中，随着城市规模的扩大，工作地点与居住地点之间的距离产生了"行"的刚性需求；而随着闲暇时间的增加和个体可支配收入的增长，旅游则促成了"行"的柔性需求。

在2016年全国31个省会城市政务微博——所发布的1030条关于"行"的高影响力微博中，入选前10名的高影响力微博的关键词是"交通工具""严重事故""交通法规"和"旅游出行"。如下表所示：

政务微博	发布时间	微博主题	转发数	评论数	点赞数	影响力	排名
天津发布	2016-7-2 5:08	【津蓟高速宝坻区界内发生一起重大交通事故】	1929	4181	2827	8937	1
南京发布	2016-7-26 11:58	【南京地铁全面实现一卡通，可刷遍全国41座城市】	963	1896	2197	5056	2
上海发布	2016-4-1 19:50	【快讯：外地临牌机动车4月10日起不得在本市外环内行驶】	1056	1936	514	3506	3
南京发布	2016-10-15 18:23	下雨天，南京最适合去的10个地方，每个都可以安静待上一天!	1697	227	1015	2939	4
上海发布	2016-4-8 18:57	【权威发布：上海4月15日起调整部分高架道路（城市快速路）交通管理措施】	1158	1431	508	2597	5
上海发布	2016-5-23 6:21	【注意：中环线发生严重车祸、交通封闭，早高峰请提前绕行】	1109	929	308	2346	6
南京发布	2016-9-13 19:47	森林音乐会期间南京地铁加开车次并延时运营	961	437	870	2268	7

续表

政务微博	发布时间	微博主题	转发数	评论数	点赞数	影响力	排名
南京发布	2016－12－26 20：00	网友@阿抽er整理的一些南京超美拍摄地。公园、学校、游乐园、咖啡厅……找个时间，带上相机，总有一个地方适合你！	868	439	770	2077	8
上海发布	2016－2－25 16：40	【本市将加大对外牌车辆限行力度，正进行政策研究和方案比选】	681	1061	333	2075	9
上海发布	2016－4－18 14：19	【快讯：上海轨交2017－2025规划今起二次环评公示！包含9条线路共285公里】	904	753	414	2071	10

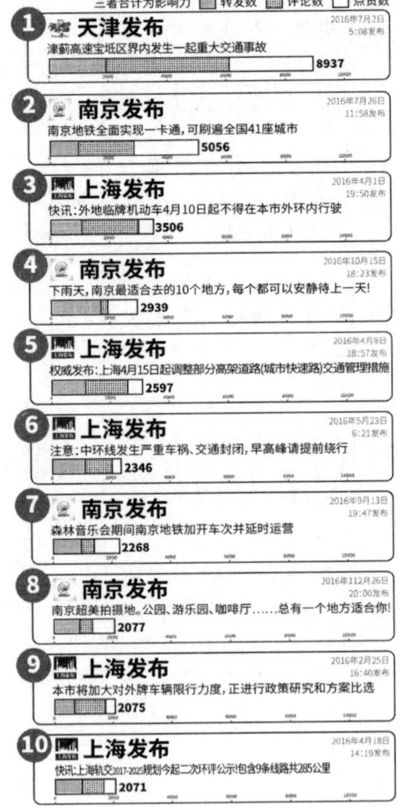

(一)“行”的高影响力微博关键词：交通工具、交通事故、交通法规、旅游出行

南京发布于2016年9月23日发布的关于“地铁加开车次并延时运营”，和上海发布于2016年4月18日发布的关于“上海轨交2017-2025规划”——属于“交通工具”的范畴。

天津发布于2016年7月2日发布的“津蓟高速宝坻区界内发生一起重大交通事故”，以及上海发布于2016年5月23日发布的“中环线发生严重车祸、交通封闭，早高峰请提前绕行”——属于“交通事故”的范畴。

上海发布于2016年2月25日发布的“本市将加大对外牌车辆限行力度，正进行政策研究和方案比选”、上海发布于2016年4月1日发布的“外地临牌机动车4月10日起不得在本市外环内行驶”，以及上海发布于2016年4月8日发布的“上海4月15日起调整部分高架道路（城市快速路）交通管理措施”，和南京发布于2016年7月26日发布的“南京地铁全面实现一卡通，可刷遍全国41座城市”等——属于“交通法规”的范畴。

南京发布于2016年10月15日发布的“下雨天，南京最适合去的10个地方，每个都可以安静待上一天！”，和南京发布于2016年12月26日发布的“网友@阿抽er整理的一些南京超美拍摄地。公园、学校、游乐园、咖啡厅……找个时间，带上相机，总有一个地方适合你！”——属于“旅游出行”的范畴。

(二)“行”的高影响力微博关键词：交通工具“影响力”的不均衡

城市中的“交通工具”，可以细分为公共自行车、公交、出租车、地铁、高铁、飞机等六大类。其中，关于“公共自行车”、“地铁”、“高铁”三类交通工具的微博，易成为高影响力微博，影响力指数均有超过千次的，而其他三类交通工具的影响力指数，则没有过千的。关于“公共自行车”的高影响力微博，例如：南京发布的如下微博（影响力指数：1235次）：

关于“地铁”的高影响力微博，例如，中国广州发布的如下微博（影响力指数：1520 次）：

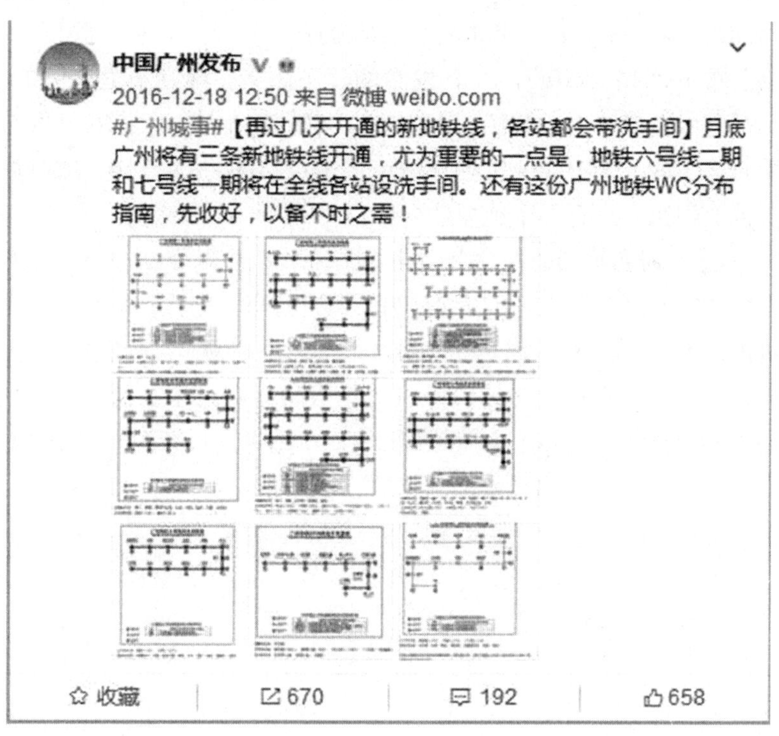

关于“高铁”的高影响力微博，例如，重庆微发布的如下微博（影响力指数：1265 次）：

重庆微发布
2016-7-12 18:43 来自 人民微管家
#重庆身边事#【渝万高铁年底建成通车 今后从主城至万州坐火车只需1小时】今年底，渝万高铁将建成通车，渝万高铁全长247公里，设计时速250公里，起于重庆北站，终点为万州，通车后，市民坐火车从主城至万州只需1小时。同时渝昆（重庆—昆明）高铁将力争今年底开工建设。 网页链接

收藏 174 368 723

（三）“行”的高影响力微博关键词：并非任何“交通事故”都会引起关注

随着私家车的拥有数量越来越多，城市中“交通事故”发生的绝对机率也在增加。但并非关于任何“交通事故”微博都会引发用户的关注。实际上，只有严重的交通事故（例如前文中津蓟高速宝坻区界内发生的重大交通事故和上海中环发生的严重车祸），才会引发用户的高度关注。而关于一般的交通事故的微博，几乎很难产生影响力。

（四）“行”的高影响力微博关键词：关注交通法规中的“违法”和“车牌拍卖”

交通“违法”属于“异常”信息，实施拍卖的“车牌”则属于“稀缺”资源，关于交通“违法”和车牌拍卖的微博，易成为高影响力微博。这一点，已由2016年上海发布的高影响力微博得到证实。其中，上海发布于2016年3月24日11：33分发布的【重磅：上海即日起重点整治这10类道路交通违法行为!】，影响力指数达到1674（转发数：703，评论数：528，点赞数：443）。而关于每月一度的车牌拍卖微博，则全部成为高影响力微博。如下表所示：

微博标题	发布日期	转发数	评论数	点赞数	合计
快讯：沪牌新年首拍结果公布！中标率5%	1月16日	431	479	233	1143
快讯：沪牌2016第二次拍卖结果公布！中标率4.3%	2月20日	177	177	50	404

续表

微博标题	发布日期	转发数	评论数	点赞数	合计
快讯：沪牌3月份拍卖结果出炉！中标率3.8%	3月19日	203	216	46	465
快讯：沪牌2016年4月拍卖结果公布！中标率4.6%	4月16日	246	329	67	642
快讯：沪牌2016年5月拍卖结果公布！中标率4.2%	5月21日	149	204	40	393
快讯：沪牌6月拍卖结果公布！中标率4.2%	6月18日	140	186	50	376
快讯：沪牌2016年7月拍卖结果公布！中标率4.6%	7月23日	229	263	97	589
快讯：沪牌2016年8月拍卖结果公布！中标率4.6%	8月27日	539	423	251	1213
快讯：9月沪牌拍卖结果刚刚公布！中标率5.6%	9月24日	107	132	41	280
快讯：10月沪牌拍卖结果刚公布！中标率5.5%	10月22日	96	145	38	279
快讯：沪牌拍卖结果刚公布！中标率5.4%	11月19日	137	165	41	343
快讯：今年最后一次沪牌拍卖结果刚公布！中标率5.6%	12月17日	100	117	39	256

（五）“行”的高影响力微博关键词：旅游出行的地点推荐受到高度关注

关于旅游出行的推荐地点，易成为高影响力微博。这一点，在全国31个省会城市政务微博中，已获得（包括上海发布、南京发布、成都发布在内的）多个省会城市的证实。例如，上海发布的如下微博（影响力指数：1906次）：

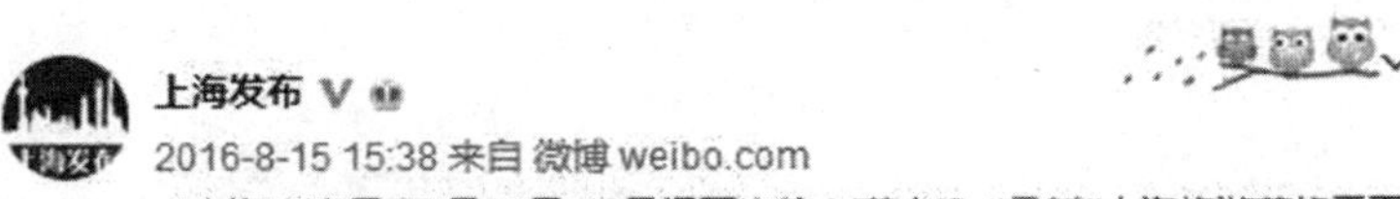

再如，南京发布的如下微博（影响力指数：1296次）：

又如，成都发布的如下微博（影响力指数：1799次）：

成都发布

2016-10-8 15:30 来自 微博 weibo.com

【这个地方马上就要大火啦！稻城亚丁最新攻略】#连线四川#《从你的全世界路过》上映之后，这个蓝色星球上的最后一片净土，稻城亚丁必将成为下一个热门旅游景点！网友@你也是一只猫 整理最新吃喝玩乐攻略，途经新都桥、贡嘎山、理塘，趁最美的季节，搞快走起！

第二节 “理性人”作为生产者的显示性信息偏好

与信息“消费者”的身份相对应，政务微博的用户也会以“生产者”的角色去搜寻信息。例如，“一个电脑网络职员可能为了收集硬件交易的信息而订阅《微电脑世界》（PC World）杂志。如果该职员不消费信息的话，为办公室网络做出更好电脑交易带来的可能收益就不会”实现。①

作为“生产者”的理性人在从事生产活动时，是以投入“资源”为前提的。“理性人”对于其可以使用“资源”进行“加工”，生产活动才可以进行。“政令与民生”类的信息，对于“理性人”而言，属于其可以运用的“资源”。“教育与读书”，也被习惯性地称为“充电”，属于增强劳动者智识能力的“再生产”。“医疗与卫生”则属于保全劳动者体力的“再生产”。“新闻与知识”，从“新闻作为一种知识类型”②，而“知识就是力量”（Konwledge is power）的角度而言，也是“理性人”在从事生产活动所需要的信息。据此，从“理性人”作为“生产者”的显示性偏好的角度，本节将2016年全国31个省会城市政务微博所发布的1621条微博信息，细分成“政令与民生”“教育与读书”“医疗与卫生”和“新闻与知识”等四种偏好类型。如下表所示：

偏好分类 政务微博	政令与民生	教育与读书	医疗与卫生	新闻与知识	合计
上海发布	40	71	61	43	215
南京发布	31	134	21	125	311

① （美）詹姆斯·T·汉密尔顿：《有价值的新闻》，展宁，和丹译，杭州：浙江大学出版社，2016年版，第15页。

② 郑忠明，江作苏：《作为知识的新闻：知识特性和建构空间》，《国际新闻界》2016年第4期。

续表

偏好分类 / 政务微博	政令与民生	教育与读书	医疗与卫生	新闻与知识	合计
成都发布	5	33	2	390	430
杭州发布	14	11	1	129	155
天津发布	15	21	9	56	101
北京发布	10	5	4	173	192
中国广州发布	3	6	3	15	27
其他省会城市政务微博合计	84	41	15	50	190
合计	202	322	116	981	1621

“理性人”作为生产者信息偏好的稳定性

选择“上海发布”在“政令与民生”“教育与读书”“医疗与卫生”和“新闻与知识”四种偏好类型的政务微博作为研究对象，并绘制散点图。通过假设检验来证明生产者偏好的稳定性。

通过观察，发现部分微博的转发数、评论数、点赞数过高，并且从散点图中可以看出，大部分的微博的转发数、评论数和点赞数在一个稳定的区间内徘徊，具有一定的稳定性。

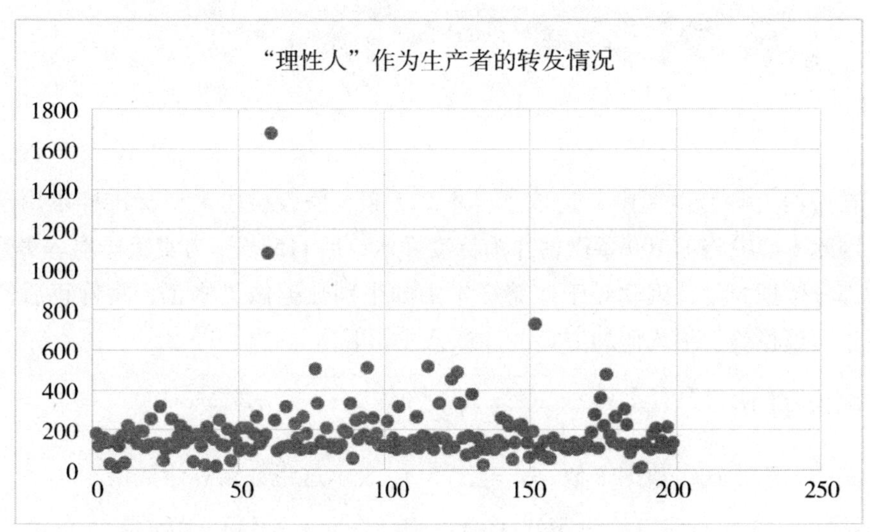

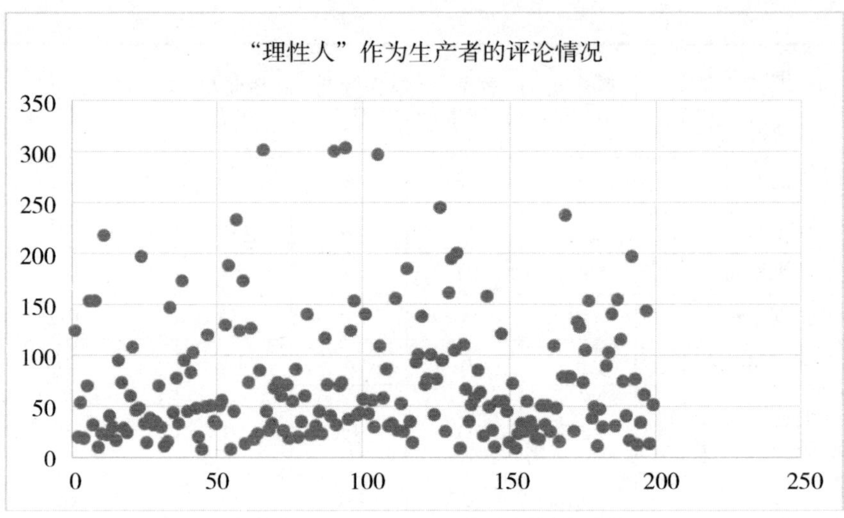

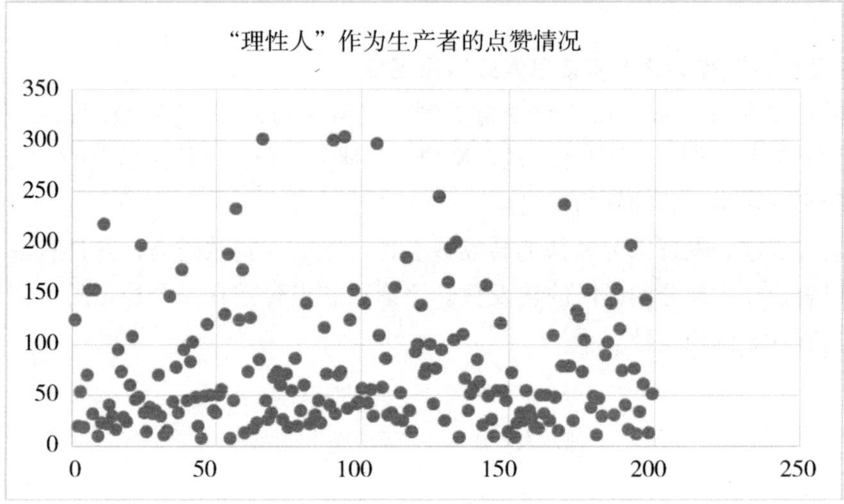

在这四大类型微博中共选取了样本 215 条，假设检验需要标准样本用于参照，因此本研究将前 100 条微博作为标准样本，后 115 条作为实验样本。实验样本中部分数据异常，因此对于实验样本中的个别数据做了修正，将修正后的样本用于假设检验。平均值和方差的计算公式如下：

平均值：$M = \dfrac{x_1 + x_2 + ... + x_n}{n}$ (1)

其中 n 表示这组数据个数，$x_1, x_2, ..., x_n$ 表示这组数据具体数值。

方差平方和：$s^2 = \dfrac{(x_1 - M)^2 + (x_2 - M)^2 + ... + (x_n - M)^2}{n}$ (2)

其中 s^2 越小，代表数据波动越稳定。

表 X：样本在不同维度下的平均值和方差

	标准样本			修正后的实验样本		
维度	转发	评论	点赞	转发	评论	点赞
M	171	75	83	164	72	78
s	111	58	79	82	64	45

为了区分两种样本均值的表示，令 μ_1,μ_2,μ_3 作为标准样本微博转发数、评论数和点赞数的均值；并令 $\mu_{11},\mu_{22},\mu_{33}$ 作为实验样本微博转发数、评论数和点赞数的均值。

要验证的假设分别为：

Ⅰ：$\mu_1=\mu_{11}\rightarrow H_1:\mu_1\neq\mu_{11}$

Ⅱ：$\mu_2=\mu_{22}\rightarrow H_1:\mu_2\neq\mu_{22}$

Ⅲ：$\mu_3=\mu_{33}\rightarrow H_1:\mu_3\neq\mu_{33}$

对于转发、评论和点赞，它们的拒绝域均可表示为：

$W_{H_0}=\{(x_1,...,x_n)\,|\,|T|\geq t_{\frac{\alpha}{2}}(n-1)\}$（本研究设 α 为0．1）

转发数的检验统计量可表示为：$T=\dfrac{u_{11}-u_1}{s/\sqrt{n}}\sim t(n-1)$

通过计算得 $T=0.52<t_{0.05}(115)=1.6582$，因此假设 I 成立，即生产者的显示性偏好在转发这一维度上具有稳定性。

针对评论数这一维度选取检验统计量：$T=\dfrac{u_{22}-u_2}{s/\sqrt{n}}\sim t(n-1)$

通过计算得 $T=0.50<t_{0.05}(115)=1.6582$，因此假设Ⅱ成立，即生产者的显示性偏好在评论这一维度上具有稳定性。

针对点赞数这一维度选取检验统计量：$T=\dfrac{u_{33}-u_3}{s/\sqrt{n}}\sim t(n-1)$

通过计算得 $T=1.18<t_{0.05}(115)=1.6582$，因此假设Ⅲ成立，即生产者的显示性偏好在点赞这一维度上具有稳定性。

综合以上分析，可以表明用户作为生产者偏好具有一定稳定性。

一、“政令”与“民生”——高影响力微博的特征分析

（一）“政令”与“民生”高影响力微博的关键词：公民收益与政府服务

在2016年全国31个省会城市政务微博——所发布的排名前10位的高影响力微博中，可以归纳出两大主题：“公民收益”和“政府服务”。

1. 关于政府的便民服务的微博产生了高影响力

例如，南京发布于2016年9月16日发布的微博——“南京智汇卡现在起可以手机充值啦”，和中国广州发布于2016年11月21日发布的微博——“十大证件补办流程，在广州的你必须知道”，都引起了政务微博用户的高度关注。

2. 政务微博用户高度关注与自身的获得感直接相关的微博

上海发布、南京发布和天津发布关于法定的婚假、生育假、陪产假，生育津贴、老年综合津贴、降低社会保险费率、提高老年养老金等关乎公民收益的微博，都产生了较高的影响力。实际上，上海发布在推出关于“婚假、生育假和陪产假明确啦”的微博之时，已经预见到了此条微博会产生高影响力，因此，在微博标题前加了“重磅”二字。（详见下表）

需要说明的是，在高影响力微博排名前10位的微博中，有一条是关于“德牧、大白熊这些狗不能养啦！逮到要没收啦！”的微博，这条微博也是与公民收益密切相关的微博——因为看到此条微博后，公民或者今后不再养“德牧、大白熊”，或者目前虽然已经养了，但要力争不让执法人员逮到，从而避免自己养的狗“被没收”。

政务微博	发布时间	微博主题	转发数	评论数	点赞数	影响力	排名
上海发布	2016－2－23 9：40	【重磅：婚假、生育假、陪产假明确啦！3月1日起施行】	4694	1512	2255	8461	1
南京发布	2016－3－28 10：17	【江苏婚假拟定13天，女方产假共128天】	1194	444	738	2376	2
上海发布	2016－4－6 10：41	【权威发布：上海5月1日起施行老年综合津贴制度，政策热点12问】	1106	529	532	2167	3

续表

政务微博	发布时间	微博主题	转发数	评论数	点赞数	影响力	排名
南京发布	2016－4－13 19：40	【德牧、大白熊这些狗不能养啦！逮到要没收唠！】	719	821	171	1711	4
南京发布	2016－7－11 12：31	【南京最大进口商品保税店开业！】	742	305	340	1387	5
上海发布	2016－3－21 15：48	【快讯：上海进一步降低社会保险费率水平、参保人员待遇不受影响】	643	311	276	1230	6
南京发布	2016－9－16 20：34	【南京智汇卡现在起可以手机充值啦】	638	325	201	1164	7
上海发布	2016－5－31 17：14	【重磅：沪提高相关人员养老金，6月15日发放到位】	504	345	244	1093	8
中国广州发布	2016－11－21 21：56	#服务知多D#【十大证件补办流程，在广州的你必须知道】	536	30	382	948	9
天津发布	2016－12－3 9：00	【女职工享128天生育津贴 用人单位缴纳生育保险】	322	71	552	945	10

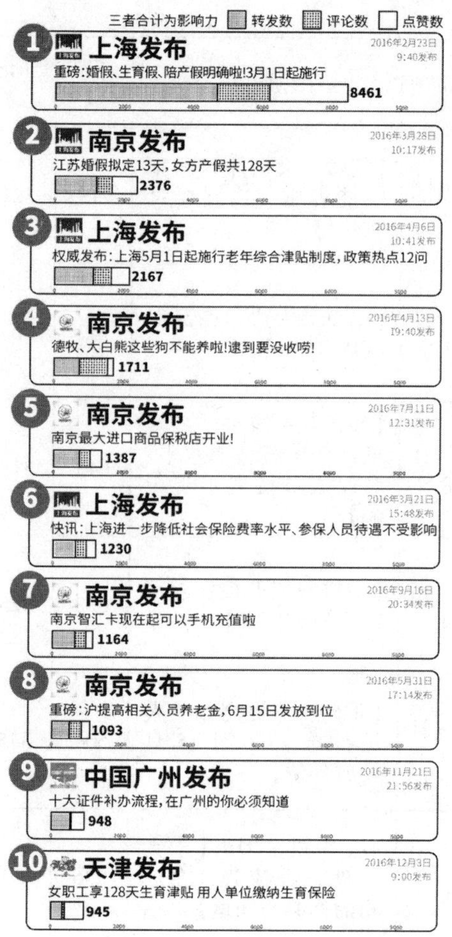

（二）与招聘或创业有关的微博同时受到省会城市政务微博和用户的重视

上文统计2016年全国31个省会城市政务微博——排名前10位的高影响力微博，得出其两大主题词是“政府服务”与“公民收益”。这两大主题词也得到了2016年全国31个省会城市政务微博所发布的202条高影响力微博的统计结果的证实，其中，政府服务类微博102条，公民收益类微博29条，此外还有招聘/创业类微博28条，政策法规类微博25条，以及领导/会议类微博18条（详见下表）。

偏好分类 政务微博	政府服务	公民收益	招聘/创业	政策法规	领导/会议	合计
上海发布	13	10	9	8	0	40
南京发布	19	6	1	5	0	31
成都发布	4	0	1	0	0	5
杭州发布	7	1	3	3	0	14
天津发布	6	1	6	2	0	15
北京发布	5	4	0	1	0	10
中国广州发布	2	0	1	0	0	3
其他省会城市政务微博合计	46	7	7	6	18	84
合计	102	29	28	25	18	202

招聘或创业的微博信息，受到多个省会城市政务微博及其用户的重视——上海发布、南京发布、成都发布、杭州发布、天津发布、中国广州发布，以及西安发布、重庆微发布、武汉发布等 9 个省会城市的政务微博中，都出现了赢得了较高关注的招聘或创业类微博。其中，上海发布的招聘与创业高影响力微博信息最多，公务员招考、事业单位招聘和企业招聘三大类招聘信息均受到政务微博用户的较高关注。例如：

（三）与政策法规有关的高影响力微博的类型细分

省会城市政务微博所发布的政策法规，可以细分为 3 种类型：既关系到市民“不能做什么”以及“能做什么”，也关系到市民“怎么做”，因而获得了较高的关注。

关于市民“不能做什么”的微博，例如：

☆ 收藏 | 379 | 185 | 239

上海发布

2016-1-1 10:25 来自 360安全浏览器

【《上海市烟花爆竹安全管理条例》今天施行，警方已开出首张罚单】#最新#《上海市烟花爆竹安全管理条例》今天施行，你严格遵守了吗？@警民直通车-上海 说，今天凌晨1分31秒，一男子在嘉定区曹安路近丰庄路的一个商务广场（外环内）内燃放组合型高升，被处罚款100元。 秒拍视频

☆ 收藏 | 139 | 109 | 38

关于市民“能做什么”的微博，例如：

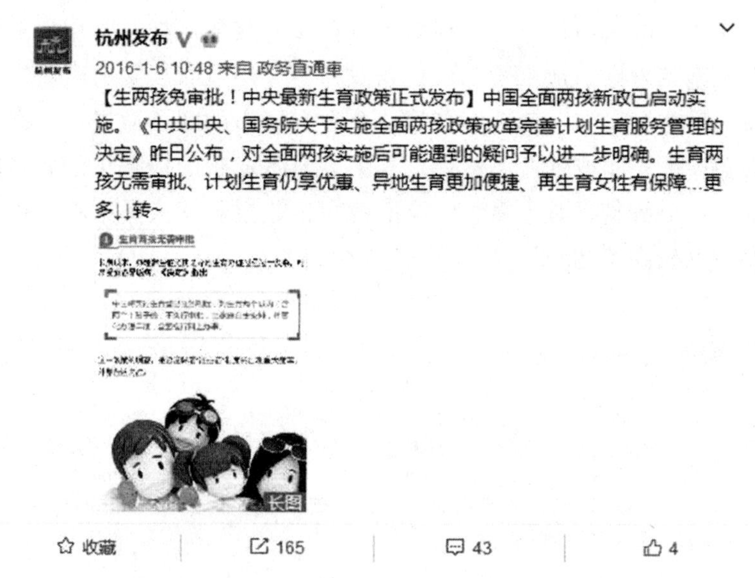

关于市民“怎么做”的微博，例如：

西安发布

2016-5-14 13:00 来自 政务直通车

#西安新闻#【广场打陀螺扰民 可电话举报《西安市2016年噪声污染专项整治实施方案》出炉】在公园抽打陀螺产生噪声，今后可以举报了。《西安市2016年噪声污染专项整治实施方案》出炉，将对工业噪声、建筑施工噪声、交通噪声、社会生活噪声等进行专项整治，集中整治阶段为5月21日至7月31日。详情↓↓↓

市级各部门投诉电话

序号	单位	投诉电话
1	市环保局	12369
2	市城管局	12342
3	市公安局	110
4	市建委	88668123
5	市交通局	96716
6	市市政局	12319
7	[illegible]	89615803(白班) 89615060(夜班)

长图

收藏　207　145　205

（四）与领导或会议有关的高影响力微博特征

政务微博发布与领导或会议有关的微博是其题中应有之义，但难点在于：如何发布才能够使与领导或会议有关的微博成为高影响力微博？

综观2016年全国31个省会城市政务微博所发布的与领导或会议有关政务微博，本研究发现，与领导或会议有关的高影响力微博的特征至少有三：

1. 用户关注省会城市政务微博发布的与国家领导人有关的信息

例如，2016年1月5日，习近平总书记到重庆；2016年2月2日，李克强总理到银川；2016年7月6日，李克强总理到武汉，省会城市政务微博发布相关信息，均赢得了用户的关注。

2. 用户关注本市市委书记或市长的言行

省会城市的市委书记或市长的言行，直接关系到市民的幸福指数，因此，用户关注本市市委书记或市长的言行。例如：

3. 用户关注与本地官员与市民切身利益密切相关的会议

微博济南的一条微博，直接引用山东省委常委、济南市委书记王文涛的话作标题——“不能把好政策放进抽屉里”，该微博的点赞数超过了100。

微博济南

2016-8-12 11:54 来自 专业版微博

#泉城政务#【王文涛谈科技创新：“不能把好政策放进抽屉里”】8月10日，为了深入学习贯彻全国科技创新大会和省委十届十四次全体会议精神，济南市市委、市政府召开重要会议，表彰2015年度市科技奖获得者。会议上，山东省委常委、济南市委书记王文涛发表了重要讲话。

收藏 | 27 | 24 | 102

二、“教育”与“读书”——高影响力微博的特征分析

在“终身学习”的理念下，“教育”与“读书”都属于“泛教育论”① 的范畴。“读书”既可以指在校期间的学习，也可以指毕业之后的自学。同样，“教育”既可以指与校园有关的学习活动，也可以指离开校园之后的自我进修。

（一）“教育”与“读书”高影响力微博的周期性关键词：“高考”与“中考”

在2016年全国31个省会城市政务微博所发布的排名前10位的“教育”与“读书”高影响力微博中，“高考”与“中考”是关键词，影响力指数分别位居第一位和第二位。并且，在2016年全国31个省会城市政务微博所发布的排名前10位的“教育”与“读书”高影响力微博中，“高考”与“中考”的微博信息占了40%。如下表所示：

政务微博	发布时间	微博主题	转发数	评论数	点赞数	影响力	排名
成都发布	2016－6－22 8：32	【2016年高考志愿填报全攻略】	6624	6159	8467	21250	1
上海发布	2016－6－18 10：41	【快讯：2016上海中考作文题公布啦！】	2557	2507	3756	8820	2
成都发布	2016－5－20 13：27	【棒棒哒！成都一高校学生用13国语言演唱《IF YOU》】	2764	554	3282	6600	3
上海发布	2016－6－7 11：32	【快讯：2016上海高考作文题公布！】	2135	888	808	3831	4
南京发布	2016－3－11 9：12	【江苏版体测新标准，女生跑2000米还要考蛙跳】	2341	1181	159	3681	5

① 项贤明：《泛教育论》，太原：山西教育出版社，2002年版。

续表

政务微博	发布时间	微博主题	转发数	评论数	点赞数	影响力	排名
上海发布	2016－5－4 21：54	【快讯：2016 年非上海生源应届高校毕业生进沪落户标准分 72 分！申办居住证、户籍办法公布】	1439	1238	657	3334	6
上海发布	2016－6－23 20：02	【2016 上海高考本科最低录取控制分数线公布!】	753	977	419	2149	7
南京发布	2016－9－13 20：33	老门东，新开了一家先锋书店	1055	349	466	1870	8
上海发布	2016－7－19 17：13	【重磅：2016 年沪普通高校本科普通批平行志愿投档分数线公布!】	697	528	439	1664	9
上海发布	2016－8－10 18：50	【上海书展 7 天 700 余项活动总表新鲜出炉!】	956	302	343	1601	10

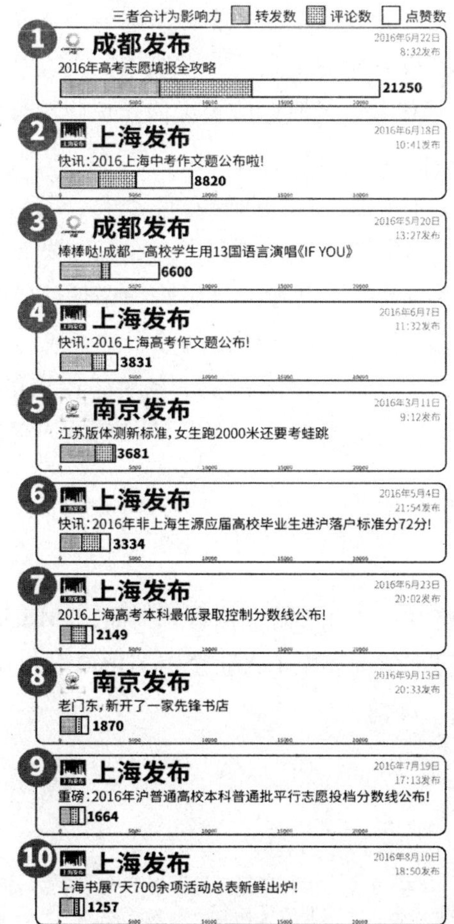

由于"高考"与"中考"都是一年一度，因而是"周期性"的。因此，省会城市政务微博可以充分利用用户对于"高考"和"中考"微博信息的高度关注，每年通过策划来发布系列的关于"高考"和"中考"的信息来建构政务微博的影响力。

然而，经统计分析发现，上海发布在2016年有21条关于"高考"（14条）和"中考"（7条）的高影响力微博。西安发布在2016年有2条关于"高考"和2条关于"中考"的高影响力微博。南京发布在2016年发布了24条关于"高考"的高影响力微博。成都发布在2016年有8条关于"高考"的高影响力微博。天津发布在2016年有2条关于"高考"（1条）和"中考"（1条）的高影响力微博。北京发布在2016年有1条关于"高考"的高影响力微博。重庆微发布在2016年有1条关于"高考"的高影响力微博。沈阳发布在2016年有1条关于“高考”的高影响力微博。长春发布在2016年有1条关于“高考”的高影响力微博。兰州发布在2016年有1条关于“高考”的高影响力微博。南昌发布在2016年有1条关于“高考”的高影响力微博。长沙发布在2016年有1条关于“高考”的高影响力微博。

可见，2016年，除了上海发布和西安发布之外，虽然南京发布、成都发布、天津发布、北京发布、重庆微发布、沈阳发布、长春发布、兰州发布、南昌发布和长沙发布等有至少一条关于高考的高影响力微博，但却并没有重视发布关于“中考”的高影响力微博。并且，即使就关于“高考”的高影响力微博条数而言，与南京发布的24条和上海发布的21条关于高考的高影响力微博相比，其他省会城市政务微博在发布关于“高考”的高影响力微博方面，尚有很大的提升和改进空间。

（二）关于“教育”的高影响力微博主题细分

1. 升学与毕业

关于升学的高影响力微博有考研的信息。例如，2016年5月17日9：31成都发布的微博【川大再现学霸寝室4人获全美TOP30名校offer】。再如2016年6月16日南京发布的如下微博：

关于毕业的高影响力微博主要有毕业生就业质量报告。例如，上海发布2016年1月份发布的关于上海财经大学、上海外国语大学、上海对外经贸大学的毕业生就业质量报告；南京发布2016年2月发布的关于南京大学、东南大

学、南京航空航天大学、南京理工大学、河海大学、南京农业大学、中国药科大学、南京师范大学等8所高校的2015届毕业生就业质量报告。

上海发布

2016-1-5 11:00 来自 微博 weibo.com

【上海财大2015届毕业生：平均税前月薪6940元】#教育新知#@上海财经大学 2015届就业质量报告出炉：本届毕业生共3561人，男女生比例为1：1.34；全校就业率97.53%；毕业生中逾两成选择升学深造；就业的毕业生中，近5成前往金融业，其次是会计师事务和咨询业；全体毕业生平均税前月薪6940元；详见图示

2. 开学与就业

关于所在城市高校的开学与就业的微博，也是省会城市政务微博高影响力微博的重要构成部分。

例如，杭州发布于2016年9月14日8：36分发布的【最暖开学礼！下沙高校最全手绘地图带你畅游校园】，再如，石家庄发布于2016年2月19日14：38分发布的【石家庄学院被挤爆！毕业生招聘会堪比庙会，方圆几里手机难接通】，又如重庆微发布于2016年3月25日15：23分发布的【2016年重庆高校毕业生达21.1万人，计算机、信息技术等专业需求大】，等等。

重庆微发布

2016-3-25 15:23 来自 人民微管家

#重庆身边事#【2016年重庆高校毕业生达21.1万人 计算机、信息技术等专业需求大】从重庆市教委获悉，2016年全市普通高校毕业生21.1万人，比去年增加1万人。对熟悉和精通计算机、信息技术的毕业生将面临更多的工作机会，市场营销、法学、管理、财会等文科类专业的需求呈减少态势。 2016年重庆高校毕业生达21.1万人 计算机、信...

收藏 62 139 94

3. 高校新闻

所在城市高校的新闻事件，成为省会城市政务微博用户关注的焦点。例如，

南京发布于2016年3月26日15：51分发布的【大数据“精准扶贫”高校偷偷给贫困生饭卡充钱】，再如，成都发布于2016年5月20日13：27分发布的【棒棒哒！成都一高校学生用13国语言演唱《IF YOU》】，影响力指数达6600次。又如，关于高校创办新校区的微博：

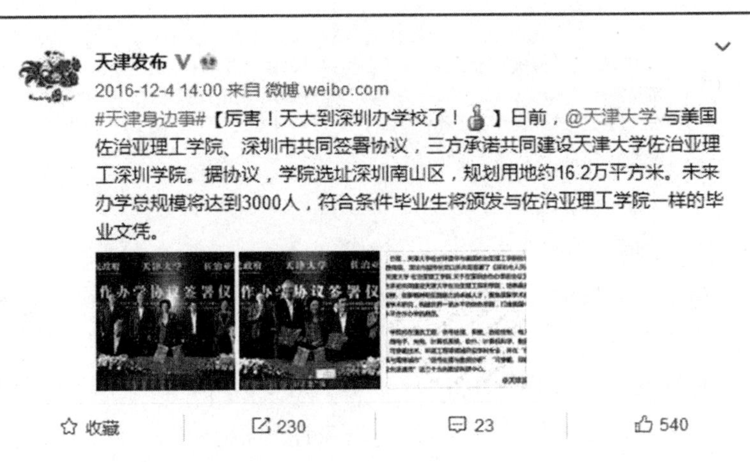

（三）关于“读书”的高影响力微博主题细分

1. 书店

全国的31个省会城市，每个城市都有市民耳熟能详的书店，例如北京的中关村图书大厦、王府井书店、西单图书大夏、哈尔滨的学府书店、西安的汉唐书店、郑州的中原图书大厦、上海的上海书城、南京的先锋书店、大众书局、凤凰国际书城和万象书坊等等，省会城市政务发布关于所在城市的书店的微博，可以赢得用户较高的关注，例如：

南京发布

2016-5-16 18:30 来自 微博 weibo.com

【万象书坊回来了】和大家小别一年的万象书坊，已经在鼓楼区金银街8号苏富特大厦正式开业了，上下两层的布局近600平米，有书架放置很矮的儿童阅读区，有阳光洒落的户外阅读区，还有各式咖啡甜点满足吃货读者每天10:00-23:00，这里点亮暖黄的灯光等待每一个爱书人来

收藏 | 460 | 137 | 391

2. 书展

许多省会城市每年举办的图书博览会，对于爱书者而言无疑类似于“节日”。例如，北京国际图书博览会，截至 2017 年已经开办 24 届。再比如，天津书展、广州（羊城）书展，上海书展，等等。上海发布在 2016 年发布的关于上海书展的多条微博成为高影响力微博，为其他省会城市政务微博如何利用所在城市的图书博览会来打造自身的影响力，提供了范本：

上海发布

2016-8-10 18:50 来自 微博 weibo.com

【2016上海书展7天700余项活动总表新鲜出炉！】#上海书展#为期一周的2016上海书展将于8.17-8.23如约而至，又将给盛夏的申城带来浓浓的书香气。除了挑选你钟爱的书，本次书展在活动形式上又增添了哪些亮点呢？@书香上海 今天发布，各类座谈会、读书分享会、读者见面会、新书发布暨签售会等共计700余项活 ... 展开全文

3. 读书

省会城市政务微博为用户读书而推荐的“书目”，也易于赢得用户的较高关

注。例如，上海发布于2016年2月4日21：27发布的【2016新年荐书·《上海犯罪现场调查》】，再如，北京发布于2016年7月3日19：00发布的【40本好书，给暑假中的你充充电】，又如，南京发布于2016年12月3日9：50发布的【50本值得一读的新书】，又如：

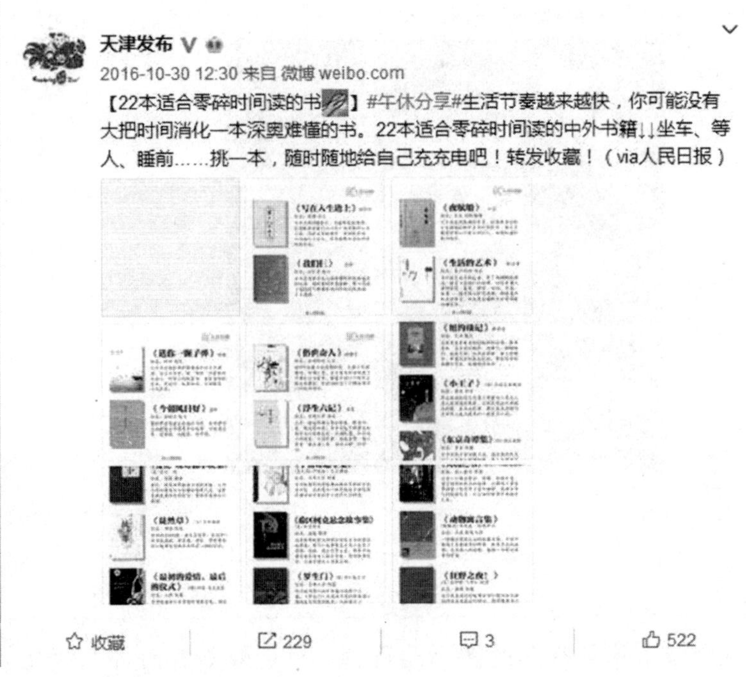

三、“医疗”与“卫生”——高影响力微博的特征分析

“医疗”和“卫生”关系到每个“理性人”的健康以及寿命。在“医疗”和“卫生”条件不好的时候，人的预期寿命较短。如今，虽然“医疗”和“卫生”条件随着医学技术的进步和经济收入的提高与过去不可同日而语，但“医疗”和“卫生”仍然面临着新的风险和挑战。

（一）“医疗”与“卫生”最高影响力微博的特征：医药与创意相融合

在2016年全国31个省会城市政务微博——所发布的116条关于“医疗”与“卫生”的高影响力微博中，排名第一的是一条经过多级转发的关于中药“当归”的创意微博。这条微博首先由“@小王同志有话说”（该微博账号目前已改为“@小王同志在此”）于2016年1月16日20：22发布。经@共青团中央（20：32转发）等多个账号转发之后，由南京发布转发，获得了惊人的18938的影响力指数。

微博账号的公开资料显示，此条原创微博的作者“小王同志有话说”，男，毕业于中国青年政治学院，生于1990年，在国家图书馆工作，微博的简介是：新媒体人，时政军事评论。在其发布的微博中，有多条关于我国台湾地区的评论，并且与@共青团中央互动较多。

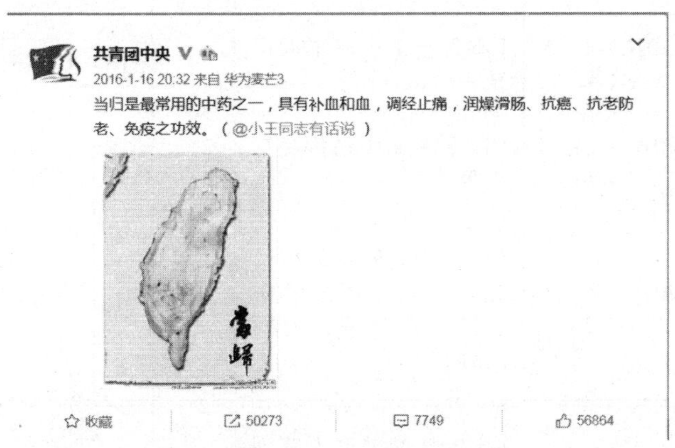

这条关于“当归”医药创意微博，巧妙地将中药“当归”的形状与宝岛台湾的地图之间建立了关联，并且选择在2016年1月16日台湾地区领导人选举投票的当天晚上来发布，虽然“小王同志有话说”的粉丝并不多（只有1万人左右），但由于经过拥有超过500万粉丝的@共青团中央的转发，因而获得了巨大的影响力。详见下表：

政务微博	发布时间	微博主题	转发数	评论数	点赞数	影响力	排名
南京发布	2016－1－16 20：55	→_ →//@秦淮发布：100分//@成都关工委：→_ →//@成都共青团→_ →//@云南共青团：配图满分。（转发自@共青团中央）	18742	70	126	18938	1
南京发布	2016－3－22 17：20	【市疾控中心：南京的疫苗采购制度没有给非法疫苗的存在留有空间】	931	762	647	2340	2

续表

政务微博	发布时间	微博主题	转发数	评论数	点赞数	影响力	排名
上海发布	2016－11－19 19：00	【关于腹痛的最全解释，赶紧来看～】	1679	73	230	1982	3
南京发布	2016－1－5 9：42	【本月起全市职工医保统一政策标准】	792	160	246	1198	4
北京发布	2016－3－22 9：40	【12 种被封疫苗都是二类疫苗】	542	362	255	1159	5
上海发布	2016－7－20 10：58	【宝宝看病但排队很长怎么破？儿童医学中心推出延时特色专病门诊】	1084	14	19	1117	6
上海发布	2016－1－1 15：20	【本市新增 1 例人感染 H7N9 病毒确诊病例，正积极救治中】	794	309	300	971	7
成都发布	2016－6－28 20：32	【动起来，赶紧！】#住在成都#非常实用的颈椎病自我治疗方法，所有动作图中均有详细说明，照着做就是！建议大家先马后练！	607	34	261	902	8
南京发布	2016－6－10 21：15	2016 年 6 月 7 日，大厂地区发现一例人感染 H7N9 禽流感病例。园区人感染禽流感联防联控办公室立即组织相关部门进行疫情调查处置，部署各项防控措施。大厂街道会同动检和市场监管部门对新华五村市场活禽交易区域实施休市、消毒，对剩余活禽进行无害化处理。	665	137	99	901	9
上海发布	2016－5－29 15：00	【说说怀孕那些事】	549	125	170	844	10

（二）"医疗"与"卫生"高影响力微博的临时主题：非法疫苗与禽流感

由于经历了2003年影响全国的SARS事件，省会城市政务微博用户普遍对于可能致人死亡的传染性疾病的信息极为关注。在2016年全国31个省会城市政务微博——所发布的116条关于"医疗"与"卫生"的高影响力微博中，排名前10位的微博中，上海发布和南京发布都有关于H7N9禽流感的微博入选（如上表所示）。

疫苗可分为预防性疫苗和治疗性疫苗，对于儿童接种的疫苗，一般为预防性疫苗。接种预防性疫苗的前提是，疫苗本身不能有质量问题，否则不但起不到预防的效果，而且还使接种者暴露于随时可能被病毒攻击的危险情境之下。基于此，不难理解为什么省会城市政务微博的用户高度关注2016年的问题疫苗事件（如上表所示）。

无论是“非法疫苗”事件还是“禽流感”事件，都不是经常发生的，至少不是每天都会发生的。因此，关于“非法疫苗”和“禽流感”事件的信息，属于“医疗”与“卫生”高影响力微博的临时主题。

（三）“医疗”与“卫生”高影响力微博的常规主题：医药政策与治疗方法

与“非法疫苗”和“禽流感”事件等“医疗”与“卫生”的临时主题相比，“医药政策”和“治疗方法”是关系到每个“理性人”日常生活的常规主题。

南京发布于2016年1月5日发布的“本月起全市职工医保统一政策标准”便属于“医药政策”类微博。

而上海发布于2016年5月发布的“说说怀孕那些事”、2016年7月发布的“宝宝看病但排队很长怎么破？儿童医学中心推出延时特色专病门诊”、2016年11月发布的“关于腹痛的最全解释，赶紧来看～”，和成都发布于2016年6月发布的“动起来，赶紧!”——关于颈椎病的自我治疗方法，都属于“治疗方法”类高影响力微博。

同样属于“治疗方法”的，还有关于日常生活中的一些“卫生常识”，例如，如何使用消毒液？上海发布曾巧妙地设计标题，发布过一条高影响力微博——【用好84消毒液，别让“消毒”变“投毒”!】

上海发布

2016-5-12 19:49 来自 360安全浏览器

【用好84消毒液，别让"消毒"变"投毒"！】#健康提示#1984年，北京第一传染病医院（地坛医院的前身）成功研制了一款能迅速杀灭各类肝炎病毒的消毒液，定名为"84"肝炎洗消液，后更名为"84消毒液"。上海市疾控中心告诉你：如此强大的84消毒液，在使用时要注意以下几点，确保安全和有效。

2016年全国31个省会城市政务微博关于“医疗”和“卫生”的高影响力微博主题统计如下：

微博分类 / 政务微博	非法疫苗	禽流感	医药政策	治疗方法	合计
上海发布	2	3	6	50	61
南京发布	6	1	6	8	21
成都发布	0	0	0	2	2

续表

政务微博 \ 微博分类	非法疫苗	禽流感	医药政策	治疗方法	合计
杭州发布	0	0	1	0	1
天津发布	0	0	4	5	9
北京发布	3	0	0	1	4
中国广州发布	0	0	0	3	3
其他省会城市政务微博合计	1	0	3	11	15
合计	12	4	20	80	116

四、“新闻”与“知识”——高影响力微博的特征分析

“理性人”必须具备一定的“知识”才能够生存和发展。在“理性人”所掌握的“知识”中，有一部分是作为“常识”“经验”或“技能”，内化于日用常行之中的，另一部分则是新近、刚刚或正在知道的“新闻”。“新闻”经过时间的累积，也会转化成为“理性人”的“常识”“经验”或“技能”，构成“理性人”“生产能力”的一部分。

（一）“新闻”与“知识”的高影响力微博特征：“实用知识”为王

在2016年全国31个省会城市政务微博——所发布的关于“新闻”与“知识”的高影响力微博中，“实用知识”占的比重最大。

在省会城市政务微博排名前10位的高影响力微博中，有9条微博是关于“实用知识”的，只有一条是关于“新闻的”——中国广州发布于2016年11月30日发布的“广州人会说不会写的这些粤语，看到第一个小布就跪了…”（详见下表）

政务微博	发布时间	微博主题	转发数	评论数	点赞数	影响力	排名
成都发布	2016－8－15 12：40	【练4个动作，让驼背直起来】	9728	1468	9151	20347	1
成都发布	2016－12－1 20：18	【3分钟美化矫正“假胯宽”】	7026	643	6957	14626	2

续表

政务微博	发布时间	微博主题	转发数	评论数	点赞数	影响力	排名
上海发布	2016－8－4 19：00	【睡觉小腿抽筋，不是缺钙那么简单!】	4241	3352	4792	12385	3
成都发布	2016－10－5 20：49	【这个视频告诉你 为何要远离熬夜】	1386	783	629	2798	4
中国广州发布	2016－5－7 11：55	#发现广州#【最近，中大的一位老师在网上“火”了】夏天到了，你的皮肤是不是也开始出现各种问题了？最近，@中山大学叶剑清 的美容讲座PPT在网络爆红，关于护肤的种种问题，干货送上，快D戳图涨姿势!	1364	323	1068	2755	5
成都发布	2016－12－20 21：01	【每天15分钟瘦腿法】	1324	213	1217	2754	6
成都发布	2016－3－8 21：22	【最火十天瘦大腿教程】	1490	64	837	2391	7
中国广州发布	2016－11－30 21：26	#晚间分享#【广州人会说不会写的这些粤语，看到第一个小布就跪了…】	1079	222	1055	2356	8
成都发布	2016－11－19 22：31	【7日快速拉伸瘦腿操】	1214	90	873	2177	9
南京发布	2016－4－7 12：30	【一个南京小姑娘，用一年时间总结的最全南京生活手册，超实用!】	1325	137	702	2164	10

（二）成都发布的“新闻”与“知识”的高影响力微博细分：四大主题

在2016年全国31个省会城市政务微博——所发布的关于“新闻”与“知识”的981条高影响力微博中，成都发布以入选390条高影响力微博的数量，占比近40%（39.76），排名第一。类似于“天气”与“空气”是上海发布的优势内容，“新闻”与“知识”是“成都发布”的优势内容。

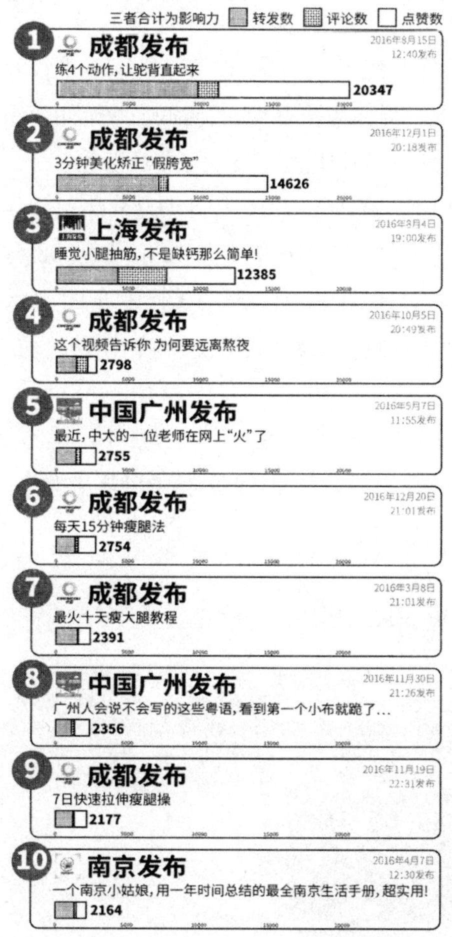

在排名前10位的"新闻"与"知识"中，成都发布的"练4个动作，让驼背直起来"等6条与健身（瘦腿）有关的微博入围。而审视"成都发布"的390条关于"新闻"与"知识"的高影响力微博，则可以发现，其特色不仅是发布的关于健身（瘦腿）等微博具有高影响力，实际上，成都发布为用户提供的是几乎无所不包的、涵盖"理性人"生活各个方面的"百科知识"，可以细分为四大主题：

——其中有心灵鸡汤。例如，2016年2月4日23：50所发布的"世界上最令人激动的一件事是，你原本以为没有机会靠近的人，竟然爱上了你，还一起白了头"。再如，2016年3月16日23：26分发布的"一辈子这么短，要和有趣的人在一起"。又如，2016年4月17日23：24分发布的"有的路，你必须一个人走，这不是孤独，而是选择……"

——其中有实用技能。例如，2016 年 5 月 3 日 9：05 分发布的“小长假结束，保持高效工作的九个建议”，再如，2016 年 6 月 11 日 23：02 分发布的“Word 文字编辑神技能，帮你省下 99% 的时间”，又如 2016 年 7 月 30 日 14：01 分发布的“9 张图，让你家 WIFI 速度飞起来”，等等。

——其中有生活知识。例如，2016 年 8 月 13 日 21：00 发布的“远离腰伤，腰部锻炼的八大动作”，再如，2016 年 9 月 15 日 23：08 分发布的“驼背的自我纠正方法”，又如 2016 年 10 月 22 日 22：10 分发布的“低头党，久坐族肩颈及背后长期不动容易导致各种肩颈及腰椎疾病，十分钟，肩、颈、腰全部运动到，记着多多拉伸吧”，等等。

——其中有城市新闻。例如：2016 年 11 月 14 日 21：03 分发布的“厉害了，川大教授挑战‘听音识人’！”再如关于“世界上最长寿女性”和“洒水车变消防车”的新闻：

成都发布

2016-9-4 10:31 来自 iPhone 6

【119岁付素清昨日辞世】#住在成都#昨上午8:35，世界最长寿女性——天府新区太平街道前进村9组的119岁付素清老人在家中辞世，就在今年8月21日，付素清老人刚刚过了119岁生日。因事发突然，付素清老人没能留下一句话，甚至连一个动作也没有。而按照风俗，老人将于今日出殡。老人走好！据成都日报

☆ 收藏 | 23 | 70 | 111

北京发布

2016-1-8 12:00 来自 政务直通车

【做一个简单的人】#党建声音#要以简单的心态对待复杂的世界，你简单世界终究就会对你简单。截图↓↓↓

☆ 收藏 | 132 | 5 | 7

（三）值得注意的北京发布的“新闻”与“知识”的高影响力微博：党建声音

在2016年全国31个省会城市政务微博——所发布的关于“新闻”与“知识”的981条高影响力微博中，北京发布以入选173条高影响力微博的数量，排名第二。虽然北京发布的“新闻”与“知识”的微博细分没有超出成都发布的“心灵鸡汤”“实用技能”“保健常识”和“城市新闻”等四种微博类型，但值得注意的是，北京发布的173条“新闻”与“知识”微博中，有149条微博采取了用“党建声音”作为微博发布的栏目，从而打造了自己的特色。

发布月份 / 党建声音	1月	2月	3月	4月	5月	6月	7月	8月	9月	10月	11月	12月
合计：149	23	17	14	12	15	24	21	11	6	4	2	0

——心灵鸡汤的“党建声音”。例如，2016年1月8日发布的如下微博：

——实用技能的“党建声音”。例如，2016年3月8日的如下微博：

北京发布

2016-3-8 12:00 来自 政务直通車

【公文应该这样排版】#党建声音#用Word制作公文，在设置页码、行数和字数、页眉时，常会遇到一些比较棘手的问题，怎么调都和范本不一样，有了这篇文章，对照做就再也没问题啦。截图学习↓↓↓

☆ 收藏 | 151 | 4 | 10

——生活知识的“党建声音”。例如：

北京发布

2016-9-16 21:00 来自 政务直通车

【原来工龄这么重要】#党建声音#工龄应该怎么算？什么是连续工龄？什么是本企业工龄？工龄长短会影响你的假期吗？会和工资增长挂钩吗？事实上，工龄会从各方面影响你的生活。为了自己的权益，关于工龄的这些事儿，你必须要了解！截图↓↓

☆ 收藏 | 111 | 13 | 31

——城市新闻的"党建声音"。例如：

第三节 "理性人"作为娱乐者的显示性信息偏好

"娱乐信息，即单纯为娱乐本身而不会对做其他决定有所帮助的信息"，例如，"粉丝关注名人的生涯，15 年或者 15 分钟都是可能的。如果粉丝错过了对其最喜欢的名人进行访谈的《人物》杂志某一期或者《今夜娱乐》（Entertainment Tonight）节目某一集的话，他们也就错过了享受的机会。"①

在 2016 年全国 31 个省会城市政务微博所发布的 6920 条高影响力微博中，总计有 920 条微博可以归入"理性人"作为娱乐者的显示性信息偏好，划分为"摄影"与"美图""文艺"与"展览"，"体育"与"健身"和"节日"与"假日"等四大类。

各省会城市政务微博所发布的高影响力"娱乐信息"，具体如下表所示：

偏好分类 / 政务微博	"摄影"与"美图"	"文艺"与"展览"	"体育"与"赛事"	"节日"与"假日"	合计
上海发布	2	31	178	23	234

① （美）詹姆斯·T·汉密尔顿：《有价值的新闻》，展宁、和丹译，杭州：浙江大学出版社，2016 年版，第 15 页。

续表

政务微博 \ 偏好分类	“摄影”与“美图”	“文艺”与“展览”	“体育”与“赛事”	“节日”与“假日”	合计
南京发布	190	14	4	36	244
成都发布	2	39	66	7	114
杭州发布	29	7	8	14	58
天津发布	41	2	10	5	58
北京发布	0	10	24	10	44
中国广州发布	0	4	24	5	33
其他省会城市政务微博合计	49	43	39	4	135
合计	313	150	353	104	920

“理性人”作为娱乐者信息偏好的稳定性

选择“上海发布”在“摄影”与“美图”“文艺”与“展览”，“体育”与“健身”和“节日”与“假日”四大偏好类型的政务微博作为研究对象，并绘制散点图。通过观察，发现部分微博的转发数、评论数、点赞数过高，并且从散点图中可以看出，大部分的微博的转发数、评论数和点赞数在一个稳定的区间内徘徊，具有一定的稳定性。

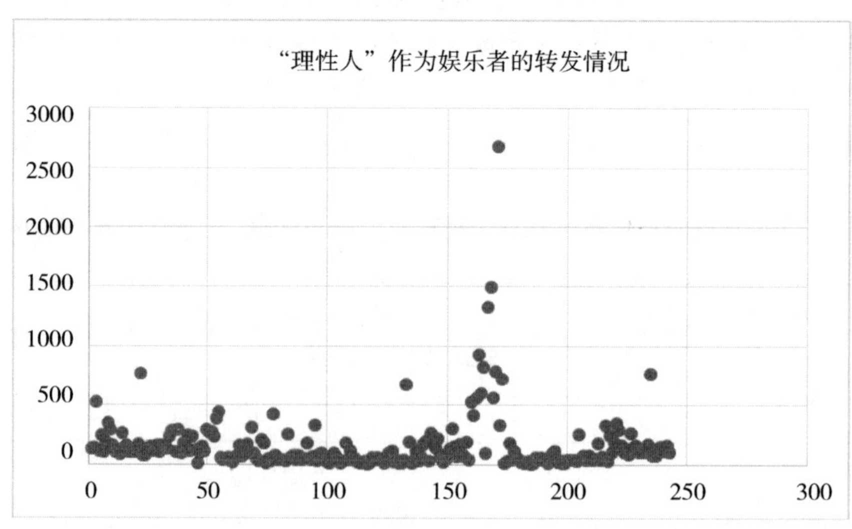

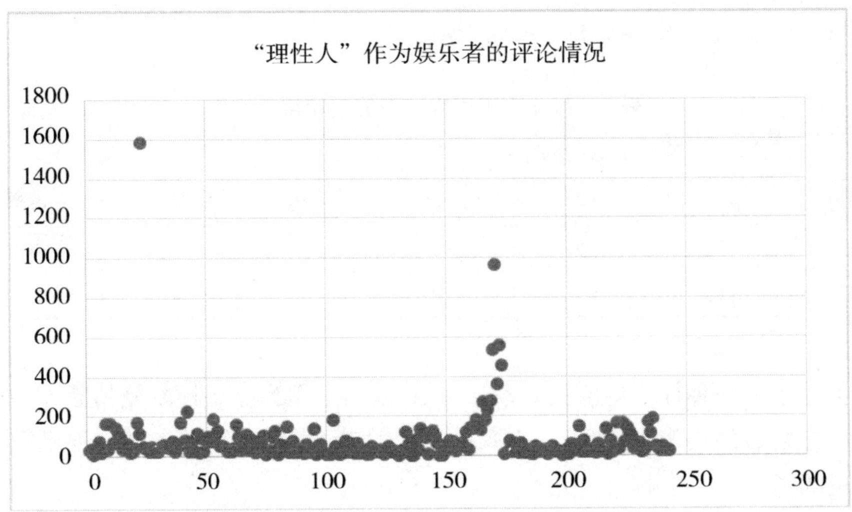

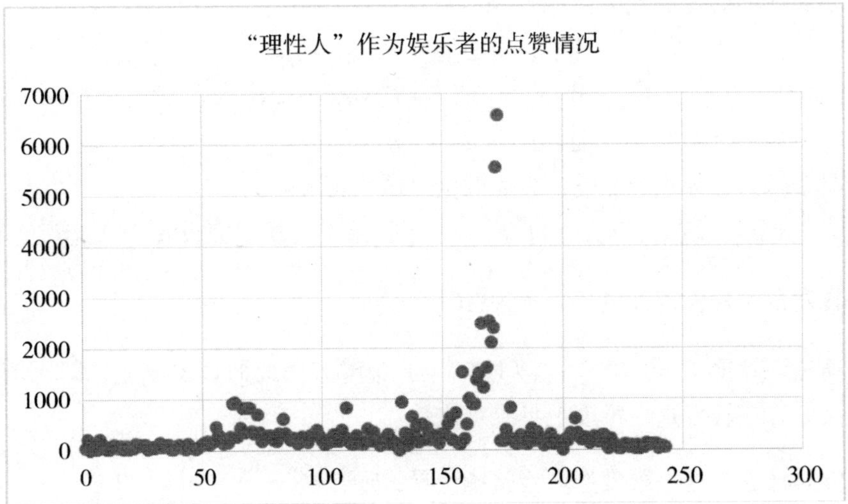

在这四大类型微博中共选取了样本234条，假设检验需要标准样本用于参照，因此本研究将前120条微博作为标准样本，后114条作为实验样本。实验样本中发现转发的平均值和方差都远高于标准样本，因此对于实验样本中的个别数据做了修正，将修正后的样本用于假设检验。平均值和方差的计算公式如下：

平均值：$M = \frac{x_1 + x_2 + \cdots + x_n}{n}$ (1)

其中 n 表示实验样本数据个数，$x_1, x_2, \cdots, x_n$ 表示实验样本的具体数值。

方差平方和：$s^2 = \frac{(x_1 - M)^2 + (x_2 - M)^2 + \cdots + (x_n - M)^2}{n}$ (2)

其中 s^2 越小，代表数据波动越稳定。

表 X：样本在不同维度下的平均值和方差

	标准样本			修正后的实验样本		
维度	转发	评论	点赞	转发	评论	点赞
M	134	58	197	120	51	201
s	116	47	147	146	46	131

为了区分两种样本均值的表示，令 μ_1, μ_2, μ_3 作为标准样本微博转发数、评论数和点赞数的均值；并令 $\mu_{11}, \mu_{22}, \mu_{33}$ 作为实验样本微博转发数、评论数和点赞数的均值。

要验证的假设分别为：

$$\text{Ⅰ}: \mu_1 = \mu_{11} \rightarrow H_1: \mu_1 \neq \mu_{11}$$

$$\text{Ⅱ}: \mu_2 = \mu_{22} \rightarrow H_1: \mu_2 \neq \mu_{22}$$

$$\text{Ⅲ}: \mu_3 = \mu_{33} \rightarrow H_1: \mu_3 \neq \mu_{33}$$

对于转发、评论和点赞，它们的拒绝域均可表示为：

$$W_{H_0} = \{(x_1, \cdots, x_n) \mid |T| \geq t_{\frac{\alpha}{2}}(n-1)\}\text{（本研究设 }\alpha\text{ 为 0.1）}$$

转发数的检验统计量可表示为：$T = \dfrac{u_{11} - u_1}{s/\sqrt{n}} \sim t(n-1)$

通过计算得 $T = 1.05 < t_{0.05}(114) = 1.6583$，因此假设Ⅰ成立，即娱乐者的显示性偏好在转发这一维度上具有稳定性。

针对评论数这一维度选取检验统计量：$T = \dfrac{u_{22} - u_2}{s/\sqrt{n}} \sim t(n-1)$

通过计算得 $T = 1.57 < t_{0.05}(114) = 1.6583$，因此假设Ⅱ成立，即娱乐者的显示性偏好在评论这一维度上具有稳定性。

针对点赞数这一维度选取检验统计量：$T = \dfrac{u_{33} - u_3}{s/\sqrt{n}} \sim t(n-1)$

通过计算得 $T = 0.33 < t_{0.05}(114) = 1.6583$，因此假设Ⅲ成立，即娱乐者的显示性偏好在点赞这一维度上具有稳定性。

综合以上分析，可以表明用户作为娱乐者偏好具有一定稳定性。

一、“摄影”与“美图”——高影响力微博的特征分析

（一）“摄影”与“美图”的高影响力微博品牌：“最南京，全民拍”

“照相机让我们可以保留某种视觉的记录”，对于“理性人”而言，“摄影这种在几分之一秒内发生的事，是对某一事件中互为表里的两个部分同时进行辨识的过程：事件本身具有内在的意义，外在方面，又透过影像形式的精确组织，把意义确当地表现出来”。① 在具有照相机功能的智能手机几近普及的语境下，“摄影”以及“摄影”的部分成果——“美图”，几乎每个人都可以将之作为娱乐的方式之一。

虽然摄影进入的门槛低，但若想拍出许多“理性人”都会感兴趣的“美图”却并非易事。然而，在 2016 年全国 31 个省会城市政务微博——所发布的 313 条关于“摄影”与“美图”的高影响力微博中，南京发布以入选 190 条微博的数量在全国 31 个省会城市政务微博中排名第一，并且，在关于“摄影”和“美图”排名前 10 位的高影响力微博中，全部来自南京发布。如下表所示：

政务微博	发布时间	微博主题	转发数	评论数	点赞数	影响力	排名
南京发布	2016－1－21 15：24	#最南京，全民拍#四季“项链”。图：梅宁	1861	270	3758	5889	1
南京发布	2016－10－27 12：15	鼓楼广场新地标亮相！摄影：梅宁。#最南京，全民拍#	1472	435	1381	3288	2
南京发布	2016－3－14 8：50	鸡鸣寺的樱花开了！图：@小飞 718 摄于 2016. 3. 14 晨 7 时半	1385	658	902	2945	3
南京发布	2016－11－23 10：01	南京初雪，鼓楼广场的绿孔雀变成了白天鹅，你看！（施向辉摄）#最南京，全民拍#	807	257	1604	2668	4

① （法）亨利·卡蒂埃——布勒松：《摄影的表达旨趣》，见顾铮编译：《西方摄影文论选》，杭州：浙江摄影出版社，2007 年版，第 59－60 页。

续表

政务微博	发布时间	微博主题	转发数	评论数	点赞数	影响力	排名
南京发布	2016－11－24 15：05	@南京－老张 今天凌晨4点上山拍的一图美图。雪后南京，不能更美了！#最南京，全民拍#	596	136	1118	1850	5
南京发布	2016－11－23 15：54	这是为了一起到白头吗？@东南大学。摄影：丛从#最南京，全民拍#	259	259	1326	1844	6
南京发布	2016－3－18 7：44	#最南京，全民拍# 当你老了，还要陪你看樱花。图：@ welldone摄影	497	106	1204	1807	7
南京发布	2016－1－24 9：16	南京，街头。谁拍的？#最南京，全民拍#	313	152	1113	1578	8
南京发布	2016－11－23 7：42	紫金山上的雪明显要多一点点……#最南京，全民拍# 摄：南京－老张	328	143	1016	1487	9
南京发布	2016－10－19 7：15	#最南京，全民拍# 江宁湖熟的菊花开了。 图：@南京－老张	522	236	528	1286	10

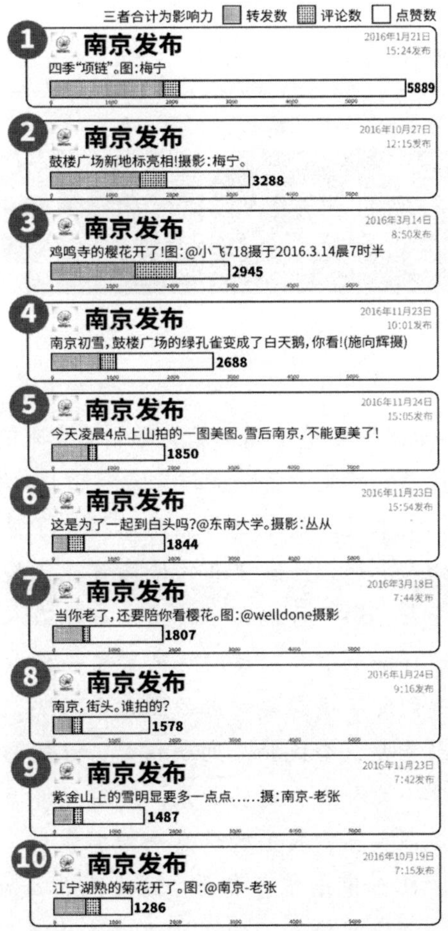

在上表的10条关于“摄影”和“美图”的高影响力微博中，有9条标注了“#最南京，全民拍#”。而在2016年南京发布的1891条高影响力微博中，#最南京，全民拍#的微博数量占了十分之一。换言之，“最南京，全民拍”已经成为南京发布的品牌微博和影响力的有机构成部分。

南京发布 V

2016-1-21 15:24 来自 iPhone 6s

#最南京，全民拍# 四季"项链"。图：梅宁

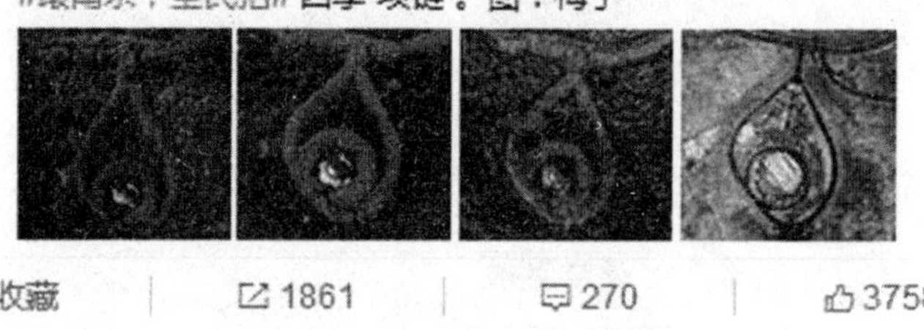

那么，“最南京，全民拍”这个品牌是怎样创建起来的呢?

南京发布主编黄伟清在接受笔者采访时，做出如下回答：

全民拍——不是创意来的。最早就自然而然搭建了这个平台，南京这个城市，有大批爱好摄影的人，那么，他原来的传播可能比较有限，发一条微博自己看看，南京发布转一条，影响力就大了，至少有几万人看，摄影爱好者就比较兴奋——因为有了这样一个平台，我们就集聚了一批爱好摄影的人，这样我们就有了内容来源，我们发了摄影爱好者的照片之后呢，属于政府给他推了一把，我们后来做了“最南京，全民拍”的明信片，让摄影爱好者形成一个虚拟的民间团体，我们和这一拨人虽然是弱关系，没有经济往来，没有约束啊，但事实上我们在网络上是强关系，我们的信息来源非常好。最后，慢慢地这支队伍发展到什么程度呢？比如像南京青奥会，这支队伍成立了南京城市摄影队，在全国应该没有过——由民间摄影师组成这么一支专业队伍去拍摄专业比赛，然后，这支队伍不仅参加了青奥会，还参加了国家公祭日的拍摄，并且去年独立完成了世界轮滑赛的拍摄，去年是世界轮滑赛单项项目级别的比赛，今年是世界轮滑赛全项目级别的比赛，这个级别还是比较高的，仅次于奥运会，属于A类赛事，所有的摄影服务，是由全民拍队伍独立完成的①。

实际上，由于南京发布给城市摄影爱好者提供了扩大影响力的平台，所以，城市摄影爱好者拍了“美图”之后，在微博上便以“@南京发布”的方式，告知南京发布有新的“美图”，这就是黄伟清所说的——“我们在网络上是强关系，我们的信息来源非常好”。例如，有多张照片入围“摄影”与“美图”高影响力微博排名前10位的“南京-老张”，身为“中国摄影师杂志社记者”，拍了“美图”之后，在个人微博上便“@南京发布”，并且，南京发布一转，正

① 据2017年7月10日笔者采访南京发布主编黄伟清的录音资料整理。

如黄伟清所说的，“摄影爱好者就比较兴奋”，由此形成了良好的互动。

（二）“摄影”与“美图”的高影响力微博的借鉴与模仿：“津城美景大家拍”

“最南京，全民拍”作为南京发布的品牌微博，能否被其他省会城市政务微博学习和借鉴呢？

在2016年全国31个省会城市政务微博——所发布的关于“摄影”和“美图”的高影响力微博中，“天津发布”以41条微博的数量排名在南京发布之后，而“天津发布”的“摄影”和“美图”微博，在某种意义上就成功地借鉴和模仿了南京发布的“最南京，全民拍”。

天津发布推出了“津城美景大家拍”，取得了很好的效果。

而且，“津城美景大家拍”的摄影爱好者，也在个人的微博上以“@天津发布”的方式告知自己又拍了“美图”。例如：

西伯利亚狼571

3月19日 13:05 来自 iPhone 6 Plus

#天津影像#三生三世十里桃花？@奏耐天津 @天津大V @天津发布 @天津城市攻略 @新浪天津

取景：河西区下瓦房津河边

二、“文艺”与“展览”——高影响力微博的特征分析

（一）“文艺”与“展览”高影响力微博的关键词：“明星”与“大展”

在本研究中，“文艺”是一个广义的概念，既包括明星的现场演出（比如演唱会），也包括影视节目，戏剧，歌舞，还包括音乐会和搞笑视频。“展览”则是指各种展览会（例如2016年11月18日至20日举办的广州国际灯光节、2016年4月16日举办的北京国际电影节）、艺术展（例如2016年4月9日在成都举行的莫奈艺术展、2016年5月13日至16日举办的杭州艺术博览会，上海每个月都举办的上海艺术展）。

在2016年全国31个省会城市政务微博——所发布的关于“文艺”与“展览”的高影响力微博中，排名前10位的微博的关键词是“明星”与“大展”。

关于“大展”，入围前10名的高影响力微博的主题是关于世界著名的“Rain Box”展和“上海国际电影节”，“上海国际电影节”的“节”其实是一种比喻，并非真正的“节日”，实质上是多种影片的集中展览。

上海发布 V

2016-6-1 20:59 来自 微博 weibo.com

【快讯：上海国际电影节最新展映影片单公布啦！】#文化资讯#@上海国际电影节 说，本届电影节将于周六(6月4日)上午8点起正式开票~今年展映的影片将创历年新高，共分为30余个单元，截至电影节开票时，影片数量将达到近600部。还不知道有哪些值得看的电影吗？快戳长微博看看最新公布的展映片单吧（完整片 ... 展开全文

而作为与“粉丝文化”一体两面的“明星”效应，则可以由2016年全国31个省会城市政务微博关于“文艺”与“展览”的高影响力微博得见其影响力。在排名前10位的高影响力微博中，有8条微博是关于“明星”的信息（详见下表）：

政务微博	发布时间	微博主题	转发数	评论数	点赞数	影响力	排名
南京发布	2016－6－21 15：20	【今年南京森林音乐会明星阵容来了!】	1216	934	1527	3677	1
上海发布	2016－6－1 20：59	【快讯：上海国际电影节最新展映影片单公布啦!】	2470	482	440	3392	2

续表

政务微博	发布时间	微博主题	转发数	评论数	点赞数	影响力	排名
成都发布	2016－7－10 21：32	【好听！李宇春中国风新歌《千年游》】	703	300	1897	2900	3
成都发布	2016－11－9 22：01	#网事聚焦#@M鹿M最新单曲《某时某刻(Catch me when I fall)》MV！	423	276	1799	2498	4
成都发布	2016－3－22 22：55	【岳云鹏的相声，一次看个够】	1286	280	775	2341	5
成都发布	2016－11－20 21：35	#网事聚焦#林俊杰又一个动听的LIVE《你是我的唯一》，双手捧心的听完，太好听了！太帅了！	1380	173	444	1997	6
成都发布	2016－11－25 21：12	【易烊千玺个人首支单曲《你说》】	969	188	778	1935	7
成都发布	2016－3－31 22：20	#网事聚焦#张国荣翻听的《千千阙歌》，一开口就知有故事，沧桑中又略带少年轻佻的活泼。原来全是你，令我的思忆漫长。	1177	82	437	1696	8
成都发布	2016－11－26 21：03	【JJ林俊杰演绎《打错了》+《It’s Your Chance》】	414	97	564	1075	9
南京发布	2016－3－25 12：20	【来一场不湿身的雨吧！全球最受欢迎Rain Box展来南京啦！】	440	340	237	1017	10

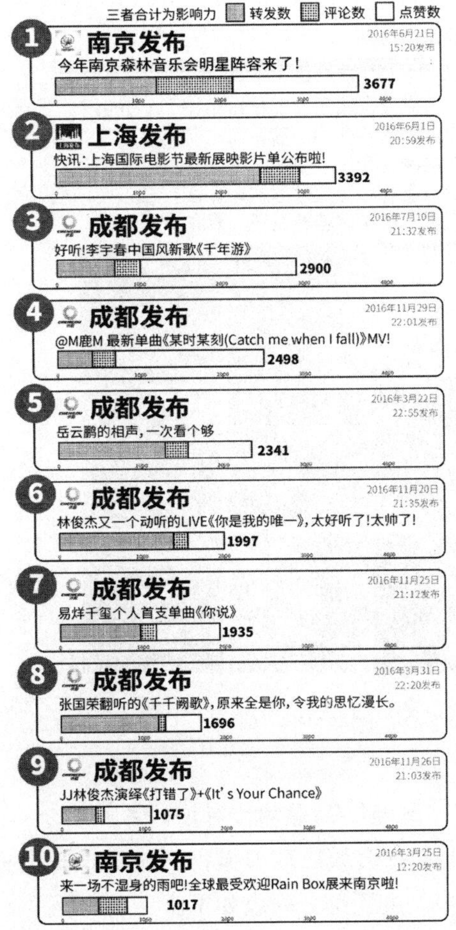

其中，张国荣、李宇春、岳云鹏、林俊杰、M 鹿 M，和易烊千玺等，各自都拥有大量的粉丝，在微博上通过“转发”、“评论”或“点赞”的方式建构着一种参与性的大众文化。①

而在 2016 年全国 31 个省会城市政务微博——所发布的关于“文艺”与“展览”的高影响力微博中，排名第 1 位的微博“今年南京森林音乐会明星阵容来了！”则涉及朴树等多位明星：

① 蔡骐：《网络与粉丝文化的发展》，《国际新闻界》2009 年第 7 期，第 86－87 页。

（二）“文艺”与“展览”高影响力微博的主题细分

在2016年全国31个省会城市政务微博——所发布的关于“文艺”与“展览”的高影响力微博中，主题细分列表如下：

主题细分 / 政务微博	明星	展览	影视	戏剧	歌舞	音乐会	搞笑视频	合计
上海发布	0	25	2	2	0	2	0	31
南京发布	2	3	5	0	1	3	0	14
成都发布	26	5	3	0	5	0	0	39
杭州发布	0	5	1	0	0	1	0	7
天津发布	0	0	1	1	0	0	0	2
北京发布	3	5	1	1	0	0	0	10
中国广州发布	0	2	0	1	1	0	0	4

续表

主题细分 政务微博	明星	展览	影视	戏剧	歌舞	音乐会	搞笑视频	合计
其他省会城市政务微博合计	5	10	17	2	1	4	4	43
合计	36	55	30	7	8	10	4	150

在“其他省会城市政务微博”关于“文艺”和“展览”的高影响力微博中，西安发布有12条微博入选高影响力微博（其中，影视6条，展览1条，音乐2条，搞笑视频3条）。

因此，成都发布以39条微博，在2016年全国31个省会城市政务微博——所发布的关于“文艺”与“展览”的高影响力微博中入选数量最多。而在成都发布的39条高影响力微博中，有26条微博是关于“明星”的信息，这也可以解释：为什么在2016年全国31个省会城市政务微博——所发布的关于“文艺”与“展览”的前10名高影响力微博中，成都发布入选7条。

三、“体育”与“健身”——高影响力微博的特征分析

（一）“体育”与“健身”的高影响力微博关键词：奥运会

省会城市政务微博用户关注较高的关于“体育”与“健身”的微博，有许多是周期性出现的。在2016年全国31个省会城市政务微博——所发布的关于“体育”与“健身”的高影响力微博中，作为“媒介事件”的“奥运会”，是影响力最大的关键词。详见下表：

政务微博	发布时间	微博主题	转发数	评论数	点赞数	影响力	排名
上海发布	2016－8－8 9：07	【女子100米蝶泳：上海小囡陆滢获第五名、陈欣怡获第四名】	727	457	6570	7754	1
上海发布	2016－8－12 9：16	【中国第11金：乒乓男单“科龙大战”，马龙战胜张继科】	328	558	5554	6440	2

续表

政务微博	发布时间	微博主题	转发数	评论数	点赞数	影响力	排名
上海发布	2016－8－9 9：31	【傅园慧爆发洪荒之力，夺得女子100米仰泳铜牌】	2681	363	2398	5442	3
北京发布	2016－8－7 10：24	【祝贺孙杨荣获奥运银牌】	132	173	3777	4082	4
上海发布	2016－8－7 9：34	【快讯：孙杨获得男子400米自由泳银牌】	792	966	2120	3878	5
上海发布	2016－8－8 3：52	【中国队再添金！吴敏霞&施廷懋提前锁定女子双人3米板冠军!】	564	533	2542	3639	6
上海发布	2016－8－9 9：39	【徐嘉余夺得男子100米仰泳银牌】	1494	279	1630	3403	7
上海发布	2016－8－9 9：23	【中国第5金：泳池王者归来！孙杨夺得男子200米自由泳金牌】	1331	233	1225	2789	8
上海发布	2016－8－11 5：44	【林超攀获体操男子全能第5名，邓书弟获第6名】	101	183	2482	2766	9
上海发布	2016－8－21 11：01	【快讯：女排姑娘3：1力克塞尔维亚队！勇夺中国第26金［奥运金牌］】	829	273	1523	2625	10

由上表可见，4年一次的奥运会，占据了2016年全国31个省会城市政务微博——所发布的关于“体育”与“健身”的高影响力微博的前10位。而如果审视2016年全国31个省会城市政务微博关于“体育”和“健身”的353条高影响力微博，会发现，其中有236条是关于“奥运会”的信息，占比近70%

(66.86%)。

并且，值得注意的是，在2016年全国31个省会城市政务微博——所发布的关于“体育”与“健身”的高影响力微博的前10位中，有9条来自上海发布。在2016年全国31个省会城市政务微博——所发布的关于“体育”与“健身”的353条高影响力微博中，上海发布以119条关于“奥运会”的高影响力微博，成为全国31个省会城市政务微博中关于“奥运会”的高影响力微博最多的，占比超过50%（50.42%)。即每2条关于“奥运会”的高影响力微博——就有1条来自上海发布。这说明，关于“奥运会”的微博是上海发布的优势内容。上海发布的“奥运会”微博，何以会成为其全国领先的优势内容？笔者将在本书的第三章中做出解释。

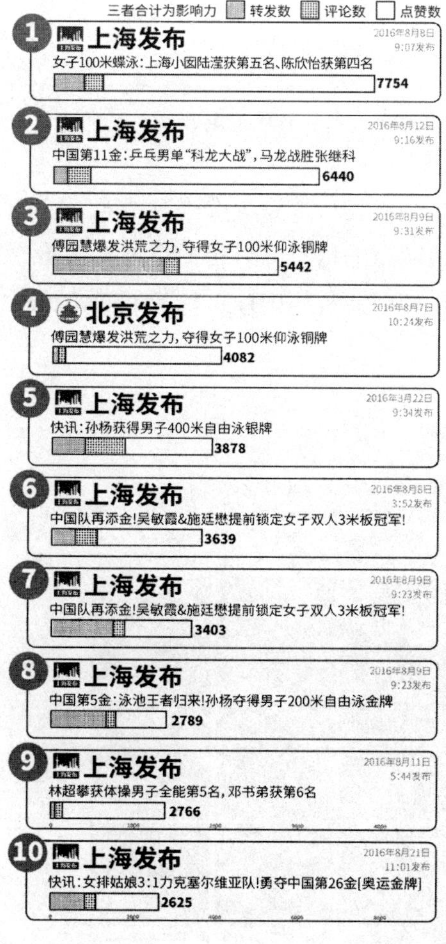

政务微博＼主题细分	奥运会	足球	长跑	排球	篮球	乒乓球	体育设施	其他	合计
上海发布	119	52	4	2	0	1	0	0	178
南京发布	1	0	1	1	0	0	1	0	4
成都发布	59	0	0	0	4	3	0	0	66
杭州发布	4	0	0	0	0	0	4	0	8
天津发布	5	5	0	0	0	0	0	0	10
北京发布	23	0	1	0	0	0	0	0	24
中国广州发布	19	5	0	0	0	0	0	0	24
其他省会城市政务微博合计	6	10	11	0	0	0	0	12	39
合计	236	72	17	3	4	4	5	12	353

（上表中的“其他”是指武术、网球、龙舟赛、城市运动会等体育运动或赛事）

在关于“奥运会”的微博中，有关夺得多枚奥运会金牌的孙杨和用了“洪荒之力”参加比赛的傅园慧的信息，引起了普遍的兴趣。上海发布，成都发布、杭州发布，天津发布，北京发布和中国广州发布都有关于孙杨和傅园慧的高影响力微博，例如：

（二）“体育”与“健身”的高影响力微博关键词：足球

足球是世界第一运动。

在亚里士多德看来，体育运动的目的有三：一是实现对运动员身心的约束，二是成为运动员和观众释放情绪的方式，三是让运动员和观众抛开生活的烦恼，享受运动带来的快乐。足球因为“能使人达到运动的目的，而被视为“是一项最好的运动”。①

在2016年全国31个省会城市政务微博——所发布的关于“体育”与“健身”的高影响力微博中，有72条是关于“足球”的，在高影响力微博的数量上仅次于“奥运会”。其中，上海发布有52条关于足球的高影响力微博，是全国31个省会城市政务微博中，发布的关于“足球”的高影响力微博最多的。

主题细分 / 政务微博	上海发布	天津发布	中国广州发布	西安发布	石家庄发布	合计
中国足球男子国家队	6	0	0	4	0	10
中国足球超级联赛	34	4	3	0	6	47
中国足协杯	4	1	1	0	0	6
亚洲足球冠军联赛	8		1	0	0	9

在2016年全国31个省会城市政务微博中，广州、南京、上海、北京、重庆、天津、沈阳、长春、郑州、济南、杭州、和石家庄等12个省会城市都有足球队参加“中国足球超级联赛”，但除了上海发布、天津发布、中国广州发布和石家庄发布等4个城市有关于“足球”的高影响力微博，其他8个城市并没有充分地利用所在城市有足球队参加中超联赛这一资源——通过省会城市政务微博来发布关于“足球”的微博来建构自身的影响力。从经济学的观点来看，此种做法显然不是“理性人”所应采取的。

实际上，通过省会城市政务微博发布关于“足球”的信息，最为重要的并不在于及时通报比赛结果，而在于表达政务微博运营者与政务微博用户属于“同一阵营”的——同为自己所在城市的足球队的球迷，随着自己球队的战绩而

① 马修·肯特：《亚里士多德最喜欢的运动》，参见（美）泰德·理查兹编，雷国樑等译：《足球与哲学——美丽的运动，激情的思辨》，武汉：武汉大学出版社，2016年版，第46－47页。

喜或悲，在这方面，上海发布关于“足球”的高影响力微博具有示范意义：

上海发布 V

2016-4-30 21:28 来自 微博 weibo.com

【快讯：申花1:2客场憾负恒大】#爱体育#中超第7轮刚刚结束一场焦点战，上海申花队虽然一度扳平比分，但最终还是1：2不敌联赛班霸广州恒大，客场告负。本轮过后，球队2胜3平2负积9分。下轮联赛，申花队仍将继续客场之旅，挑战辽宁宏运，希望球队能及时调整，争取拿到赛季客场首胜！加油！

2016年
中国足球协会超级联赛

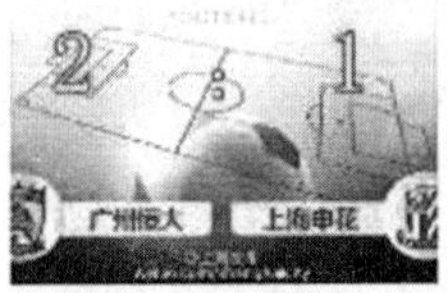

收藏 | 75 | 109 | 80

（三）“体育”与“健身”的高影响力微博关键词：城市马拉松

长跑既可以健身，亦可以锻炼人的意志力。在全国许多省会城市里，每年都会定期举办“城市马拉松”，其中既有全程马拉松，也有半程马拉松、迷你健康跑和亲子公益跑。

政务微博 长跑类型	上海发布	南京发布	北京发布	重庆微发布	沈阳发布	武汉发布	昆明发布	南昌发布
全程马拉松	√	√		√	√	√	√	√
半程马拉松	√	√	√	√		√		√
迷你健康跑	√	√		√		√		√
亲子公益跑	√	√						

由于每次“城市马拉松”参赛市民众多——例如，2016 年 12 月 17 日 10：14，武汉发布的微博标题为：【2017“汉马”报名截止 10 天内报名人数超过 12 万】，因而，省会城市发布关于“城市马拉松”的微博，往往能够获得较高的影响力——例如南昌发布的微博【“孙大圣”领衔赣马“奇装异服”大联欢】

南昌发布

2016-11-21 09:57 来自 微博 weibo.com

【"孙大圣"领衔赣马"奇装异服"大联欢】#2016南昌国际马拉松#20日上午8时，2016南昌首届国际马拉松赛在秋水广场激情起跑。15000名来自全国各地以及英国、俄罗斯、日本、法国、澳大利亚等41个国家和地区的选手参加了比赛。全民马拉松比赛，也是一场全民大联欢，不少选手们穿着"奇装异服"上场了……

收藏 | 290 | 292 | 212

四、"节日"与"假日"——高影响力微博的特征分析

（一）"节日"与"假日"高影响力微博的关键词：放假通知与春节活动

节假日对于"理性人"而言，不仅仅是指闲暇的时间，而且也指心情上类似从事"娱乐"活动般的放松。在2016年全国31个省会城市政务微博——所发布的关于"节日"与"假日"的排名前10位的高影响力微博中，关键词是"放假通知"与"春节活动"。如下表所示：

政务微博	发布时间	微博主题	转发数	评论数	点赞数	影响力	排名
南京发布	2016－9－29 12：25	受台风影响江浙沪国庆假期延长至11号的通知	6119	2461	1610	10190	1
南京发布	2016－9－7 11：05	【中秋、国庆放假通知】	593	1248	1715	3556	2
南京发布	2016－2－5 17：48	【小布有礼】城门挂春联，古都开门红，前两天，南京9座城门首次分别挂上了红彤彤的巨幅春联！是不是很赞呢！大家看看，哪一幅是你最喜欢的？参与投票并分享者，将随机赠送城墙门票套票、城墙年卡……	981	988	275	2244	3
上海发布	2016－2－8 14：11	【除夕夜近两万环卫工清扫1.5万余吨垃圾，外环内未有明显烟花爆竹垃圾】	83	1586	111	1780	4

续表

政务微博	发布时间	微博主题	转发数	评论数	点赞数	影响力	排名
上海发布	2016－12－2 6：08	【2017 年放假安排来啦！快看小布特制的放假日历！】	770	117	244	1131	5
南京发布	2016－2－12 6：30	大年初五迎财神咯！	548	59	359	966	6
南京发布	2016－2－16 10：10	【元宵节灯展，夫子庙将设三级交通管控圈】	363	153	298	814	7
天津发布	2016－12－2 12：30	【收藏！最全#2017 年放假安排#】	265	1	517	783	8
天津发布	2016－12－27 10：40	#天津身边事#【古文化街年货市场开街！抽空转转去】	234	15	531	780	9
天津发布	2016－12－21 7：47	【今天！冬至来啦】	242	16	516	774	10

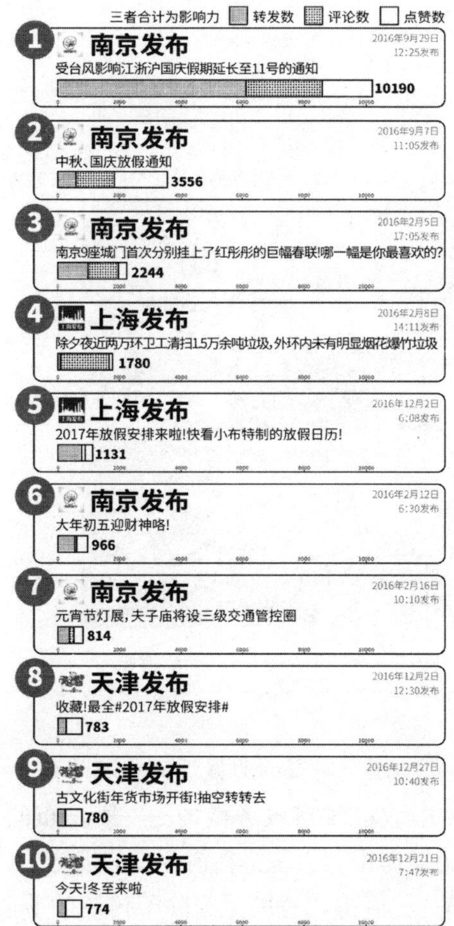

按照中国人的生活习惯和历史传统，一年的24个节气往往与特定的活动安排相关联，例如，立春，人们习惯吃特定的食物（萝卜等）以“咬春”，“雨水”则进补蜂蜜和大枣等，惊蛰则“吃梨”，“春分”吃春菜，“清明”既是慎终追远的“节气”，也是国家法定的“假日”，立夏则有“立夏饭”，夏至吃狗肉……“冬至大如年”。由于每个节气都与人们特定的活动安排相关联，因此，虽然并非每个“节气”都是“假日”，但对于中国人而言，“节气”有着与“假日”一样的轻松愉悦的感觉。

在2016年全国31个省会城市政务微博——所发布的关于“节日”与“假日”的排名前10位的高影响力微博中，天津发布关于“冬至”的微博入围其中：

（二）"节日"与"假日"高影响力微博的主题细分

在2016年全国31个省会城市政务微博——所发布的104条关于"节日"与"假日"的高影响力微博中，主题排在前两位的仍然是"春节活动"（45条）与"放假安排"（17条）。值得注意的是，除了传统的节假日——例如，元旦、春节、劳动节、端午节、中秋节，国庆节，等等，情人节、母亲节、儿童节、妇女节、青年节、二月二、三月三等，在不同的省会城市政务微博中，都有高影响力微博入选。然而，没有任何一个省会城市政务微博——在本研究所设计的关于"节日"与"假日"的18个主题细分中都有高影响力微博入选，这说明，全国31个省会城市政务微博关于"节日"与"假日"的高影响力微博，未来还有很大的开发空间和潜力。

政务微博 \ 微博主题	元旦	春节	情人节	二月二	妇女节	植树节	三月三	劳动节	青年节	母亲节	儿童节	端午节	七夕	中秋节	重阳节	国庆节	节气	放假安排	合计
上海发布	1	5	0	0	2	0	0	1	0	0	1	0	0	0	1	4	4	4	23
南京发布	2	9	1	0	0	1	1	0	1	2	0	2	1	1	0	3	3	8	36
成都发布	0	7	0	0	0	0	0	0	0	0	0	0	0	0	0	0	0	0	7
杭州发布	2	8	0	0	0	0	0	0	0	0	0	1	0	0	0	0	0	3	14
天津发布	1	2	0	0	0	0	0	0	0	0	0	0	0	0	0	0	1	1	5
北京发布	0	6	0	1	0	0	0	1	0	0	0	0	1	0	0	0	0	1	10
中国																			
广州发布	0	4	0	0	0	0	0	0	0	0	0	1	0	0	0	0	0	0	5
其他省会城市政务微博合计	0	4	0	0	0	0	0	0	0	0	0	0	0	0	0	0	0	0	4
合计	6	45	1	1	2	1	1	2	1	2	1	4	2	1	1	8	8	17	104

在上表中，南京发布关于"节日"与"假日"的高影响力微博最多，共有34条入选。

并且，在本研究所设计的关于"节日"与"假日"的18个主题细分中，南京发布有高影响力微博入选其中的13个主题细分，在全国31个省会城市政务微博中也是最多的。因此，南京发布关于"节日"与"假日"的高影响力微

博，值得其他省会城市政务微博借鉴。

第四节 “理性人”作为投票者的显示性信息偏好

公众作为投票者的信息需求——例如，个体在纠结把选票投给候选人 A 还是候选人 B 的时候，会考虑信息如何帮助其做出此种决定，“即信息帮助一个人以公民的身份参与其中”。①

舆论引导的前提预设便是公民作为“投票者”，群体通过公开地表达大致相同的意见和态度——具有影响社会生活中特定事件的能力。政务微博作为社交媒体，运营者与用户作为“投票者”之间的“互动力”，是衡量政务微博影响力的核心指标之一。

在 2016 年全国 31 个省会城市政务微博——所发布的关于“理性人”作为“投票者”的高影响力微博中，可以划分为“调查”与“互动”“城市”与“城事”“倡议”与“辟谣”，和“记忆”与“纪念”等四种类型。其中，南京发布的高影响力微博数量（888 条）排在第 1 位，详见下表：

偏好分类 政务微博	“调查”与“互动”	“城市”与“城事”	“倡议”与“辟谣”	“记忆”与“纪念”	合计
上海发布	90	27	22	21	160
南京发布	496	101	199	92	888
成都发布	255	66	218	21	560
杭州发布	18	45	39	5	107
天津发布	63	28	37	10	138
北京发布	18	22	26	5	71
中国广州发布	85	24	28	1	138
其他省会城市政务微博合计	9	34	135	5	183
合计	1034	347	704	160	2245

① （美）詹姆斯·T·汉密尔顿著：《有价值的新闻》，展宁，和丹译，杭州：浙江大学出版社，2016 年版，第 16 页。

“理性人”作为投票者信息偏好的稳定性

选择“上海发布”在“调查”与“互动”“城市”与“城事”“倡议”与“辟谣”，和“记忆”与“纪念”四种偏好类型的政务微博作为研究对象，并绘制散点图。通过观察，发现部分微博的转发数、评论数、点赞数过高，并且从散点图中可以看出，大部分微博的转发数、评论数和点赞数在一个稳定的区间内徘徊，具有一定的稳定性。

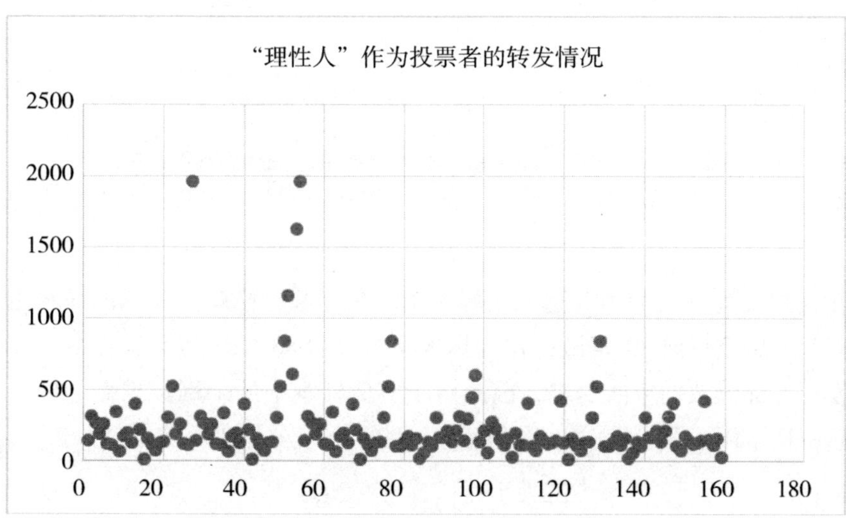

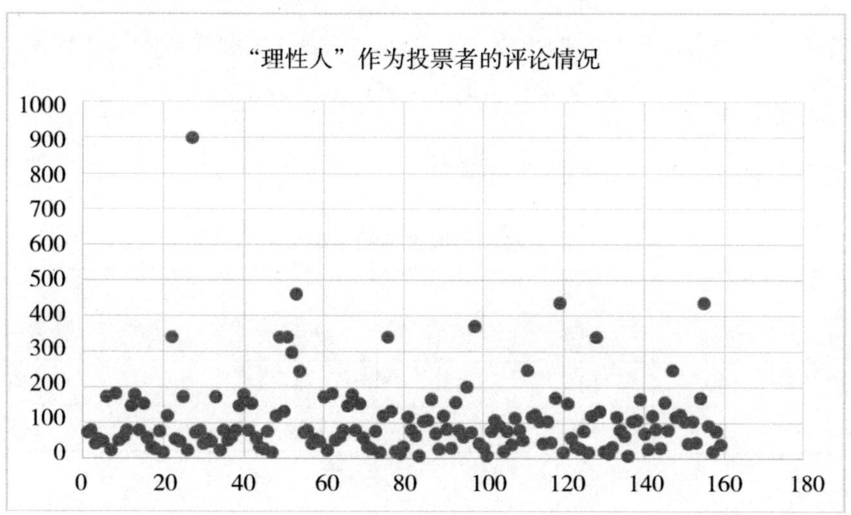

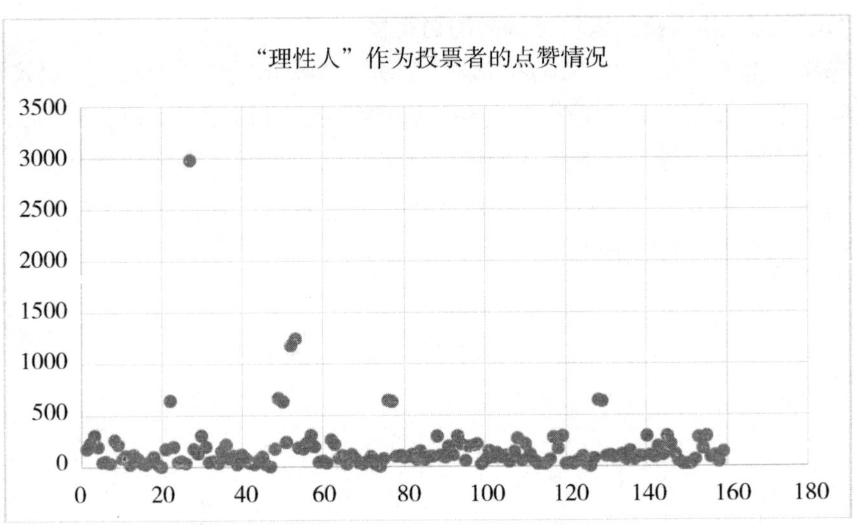

在这四大类型微博中共选取了样本 160 条，假设检验需要标准样本用于参照，因此本研究将前 80 条微博作为标准样本，后 80 条作为实验样本。实验样本中发现有部分数据数值偏高，因此对于实验样本中的个别数据做了修正，将修正后的样本用于假设检验。平均值和方差的计算公式如下：

平均值：$M = \frac{x_1 + x_2 + \cdots + x_n}{n}$ (1)

其中 n 表示实验样本数据个数，$x_1, x_2, \cdots, x_n$ 表示实验样本的具体数值。

方差平方和：$s^2 = \frac{(x_1 - M)^2 + (x_2 - M)^2 + \cdots + (x_n - M)^2}{n}$ (2)

其中 s^2 越小，代表数据波动越稳定。

表 X：样本在不同维度下的平均值和方差

	标准样本			修正后的实验样本		
维度	转发	评论	点赞	转发	评论	点赞
M	190	104	150	184	101	140
s	122	89	151	136	86	115

为了区分两种样本均值的表示，令 μ_1, μ_2, μ_3 作为标准样本微博转发数、评论数和点赞数的均值；并令 $\mu_{11}, \mu_{22}, \mu_{33}$ 作为实验样本微博转发数、评论数和点赞数的均值。

要验证的假设分别为：

$$\text{Ⅰ}: \mu_1 = \mu_{11} \rightarrow H_1: \mu_1 \neq \mu_{11}$$

$$\text{Ⅱ}: \mu_2 = \mu_{22} \rightarrow H_1: \mu_2 \neq \mu_{22}$$

$$\text{Ⅲ}: \mu_3 = \mu_{33} \rightarrow H_1: \mu_3 \neq \mu_{33}$$

对于转发、评论和点赞，它们的拒绝域均可表示为：

$W_{H_0} = \{(x_1, \cdots, x_n) \mid |T| \geq t_{\frac{\alpha}{2}}(n-1)\}$（本研究设 α 为 0.1）

转发数的检验统计量可表示为：$T = \dfrac{u_{11} - u_1}{s/\sqrt{n}} \sim t(n-1)$

通过计算得 $T = 0.40 < t_{0.05}(80) = 1.6641$，因此假设Ⅰ成立，即投票者的显示性偏好在转发这一维度上具有稳定性。

针对评论数这一维度选取检验统计量：$T = \dfrac{u_{22} - u_2}{s/\sqrt{n}} \sim t(n-1)$

通过计算得 $T = 0.31 < t_{0.05}(80) = 1.6641$，因此假设Ⅱ成立，即投票者的显示性偏好在评论这一维度上具有稳定性。

针对点赞数这一维度选取检验统计量：$T = \dfrac{u_{33} - u_3}{s/\sqrt{n}} \sim t(n-1)$

通过计算得 $T = 0.78 < t_{0.05}(80) = 1.6641$，因此假设Ⅲ成立，即投票者的显示性偏好在点赞这一维度上具有稳定性。

综合以上分析，可以表明用户作为投票者偏好具有一定稳定性。

一、“调查”与“互动”——高影响力微博的特征分析

在2016年全国31个省会城市政务微博——所发布的关于“调查”与“互动”的排名前10位的高影响力微博中，无论是排名第1位的“杭州发布”的“如果让你学习一门中国国粹，你会学什么呢?”，还是排名第10位的“南京发布”的“今天南京的朋友圈被4张图刷屏了：四季变换，时枯时荣，唯有爱心，永恒不变！猜猜这是哪儿?”，影响力指数都超过4500，这表明，省会城市政务微博用户是有与运营者进行“互动”的意愿与需求的，详见下表：

政务微博	发布时间	微博主题	转发数	评论数	点赞数	影响力	排名
杭州发布	2016-8-2 13:26	【如果让你学习一门中国国粹，你会学什么呢?】	7534	13234	7681	28449	1

续表

政务微博	发布时间	微博主题	转发数	评论数	点赞数	影响力	排名
南京发布	2016－11－17 15：08	【退伍了，我能带走搜救犬战友吗?】@南京消防 战士沈鹏退伍在即，他最放心不下陪伴他近8年的“战友”——搜救犬沈虎。沈虎曾在汶川地震中救出15名被困者，后来在任务中负伤后心肺功能不大好。沈鹏希望退伍时带上它，陪它度过晚年。而这在消防部门没有过，沈鹏正在等申请批复。我发起了一个投票…	14321	3731	8199	26251	2
上海发布	2016－7－26 15：26	【电影《盗墓笔记》8月5日全国公映，小布送票80张!】	12856	7107	2813	22776	3
南京发布	2016－12－2 10：42	告诉大家一个好消息，沈鹏的申请已经通过，今天他带着沈虎一起退伍啦。战士们正在为他们俩举行退伍仪式! 这个完美的结果也有你的一票哦!	11991	636	2592	15219	4
成都发布	2016－2－22 20：32	【元宵节，你来猜谜我们发奖!】	4638	3817	207	8662	5
上海发布	2016－8－29 16：28	【“沪生”熊猫宝宝的20个候选名字出炉啦! 你最中意哪一个?】	2796	3348	1213	7357	6
成都发布	2016－6－24 19：46	【微博上“逛”创交会#有奖转发#哟】	4711	1443	170	6324	7

续表

政务微博	发布时间	微博主题	转发数	评论数	点赞数	影响力	排名
成都发布	2016－10－29 19：37	#住在成都#今晚，咱们成都帅气大男孩张杰回家开演唱会啦～快，举个爪，有多少星星在现场呢	2948	432	1550	4930	8
上海发布	2016－4－18 14：59	【“五一”想约会 S. H. E. 萧敬腾、谭维维？小布送票 30 张】	2059	2341	221	4621	9
南京发布	2016－11－4 15：10	今天南京的朋友圈被 4 张图刷屏了：四季变换，时枯时荣，唯有爱心，永恒不变！猜猜这是哪儿？	1847	396	2333	4576	10

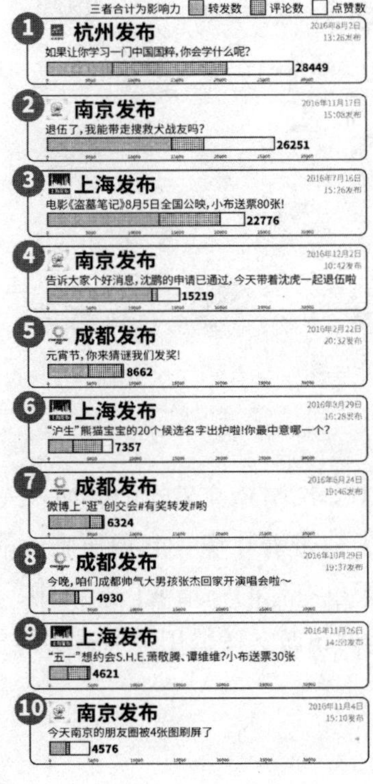

（一）使用户通过参与呈现“我”的力量

在2016年全国31个省会城市政务微博——所发布的关于“调查”与“互动”的排名前10位的高影响力微博中，有不只一条高影响力微博满足了用户——通过参与呈现“我”的力量。

例如，2016年8月2日13：26分杭州发布的微博【如果让你学习一门中国国粹，你会学什么呢?】，再如，2016年8月29日16：28分上海发布的微博【“沪生”熊猫宝宝的20个候选名字出炉啦！你最中意哪一个?】，又如，2016年11月4日15：10分南京发布的微博——“今天南京的朋友圈被4张图刷屏了：四季变换，时枯时荣，唯有爱心，永恒不变！猜猜这是哪儿?”

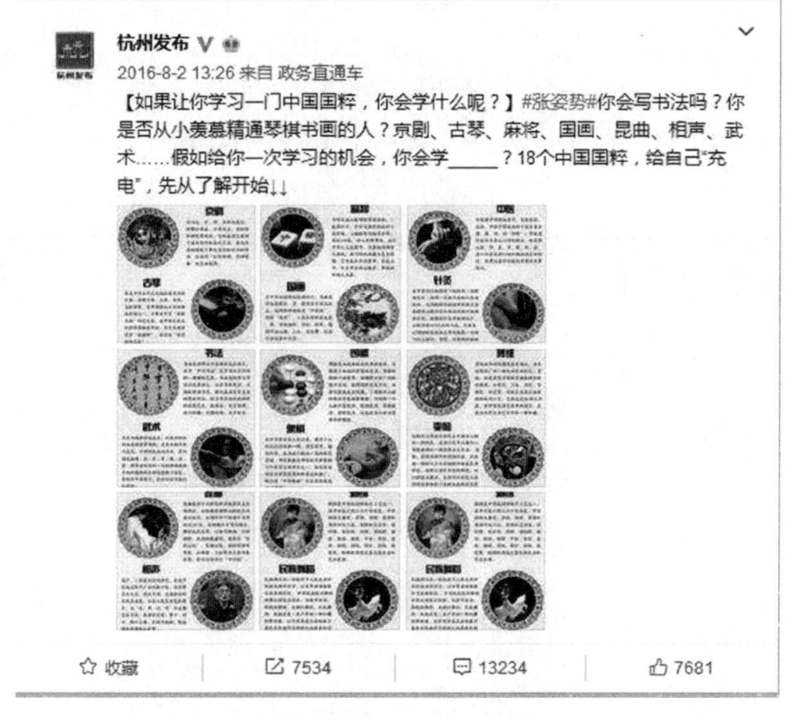

而2016年12月2日10：42分南京发布的微博——“告诉大家一个好消息，沈鹏的申请已经通过，今天他带着沈虎一起退伍啦。战士们正在为他们俩举行退伍仪式！这个完美的结果也有你的一票哦!”，其中，“这个完美的结果也有你的一票哦”，充分认可省会城市政务微博用户通过参与投票所呈现出的“我”的力量。

南京发布

2016-12-2 11:30 来自 微博 weibo.com

沈鹏说，退伍后计划和女朋友开车带沈虎一路从南京游玩去成都，带沈虎回家

查看图片 //@南京发布: 告诉大家一个好消息，沈鹏的申请已经通过，今天他带着沈虎一起退伍啦 战士们正在为他们俩举行退伍仪式！这个完美的结果也有你的一票哦！ 查看图片

@南京发布

【退伍了，我能带走搜救犬战友吗？】@南京消防 战士沈鹏退伍在即，他最放心不下陪伴他近8年的“战友”—搜救犬沈虎。沈虎曾在汶川地震中救出15名被困者，后来在任务中负伤后心肺功能不大好。沈鹏希望退伍时带上它，陪它度过晚年 而这在消防部门没有过，沈鹏正在等申请批复。我发起了一个投票 ... 展开全文

2016-11-17 15:08 来自 微博 weibo.com　　14321　3731　8199

收藏　2400　269　919

（二）设计通用“句型”与用户互动

省会城市政务微博主动寻求与作为“理性人”的用户进行“互动”时，有若干常用的“句型”，如果将之比喻为“考试题型”，则有填空题、选择题、问答题等几类。关于“调查”与“互动”，2016 年在全国 31 个省会城市政务微博发布的 1034 条高影响力微博中，南京发布的高影响力微博最多，共计 496 条，占比接近 48%，下面便以南京发布为例，分析省会城市政务微博是如何设计常用“句型”，与用户进行互动的。

——以“填空题”的方式与用户互动

例如，2016 年 1 月 7 日 13：26 分南京发布的微博：

南京发布

2016-1-7 13:26 来自 iPhone 6

北京叫老炮儿，香港叫古惑仔，天津叫大耍儿，广州叫烂仔，那么问题来了，在南京叫______？

收藏 | 349 | 655 | 419

——以“选择题”的方式与用户互动

例如，2016 年 3 月 29 日 21：20 分南京发布的微博：

【“爸爸，我以后会有出息吗?”一组父子对话火爆全国!】最近，一组叫作《爸爸说》的漫画火遍全国。漫画里的故事发生在生活中常见的情景，通过一组父子的对话呈现。这些对话有没有触动你的?

（下面配发九张长微博图，分别是关于“自信”“自遵”“自爱”“自强”“信任”“自律”“价值”“知识”和“内在美”的父子对话）。

有用户对这道“选择题”评论道：

星星月月大太阳：大写的赞！爸爸的话不仅给孩子以启迪，也教育着我们这些孩子般的大人！自信，自尊，自爱，自强，信任，自律。价值，知识，内在美。活出精彩的自己，让生命完整美好！

2016-3-29 21:33 回复 | 赞

——以“问答题”的方式与用户互动

例如，2016 年 3 月 20 日 13：47 分，南京发布的微博：

南京发布 V

2016-3-20 13:47 来自 iPhone 6

【南京发布，广告可以有吗】南京发布能做广告吗？如果……合作的单位形象健康，发布内容准确、健康、利民，而且，关键是，所有的收益统统化为粉丝福利门票啊，文创产品啊，电话费啊，流量啊……你们觉得如何？#咨询帖#

☆ 收藏 | 9 | 121 | 47

南京发布与用户互动的常用“句型”，在其他省会城市政务微博中，也多次运用过。这表明，南京发布与用户互动的“常用”句型，也是各个省会城市政务微博都可以采用的与用户互动的“通用”句型。

其中，“填空题”例如：

“选择题”例如：

成都发布

2016-2-20 14:40 来自 微博 weibo.com

【狼牙土豆，你最爱哪个味儿】#住在成都#来，跟帖留言～A.糖醋；B.麻辣；C.酸辣；D.以上全选～

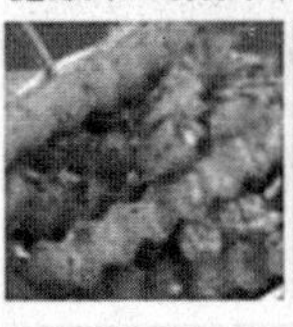
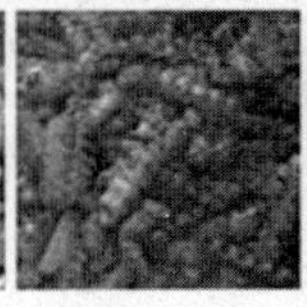

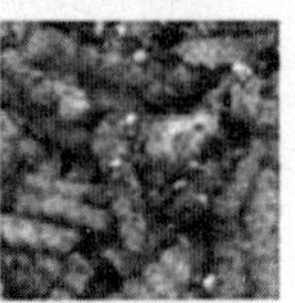

收藏 | 138 | 354 | 215

“问答题”例如：

上海发布

2016-5-2 15:03 来自 微博 weibo.com

【#一千个无烟上海的理由#开始征集，你的观点是...】#医疗卫生#公共场所控制吸烟、创建100%室内无烟环境，事关每个人健康。市健康促进委员会说：将您的"无烟上海"理由留言给小布，并上传一张您手持"支持无烟上海"语句A4纸的图片，将有机会获精美礼品，更有机会和明星同台为"无烟上海"代言噢

（三）激励“理性人”用户参与互动的方法

“激励（incentive）是引起一个人做出某种行为的某种东西（例如惩罚或奖励的预期）。由于理性人通过比较成本与收益做出决策，所以，他们会对激励做出反应。”① “理性人”会对激励做出反应，这被美国经济学家曼昆（N. Gregory Mankiw）称为经济学的“十大原理”之一。

关于“调查”与“互动”，2016 年在全国 31 个省会城市政务微博发布的 1034 条高影响力微博中，有多条微博采用了送工作手记、送票、送卡等激励“理性人”用户参与互动的方法，所用的方法可以分为三类：

1. 省会城市政务微博直接发奖

例如，2016 年 12 月 27 日 21：00 南京发布的微博：【你们心心念念的工作手记终于来啦】想要的举手，规则很简单！转发此微博，评价一下你眼里的小布，表扬或批评都可以，就有机会被抽中哦。100 本工作手记，随机送！就是这

① （美）曼昆：《经济学基础：第 7 版》，梁小民，梁砾译，北京：北京大学出版社，2017 年版，第 6 页。

么任性！#小布有礼#

2. 省会城市政务微博联合其他机构共同发奖

例如，2016 年 4 月 7 日 20：30 成都发布的微博：【喜阅成都，你来答题我们发奖】4 月 23 日为“世界阅读日”。在此期间，@成都发布和@成都图书馆将联合设置 3 期与成都有关的知识问答。每期设有 8 道问答题，选取一条你知道的题目回答并转发评论@3 个好友。@成都发布和@成都图书馆将各抽取 5 名回答正确的网友送上 100 元购书卡！第一期 4 月 11 日开奖，GO

——省会城市政务微博委托其他机构间接发奖

例如，2016 年 4 月 12 日至 2016 年 4 月 23 日，上海发布推出了 9 期【找出图中的交通违法行为，赢警察积木玩具】，奖品由上海市公安局的官方微博@警民直通车 - 上海 提供：

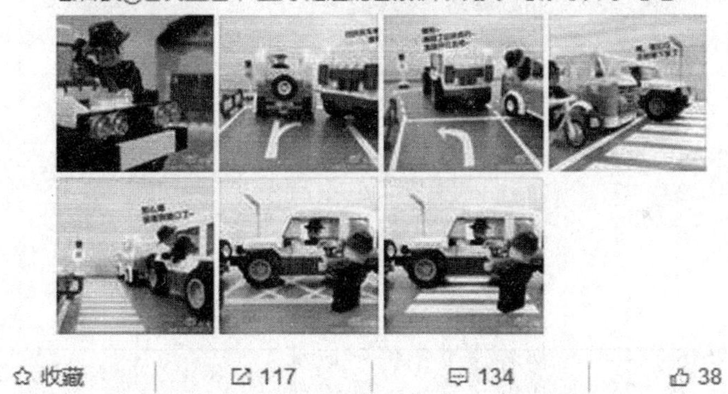

二、“城市”与“城事”——高影响力微博的特征分析

对于省会城市政务微博的用户而言，关于所在城市的“城市”和“城事”的微博，根据新闻价值理论，由于与用户具有“接近性”的关系，因而易于产生较大的影响力。

（一）寻找城市形象与网络大 V 的交集：以胡歌为例

在 2016 年全国 31 个省会城市政务微博关于“城市”与“城事”的排名前 10 位的高影响力微博中，2016 年 1 月 4 日 14：48 分上海发布的微博【为啥是胡歌?】，影响力指数排名第1位。此外，影响力指数入选前10名的——以上海城市形象和胡歌之间的关系为主题微博，还有2016年6月7日15：38分上海发布的微博【2016“魅力上海”城市形象推广活动即将在伦敦拉开帷幕】，以及2016年1月4日15：03分上海发布的微博【胡歌：希望让越来越多的朋友了解我生长的城市】。详见下表：

政务微博	发布时间	微博主题	转发数	评论数	点赞数	影响力	排名
上海发布	2016－1－4 14：48	【为啥是胡歌?】	1960	898	2990	5848	1
南京发布	2016－10－28 21：58	【直播】今晚22时起，南京长江大桥公路桥将封闭27个月，小布现场直播封闭过程！#暂别，我的大桥！#	95	397	2891	3383	2
上海发布	2016－6－7 15：38	【2016“魅力上海”城市形象推广活动即将在伦敦拉开帷幕】	1628	462	1245	3335	3
中国广州发布	2016－12－30 20：47	#视觉花城#网友@NK-CHU说：说好要飞遍各大城市，那么先重新认识广州。小布只觉得从这个角度看广州，俩字：震撼!	555	239	1595	2389	4
成都发布	2016－11－17 19：25	#住在成都#树：我承担着这个年纪不该承担的重量……@成都大熊猫繁育研究基地	308	270	1655	2233	5
南京发布	2016－10－28 23：06	【南京，安】南京长江大桥路面一片宁静，仿佛48年来日夜不断的喧嚣从未有过……	636	193	1395	2224	6

续表

政务微博	发布时间	微博主题	转发数	评论数	点赞数	影响力	排名
上海发布	2016－1－4 15：03	【胡歌：希望让越来越多的朋友了解我生长的城市】	610	297	1185	2092	7
成都发布	2016－7－15 21：24	#住在成都#一分钟带你从成都的昨天到今天，夕阳、晚霞、日出、红色四姑娘山……	1137	218	486	1841	8
上海发布	2016－8－22 23：03	【图解：沪城市总体规划（2016－2040），这10张图干货满满！】	1159	240	351	1750	9
上海发布	2016－1－1 8：02	【《日出·上海》大片今晨首发！你绝不能错过的魔都晨曦之美！】	843	132	634	1609	10

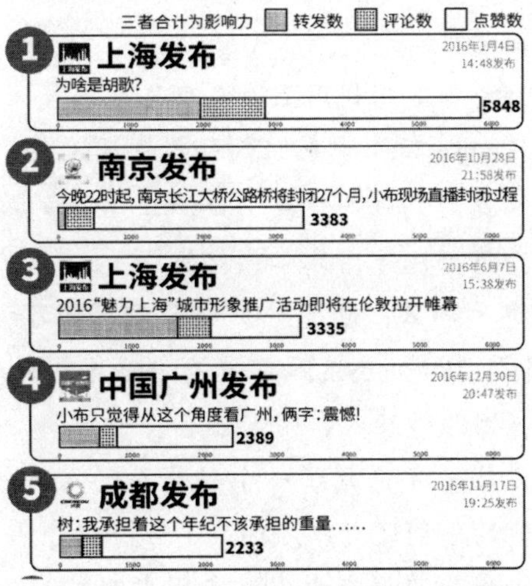

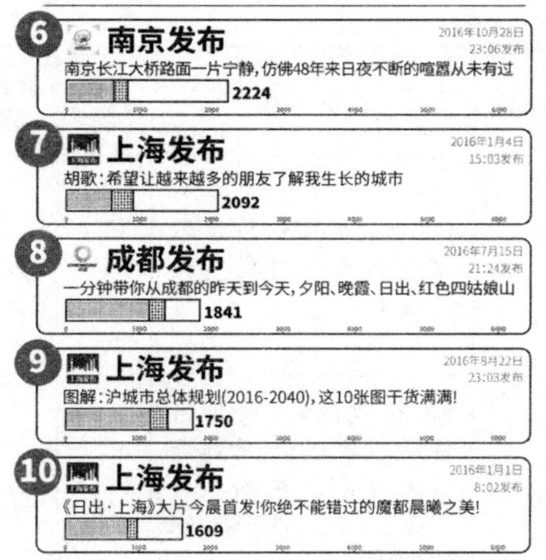

上海发布关于“胡歌”的微博，实际上涉及——省会城市政务微博如何通过发布关于网络大V的信息，利用网络大V的高影响力，从而建构和扩大政务微博自身影响力。

然而，省会城市政务微博由于其身份代表着省会城市的官方机构，因此，发布关于网络大V的信息是存在“顾虑”的。这种顾虑，可以由上海发布主编周凯在接受笔者采访时所言得见一斑：

刘泱育：上海发布与网络大V一般怎样交往？

周凯主编：我们这方面做得不多。一方面确实是因为，可能我们有短板，这个要坦然承认。另一方面，我们也有些顾虑，我们觉得这个网络的大V，他到底是怎样的一种传播动机？

刘泱育：比如，他是不是想利用上海发布这个平台来实现自己的商业目的？

周凯主编：因为我们搞不清楚他们各种各样的动机。对于与他们交往一向都是比较谨慎的。因为我们觉得——我们是一个官方的发布，还是倾向于传递市委和市政府的声音。打个比方，比如网络大V的这条内容挺好的，如果我转发他（她）的这条信息，那么，他（她）以前所发的各种各样的信息，我对他（她）到底应该是一个什么样的态度？不仅是这一类事情，就是说，我们对于很多稿子都会谨慎处理，因为涉及人，网友会有一个预期，（如果）你为某个人发一条什么东西，比如，某一年提到了一个种葡萄的人——谁谁谁，那就代表政府信用为他背书了：他的葡萄还可以。那么，万一这个人的葡萄出了一点问题，如果不好怎么办？如果食药监调查出现一点问题呢？我们不太倾向于政府的信用为任何一个人背书——包括转发他（她）的微博。所以我们在这方面是比较谨慎的。①

虽然存在上述顾虑，但并不意味着省会城市政务微博与网络大V之间完全没有合作的空间。

在新浪微博上拥有超过5700万粉丝的网络大V胡歌，1982年出生于上海市徐汇区，2016年1月，上海市旅游局聘请胡歌担任上海旅游形象大使。为什么聘请胡歌担任上海旅游形象大使？上海市旅游局副局长程梅红解释道：胡歌是地道的上海人，公众形象好，美誉度高，他的生活经历充满正能量，符合上海的城市气质与形象。②

胡歌担任上海市旅游形象大使，这为上海发布编制多条与胡歌有关的微博信息提供了契机，上海发布主编周凯显然对网络大V的影响力有着充分的认知：

我们曾经请过胡歌来做上海旅游形象代言人，当然，这个是官方行为，当时，我们在微博上也发了一条，这条微博的转发五六千③，这不是转我们的信息的，就是转胡歌的呀，他的粉丝很多。

① 据2017年7月13日笔者采访上海发布主编周凯的录音资料整理。

② 据2016年1月4日14：48分上海发布的微博【为啥是胡歌?】。

③ 详见2016年1月4日上海发布微博。

现在新浪微博的娱乐化的倾向越来越严重，关于明星的新闻影响力很大，讨论得无休无止，这也是它们有些娱乐号被关掉的一个原因嘛。

对于我们来说，我觉得没必要去迎合这些东西。我们一开始主打的是那些过千的微博，往前追溯，2012 年和 2013 年的时候，我们也有过转发、评论或点赞过万的帖子。基本上都是外来人员政策呀，领导人峰会放假通知呀，都是这样的一些高民生类的——政策类的这样一些信息，我们觉得这是我们应该做的事情。如果我们现在发的微博——都是——这一条我搭上胡歌了，就影响力过千，那条我搭上 TFBOYS 了，我就影响力过万，那么，我宁可不要这样的微博。①

不难看出，对通过省会城市政务微博发布与网络大 V 有关的信息，周凯始终持谨慎态度，但上海发布的几条与胡歌有关的高影响力微博说明，省会城市政务微博通过发布网络大 V 有关的信息建构和扩大影响力的空间是存在的——寻找城市形象与网络大 V 之间的交集，便是可供参考的实践路径之一。

（二）如何通过城市地标凝聚城市认同

建筑的价值不仅在于其物理属性所承载的实用功能，对于城市而言，建筑也是城市的视觉符号。② 在某种意义上能够作为城市的象征而指称城市。每个省会城市都有一些建筑因其能够指称所在的城市而成为“城市地标”。例如，北京的天安门，上海的东方明珠电视塔，广州的“小蛮腰”，等等。

在 2016 年全国 31 个省会城市政务微博关于“城市”与“城事”的排名前 10 位的高影响力微博中，以作为南京地标的“南京长江大桥”为主题的两条微博入选。这为全国其他省会城市政务微博——如何通过发布“市民与城市地标之间关系”的微博，充分利用“地理媒介”凝聚城市认同③，从而建构影响力提供了启示。

---

① 据 2017 年 7 月 13 日笔者采访上海发布主编周凯的录音资料整理。

② （美）刘易斯·芒福德：《城市文化》，宋俊岭、李翔宁、周鸣浩译，郑时龄校，北京：中国建筑工业出版社，2008 年版，第 437 页。

③ “地理媒介”（Geomedia）的概念由墨尔本大学教授斯科特·麦夸尔（Scott McQuire）提出，参见孙玮主编：《中国传播学评论．第七辑，城市传播：地理媒介、时空重组与社会生活》，上海：复旦大学出版社，2017 年版，第 11 – 36 页。

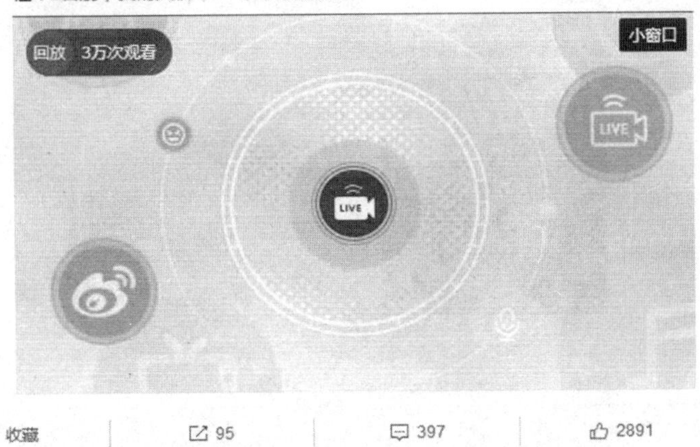

（三）作为城市认同构成要素的城市之美与城事之趣

在美国学者芒福德（Lewis Mumford）看来，“城市就是一个剧场，一个舞台，这包含芒福德的一个极重要的城市观：城市不只具有生产性、服务性的功能，同时也具象征性、表达性功能”。① 在此意义上，无论是“城市之美”，还是“城事之趣”，因其具有象征性和表达性的功能，所以能够作为城市认同的构成要素。

——关于“城事之趣”的高影响力微博，例如，2016 年 1 月 23 日 13：19 分西安发布的微博【西安版《好想你》】，再如，2016 年 7 月 26 日 21：55 分南昌发布的微博【南昌首个城市主题曲出炉，我把南昌唱给你听!】，再如，在 2016 年全国省会城市政务微博关于“城市”与“城事”的排名前 10 位的高影响力微博中，2016 年 11 月 17 日 19：25 分成都发布的微博#住在成都#:

① 于海：《西方城市理论一百年（代序言）》，于海主编：《城市社会学文选》，上海：复旦大学出版社，2006 年版，第 3 页。

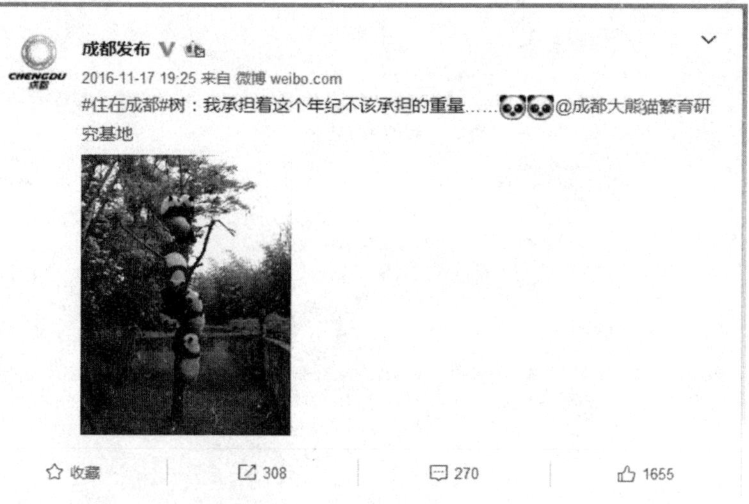

——关于“城市之美”的高影响力微博，例如，2016年7月2日11：30分北京发布的微博【太美了！凌晨俯拍的北京城你见过吗?】，再如2016年2月17日20：36分杭州发布的微博【西湖、断桥、街景…BBC镜头下的杭州，绝!】，又如，在2016年全国省会城市政务微博关于“城市”与“城事”的排名前10位的高影响力微博中，2016年12月30日20：47分中国广州发布的微博#视觉花城#、2016年7月15日21：24分成都发布的微博#住在成都#，以及2016年1月1日8：02分上海发布的微博【《日出·上海》大片今晨首发！你绝不能错过的魔都晨曦之美!】，都是以“城市之美”作为微博的主题，获得了高影响力。

三、“倡议”与“辟谣”——高影响力微博的特征分析

省会城市政务微博，由于其“官方”性质，因此，发布倡导社会主流价值观的“倡议”微博，是题中应有之义。同时，由于省会城市政务微博以“权威发布”作为自我期许和职能目标，针对社会中的谣言，发布“辟谣”微博也是其重要功能。在2016年全国31个省会城市政务微博——所发布的629条关于“倡议”与“辟谣”的影响力指数排名前10位的微博中，南京发布入选的微博最多。详见下表：

政务微博	发布时间	微博主题	转发数	评论数	点赞数	影响力	排名
南京发布	2016－7－1 22：42	【南京，安】江宁大学城知行路和芝兰路路口，一打开窨井下盖的窨井边上，一名城管队员在彻夜守候……#最南京，全民拍# 图：李昆	2658	1047	7301	11006	1
南京发布	2016－7－5 13：40	饭点……#此刻，他们在现场#	4248	1232	3269	8749	2
南京发布	2016－6－6 10：30	一早看到的最正能量的图！	6852	32	216	7100	3
成都发布	2016－7－12 20：26	【习近平：南海诸岛自古以来就是中国领土】	345	350	2507	3202	4
成都发布	2016－4－27 11：42	【3 块钱一斤的樱桃？汗，这是误会啊！】	1718	1031	143	2892	5
杭州发布	2016－7－21 15：01	【致高温下的环卫工】	1037	864	495	2396	6
南京发布	2016－3－6 12：19	你永远是最可爱的，无关岁月	325	121	1693	2139	7
南京发布	2016－12－15 9：33	【坐自动扶梯要“左行右立”？南京地铁：不再提倡！】@南京地铁的检修数据表明，约95%的自动扶梯右侧磨损严重，不再提倡“左行右立”，站稳扶好更重要	1202	751	164	2117	8
成都发布	2016－11－15 20：05	【一条发错了的短信，感人】	588	125	1333	2046	9
南昌发布	2016－4－7 10：00	【爱心凝聚，超万毫升鲜血支撑起生的希望】	970	779	224	1973	10

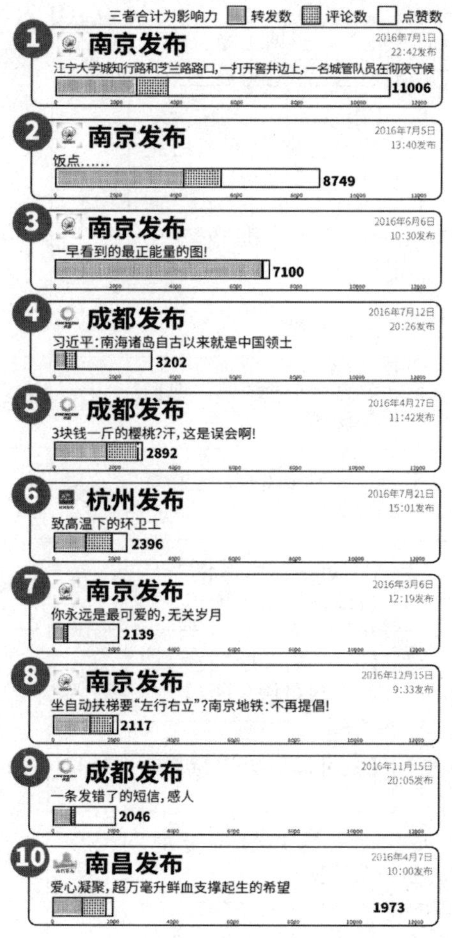

（一）“倡议”：“正能量”的类型与典型的群体

“正能量”本是物理学词汇，自2012年成为中国十大流行语以来，“从领导人在正式场合的发言，到平民百姓在微博上疾书”，“正能量”开始被中国公民密集地使用，在《咬文嚼字》总编辑郝铭鉴看来，“正能量指的是一切予人向上和希望、促使人不断追求、让生活变得圆满幸福的动力和感情。当下，中国人为所有积极、健康的、催人奋进的、给人力量的、充满希望的人和事，都贴上‘正能量’的标签。扶起摔倒的老人，归还捡到的财物，孝敬年迈的父母，帮助需要帮助的人，这都是在传递正能量”。①

① 宋海芽：《“正能量”一词的翻译和语义延伸的认知阐释》，《郑州航空工业管理学院学报（社会科学版）》2013年第3期，第110页。

省会城市政务微博的“倡议”，成为观察城市生活中社会“正能量”体现形式的窗口。其中，南京发布以#恩正南京人#，作为栏目标题推出传播“正能量”的微博。

例如，2016 年 3 月 7 日 16：01 分发布的微博：#恩正南京人#一个普通女环卫阿姨，14 年如一日义务献血，累计献血量相当于五个成年人血量……

再如，2016 年 11 月 8 日 11：38 分发布的微博：【南京一餐馆免费为行乞老人提供饭菜，已坚持 8 年】#恩正南京人#6 日，有市民拍下温馨一幕：鼓楼区中保街一家小餐馆老板娘捧出热气腾腾的饭菜，递给两位行乞老人，这家饭店开业已有 8 年，员工一直主动帮助路过的行乞人员，尤其是行动不便的老人。

又如，2016 年 4 月 22 日，南京发布的如下微博：

南京发布

2016-4-22 13:13 来自 iPhone 6s

#恩正南京人# 毋以善小而不为

@南京广播电视台

【南京老奶奶公交站摆爱心板凳30年：能帮到人说明我活得不错】76岁的蓝奶奶在南京经营报亭，她每天早上把两条木质长板凳摆在附近公交站，晚上再收回去，已坚持了30年。“以前有年纪大的问我借板凳，我就索性从家带了几把板凳来”，“能帮到人，说明我自己活得还不错”。

2016-4-22 13:06 来自 微博 weibo.com 42 | 9 | 70

收藏 | 29 | 17 | 133

在省会城市政务微博所发布的关于“倡议”传递“正能量”的微博中，有一些人群（例如环卫工人、警察、快递员），由于其职业的特殊性，成为被诸多省会城市政务微博所重点关注的对象。

例如，2016 年 7 月 21 日 15：01 分杭州发布的微博【致高温下的环卫工】，引起用户强烈的共鸣，影响力指数达 2396，入选 2016 年全国 31 个省会城市政务微博关于“倡议”与“辟谣”的高影响力微博的前 10 名。

以“警察”为主题的微博，也成为省会城市政务微博传播“正能量”的载体，例如，2016 年 10 月 15 日 19：26 分南京发布的微博【男子发病开不走违停车求别贴单，交警照罚后捐千元援助】，微博内容如下：

近日，因突发大病，车主胡某的面包车无奈违停在南京一处巷内，其女儿专门写了纸条贴在车上，请警察叔叔通融，不要贴单。交警按规定处罚后，考虑胡某家庭陷入困境，自发捐款1000元，希望他能够早日康复。

由于电商行业的迅速发展和城市居民网上购物习惯的养成，省会城市居民的生活越来越离不开快递员的服务。体现在省会城市政务微博上，倡议尊重和感谢“快递员”的“微博，既在传递“正能量”，也在建构着省会城市政务微博的影响力。例如：2016年7月27日13：01分成都发布的微博【高温、暴雨他们仍在奔波 收到快递请说声谢谢】，再如2016年4月30日8：00北京发布的如下微博：

（二）“左行右立”的“倡议”与“辟谣”：未完成的习惯重塑

“在自动扶梯上‘左行右立’早已被大家接受，形成了默契，也基本上被视为一种文明”。① 这种被视为“通行文明”的“左行右立”，自2006年起在我国

① 徐冰：《“左行右立”的规则得改改了》，《发明与创新》2017年第2期，第27页。

被“大力推行”①，在2008年北京奥运会和2010年上海世博会期间，曾被广泛倡导②。

但是，被许多城市居民视为“通行文明”的“左行右立”——“实际是一个陷阱，留出一条通道鼓励乘客在电梯上步行，令人忽略了在高速运转的自动扶梯上步行也是高风险的行为”。③

2016年12月15日9：33分，南京发布的微博【坐自动扶梯要“左行右立”？南京地铁：不再提倡!】，这条微博的转发次数超过1200次，无疑属于高影响力微博。微博中的措辞“不再提倡”，显然表明南京地铁曾经提倡过“左行右立”。如今根据自动扶梯的磨损情况不再提倡，对于省会城市政务微博而言，属于“倡议”与“辟谣”之间的一次同主题转换。这条微博的独特价值在于提示省会城市政务微博运营者，在“倡议”与“辟谣”之间并不存在无法逾越的鸿沟。因此，每次发布关于“倡议”或“辟谣”的微博都需要具体问题具体分析。

同时值得我们注意的是，虽然关于不再提倡“左行右立”，南京发布已经发过微博，但对于2016年人口数量超过800万的南京市而言，关于“左行右立”，迄今只发过一条微博，显然无法实现城市市民整体上“左行右立”习惯的改变，这意味着，无论“倡议”或者“辟谣”，若想取得理想的传播效果，不仅需要省会城市政务微博“发声”，而且需要通过“策划”而“反复”就同一问题发声。

① 张海波：《城市轨道“左行右立”是否必须?》，《运输经理世界》2013年第7期，第93页。

② 吕雪峰：《发展青年社团文化 创建枢纽式服务平台》，《杭州（我们）》2012年第1期，第53页。

③ 钟安萱：《别再争分夺秒了，在扶梯上走动很危险!》，《吉林劳动保护》2016年第2期，第41页。

（三）省会城市政务微博“辟谣”的难点

省会城市政务微博“辟谣”的难点——不仅在于网络谣言的种类繁多，而且也在于如何让用户相信省会城市政务微博的公信力。

1. 网络谣言的种类繁多

网络谣言层出不穷，种类繁多，根据2016年全国31个省会城市政务微博关于“辟谣”的高影响力微博，本研究归纳出如下几种类型的网络谣言，并以南京发布的微博为例：

——网络恶搞型谣言。例如：2016年4月24日19：45分南京发布的微博：

上述微博中，网上热传的处罚决定，内容大意为：

高一（7）班尹翼星，张瑜笛同学，在校期间，多次在宿舍内共上一张床；进入化学实验室拿取50次实验量的钠，引发女厕爆炸；在化学实验室制造并检验氯气；多次在英语课堂上看化学玩魔方；晚自习时进入音乐教育室弹奏钢琴；信息课上攻入并锁定其教师电脑……为严肃校纪，教育本人，警示他人，依据《中学生守则》、《溧水区第二高级中学学生违纪处分细则》等，给予两位同学以留校察看处分云。

——张冠李戴型谣言。例如：2016年5月14日21：14分南京发布的如下微博：

南京发布

2016-5-14 21:14

@济南公安

#微博辟谣#【"电击视频"1月份发生在广东，不是北京！不是警察！】今天，微博和微信流传的所谓雷某嫖娼被"电击"和殴打视频的出处，被蜀黍找到了。原贴是1月发的，广东汕尾的群众抓小偷用私刑的事！跟北京没一毛钱关系！

网页链接

2016-5-14 21:04 来自 HUAWEI Mate S　824 | 308 | 78

收藏 | 126 | 19 | 17

——知识不足型谣言。例如：

南京发布

2016-2-14 11:02 来自 360安全浏览器

#微博辟谣#这个铜鼎上的洞,确实是被侵华日军的炮弹炸的.....

@江苏网警

#微博辟谣# 网易小编一定是铁砂掌，才能把这么重一个铜鼎摸破 @平安江苏 @南京发布

2016-2-14 10:43 来自 iPhone 6　1397 | 361 | 427

收藏 | 123 | 20 | 45

——陈年旧事型谣言。例如：

南京发布

2016-4-25 12:07

//@博物杂志:前年的谣言 网页链接

@猫奴都是抖M

继sb250病毒之后，我妈又给我发了这个。。求辟谣@博物杂志 @江宁公安在线

2016-4-25 11:36 来自 iPhone客户端 2733 | 121 | 136

收藏 | 174 | 3 | 29

——以讹传讹型谣言。例如：

南京发布

2016-6-21 13:29 来自 iPhone 6

→_→又有谣言

@健康金陵

【辟谣！网传6月30日停办独生子女证为虚假消息】近期，一则关于6月30日停办《独生子女父母光荣证》的消息在微信朋友圈流传。"重要通知：都回家看一看有没有独生子女证，没有的赶紧补办，因为到6月30日止永远不办了，退出历史舞台，以后国家给这一代独生子女还有老人不少政策，请大家相互转告。"

今... 展开全文

2016-6-21 10:54 来自 iPhone 6 Plus 175 | 22 | 3

收藏 | 168 | 10 | 14

2. 如何让用户相信省会城市政务微博的公信力：以江宁群众聚集事件为例

2016 年 6 月 7 日晚，南京江宁万达广场发生群众聚集事件，至 23：10 分许群众散去。网络上有谣言传为发生群众聚集打斗，并有人死伤。南京发布于 2016 年 6 月 8 日 00：19 分开始发布多条辟谣微博。但仍然有网友质疑“辟谣”微博。

南京发布于2016年6月8日7：10分在微博中表示，"任何质疑都是对我们工作的鞭策！感谢广大网友对南京的关注！今天，公安部门会还原昨晚现场视频，进一步用事实还原真相：昨晚群众聚集，没有发生冲突！"同日上午11：05分，南京发布转发了关于此次谣言事件的警方通报，用当晚的24张监控视频截图（从19：50开始，每隔10分钟一张截图），证实了网上关于此事所传的为谣言。

同时，由于网上流传着所谓"在江宁聚集中严重受伤"的照片，南京发布于2016年6月8日10：04分发布如下微博：

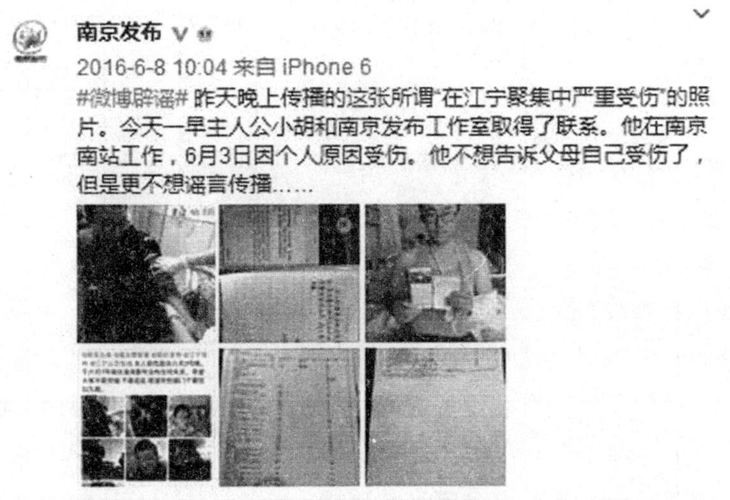

四、"记忆"与"纪念"——高影响力微博的特征分析

在2016年全国31个省会城市政务微博——所发布的关于"记忆"与"纪念"的160条高影响力微博中，南京发布以92条微博的数量排名第1位。并且在关于"记忆"与"纪念"的排名前10位的高影响力微博中，全部来自南京发布，这说明，关于"记忆"与"纪念"的微博是南京发布的优势内容。详见下表：

政务微博	发布时间	微博主题	转发数	评论数	点赞数	影响力	排名
南京发布	2016－12－13 10：04	此刻，敬献花圈，以国家的名义，祭奠侵华日军南京大屠杀遇难同胞……	46919	7153	52286	106358	1
南京发布	2016－12－13 8：27	网上有人问：南京大屠杀和我有什么关系？知乎网友“荒土”给出了这样一个答案。	57980	8839	35836	102655	2
南京发布	2016－12－13 9：49	南京大屠杀死难者国家公祭仪式即将开始……	33539	6082	30752	70373	3
南京发布	2016－12－13 10：38	今天，南京街头……	12000	2271	10204	24475	4
南京发布	2016－12－10 14：04	请扩散：侵华日军南京大屠杀遇难同胞纪念馆可以称南京江东门纪念馆，但不能称南京大屠杀纪念馆！南京大屠杀死难者国家公祭日，不能称南京大屠杀纪念日！网络文字容易随意，这两个名字，一个字都不能漏！	6374	646	2317	9337	5
南京发布	2016－12－13 11：11	国家公祭仪式结束，现场放飞了3000只和平鸽。纪念不是为了延续仇恨，而是为了让我们明白和平的可贵。愿战争的可怕，永远不再发生！	3644	626	4225	8495	6

续表

政务微博	发布时间	微博主题	转发数	评论数	点赞数	影响力	排名
南京发布	2016－12－13 7：13	【下半旗】#国家公祭日#清晨，小雨。来自北京的国旗护卫队，在侵华日军南京大屠杀遇难同胞纪念馆将国旗升起后又徐徐降下。我们为死难同胞下半旗致哀。	4207	445	2748	7400	7
南京发布	2016－12－13 8：12	地处北纬50度线上的“黑河好八连”两位哨兵正在用“白雪黑字”方式悼念……	1649	228	4561	6438	8
南京发布	2016－12－13 12：23	南京的那个时候和这个时候……#国家公祭日#	3680	367	1006	5053	9
南京发布	2016－8－15 15：44	【日本“南京心连心”访华团来宁】今天是日本无条件投降日，日本神户“南京心连心会”第20次访华团一行39人，到访@侵华日军南京大屠杀遇难同胞纪念馆 参加和平集会，悼念南京大屠杀30万遇难者，祈祷世界和平。	2978	173	1001	4152	10

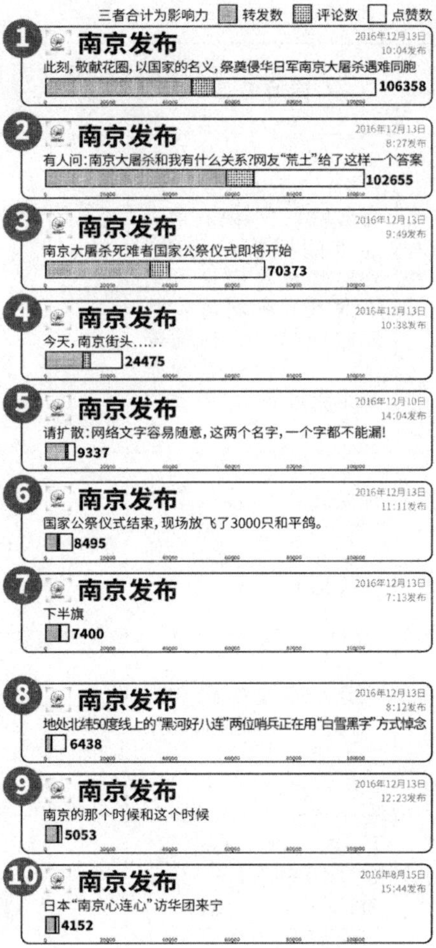

三者合计为影响力 转发数 评论数 点赞数

1 南京发布 2016年12月13日 10:04发布
此刻，敬献花圈，以国家的名义，祭奠侵华日军南京大屠杀遇难同胞
106358

2 南京发布 2016年12月13日 8:27发布
有人问：南京大屠杀和我有什么关系?网友"荒土"给了这样一个答案
102655

3 南京发布 2016年12月13日 9:49发布
南京大屠杀死难者国家公祭仪式即将开始
70373

4 南京发布 2016年12月13日 10:38发布
今天，南京街头……
24475

5 南京发布 2016年12月10日 14:04发布
请扩散：网络文字容易随意，这两个名字，一个字都不能漏！
9337

6 南京发布 2016年12月13日 11:11发布
国家公祭仪式结束，现场放飞了3000只和平鸽。
8495

7 南京发布 2016年12月13日 7:13发布
下半旗
7400

8 南京发布 2016年12月13日 8:12发布
地处北纬50度线上的"黑河好八连"两位哨兵正在用"白雪黑字"方式悼念
6438

9 南京发布 2016年12月13日 12:23发布
南京的那个时候和这个时候
5053

10 南京发布 2016年8月15日 15:44发布
日本"南京心连心"访华团来宁
4152

（一）全民参与的“国家公祭日”

2014 年 2 月 27 日，十二届全国人大常委会第七次会议经表决通过，将 12 月 13 日设立为南京大屠杀死难者国家公祭日。2014 年 12 月 13 日，中共中央总书记、国家主席、中央军委主席习近平在南京参加首个南京大屠杀死难者国家公祭日。在 2016 年全国 31 个省会城市政务微博——所发布的关于“记忆”与“纪念”的排名前 10 位的高影响力微博中，主题全部是南京发布关于“国家公祭日”的微博。

实际上，关于“国家公祭日”的微博不仅仅是南京发布的优势内容，也是全国多个省会城市政务微博共同参与的纪念仪式。

例如，上海发布于 2016 年 12 月 13 日 7：55 分发布的微博【民族之殇，祭

之以国：今天是南京大屠杀79周年】

再如，2016年12月13日7：02分杭州发布的微博#早安杭州#今天是南京大屠杀死难者#国家公祭日#，南京上空的警报将再次鸣响，我们以国家的名义祭奠，是为了历史不再重演！悼念同胞，祈愿和平！

又如，2016年12月13日13：32分成都发布的微博：

（二）国家领导人与周期性纪念

国家领导人的出生日与逝世日，会引发省会城市政务微博周期性的纪念。例如纪念毛泽东和周恩来等领导人的微博。

——纪念周恩来的微博

例如，2016年1月8日9：17南京发布的微博#周总理辞世40周年#鞠躬尽瘁好总理！

（三）城市人物

城市人物既包括为公众所熟知的名人，也包括不为公众所熟知，但为城市做出过特殊贡献的普通人。

为公众所熟知的名人，例如，2016年3月4日8：29分上海发布的微博：【“中国之莺”周小燕在沪去世】今天凌晨0：32，我国著名的女高音歌唱家、声乐教育家、上海音乐学院终身教授周小燕先生因病去世……

再如，中国广州发布于2016年4月24日16：15分发布的#当年今日#【纪念中国铁路之父詹天佑】……1919年的今天，詹天佑病逝，纪念！詹公故居就位于荔湾区恩宁路十二甫西街芽菜巷42号，行过恩宁路的街坊不妨去看看。

又如，2016年3月11日8：05分天津发布的微博：

【今天，一起为赵丽蓉发条微博】1928年今天，著名小品演员赵丽蓉出生。

1988 年，60 岁的她才首次登上春晚……2016 年 7 月 17 日 12：30 分天津发布的微博：【今天，发条微博纪念赵丽蓉老师】#午休分享#……16 年前的今天，赵丽蓉离世，怀念她曾给我们的笑声与感动！via@ 人民网

不为公众所熟知，但为城市做出过特殊贡献的普通人——例如：

天津发布

2016-9-23 12:30 来自 微博 weibo.com

【今天，发条微博，缅怀白方礼】#午休分享#74岁时他开始蹬三轮赚钱，捐给贫困学生，近20年，35万。那个冬天，他向天津耀华中学老师递上饭盒里的500元："我干不动了，以后不能再捐了……"2005年的今天，92岁的白方礼安详离开。"有白爷爷一天在蹬三轮，就有娃儿上学的钱……"今天，怀念，致敬！

收藏 | 288 | 190 | 715

（四）城市“历史上的今天”

每个省会城市在历史上都有一些特殊的日子，这些特殊的日子，作为“历史上的今天”，或者“当年今日”——每年都会出现，因而成为省会城市政务微博开展“周期性地纪念”的契机。

例如，2016 年 5 月 3 日 13：10 杭州发布的微博：【5 月 3 日——杭州解放 67 周年纪念日】。

2016 年 4 月 23 日 7：30 南京发布的微博【南京解放 67 周年】

南京发布

2016-4-23 07:30 来自 微博 weibo.com

【南京解放６７周年】钟山风雨起苍黄，百万雄师过大江。虎踞龙盘今胜昔，天翻地覆慨而慷。宜将剩勇追穷寇，不可沽名学霸王。天若有情天亦老，人间正道是沧桑。

收藏 | 147 | 136 | 200

再如，2016 年 9 月 26 日 9：50 杭州发布的微博：【钱塘江大桥，79 岁生日快乐】#关注#1937 年 9 月 26 日，钱塘江大桥建成通车，由茅以升主持修建……

又如，2016 年 12 月 9 日 8：00 北京发布的微博：【今天，转发纪念“一二九”抗日救亡运动】

再如，2016 年 10 月 17 日 18：20 北京发布的微博：【10 月 18 日罹难日 圆明园免费开放】#历史记忆#10 月 18 日，圆明园将迎来罹难 156 周年纪念日，圆明园遗址公园在当天向公众免费开放……

（五）城市的老建筑与城市记忆

每个省会城市的有历史的建筑，也会成为省会城市政务微博发布关于“城市记忆”的切入点。

例如：2016 年 11 月 4 日 16：20 分南京发布的微博【南京西站要搬迁了！】老南京们都知道南京西站，也叫下关火车站，1908 年建成投用，已经有百年历史……

再如：2016 年 2 月 20 日 13：56 上海发布的微博：

上海发布

2016-2-20 13:56 来自 微博 weibo.com

【上海的这些老房子留下"女神"的传说】#上海记忆#在上海美人所有的传奇里面，上世纪二十年代到四十年代的那部分最为精彩，四川北路1906弄的胡蝶、新闸路1124弄9号——沁园中的阮玲玉、华山路枕流公寓的周璇……是无数人心中的女神。让我们跟着@乐游上海 一起来看看还有哪些地方能寻到女神们的芳踪？

收藏 | 106 | 16 | 115

第三章　作为“理性人”的政务微博的有限理性：基于共享偏好的事件分析

如果从经济学的视角出发，将省会城市政务微博视为“理性人”，那么，作为“理性人”的省会城市政务微博在日常运营中，其“理性”发挥的程度如何？是否还存在进一步提升和改进的空间？抑或其“理性”已经充分发挥？

本章选择对于省会城市政务微博而言乃是其“共享偏好”① 的四个事件，来审视作为“理性人”的政务微博的“有限理性”的具体呈现，并提出对策建议。

其中，国务院《政府工作报告》是每个省会城市政务微博都有责任和义务进行传播的。上海发布、南京发布、成都发布——作为我国省会城市政务微博影响力指数排行榜的前三名，本研究分别选择一个事件作为切入点检视其“有限理性”。其中，通过“奥运会”传播来考察上海发布作为“理性人”的理性表现，通过“国家公祭日”传播来考察南京发布作为“理性人”的理性体现，无论“奥运会”还是“国家公祭日”，两者都同“国务院《政府工作报告》”一样，属于每个省会城市政务微博都应重视的“周期性”出现的事件类型，而“成都女司机被打事件”则代表着省会城市中的“突发公共事件”类型，以此作为切入点来考察成都发布作为“理性人”的理性表现。

---

① “共享偏好”即“人们为某种特定新闻类型表现出的喜好程度”，对某种特定新闻类型有着共同的兴趣。

参见（美）詹姆斯·T·汉密尔顿：《有价值的新闻》，展宁，和丹译，杭州：浙江大学出版社，2016 年版，第 28－32 页。

第一节　政务微博传播国务院《政府工作报告》时的生产函数①

在经济学家看来，任何创造价值的活动都是生产。政务微博发布微博属于创造价值的活动，自然也属于经济学意义上的“生产”活动。因而可以运用经济学关于“生产”的理论来审视政务微博的“生产”活动。

本节以经济学的“生产函数”概念作为研究的切入点，并结合传播学的“议程设置”“消息源”和“新闻本质”等具体的理论工具，通过省会城市政务微博如何传播国务院的中央政府工作报告的实证分析——来审视构成政务信息传播的生产函数的各种生产要素如何组合，才能够实现我国地方政务微博“上情下达”传播效能的最优化。

如所周知，经济学中的“生产函数”是指在一定时期内、在技术水平不变的情况下，生产中所使用的各种生产要素的数量与所能生产的最大产量之间的关系。在本研究中，对于政务微博的信息发布而言，“技术水平不变”主要是指微博的技术层面设计的功能不变；并将政务微博在“生产中所使用的各种生产要素”，限定在“原创微博”和“转发微博”等特定的信息传播方式和特定的信息构成内容上。

“上情下达”是我国地方政务微博的重要职责。自 2010 年 6 月 23 日“成都发布”开通，至 2015 年 10 月 20 日“海口发布”上线，我国 31 个“省会城市”官方微博皆已进驻新浪平台。2016 年 3 月 5 日，李克强总理代表国务院作了年度中央政府工作报告。至此，基于 31 个省会城市政务微博如何传播中央政府工作报告——来研究我国地方政务微博“上情下达”传播效能的条件，已经具备。

一、研究样本与研究方法

（一）研究样本

1. 省会城市政务微博

本研究中的“省会城市”，在内涵上是指内地 31 个省域（不含我国台湾、香港和澳门）的省会、直辖市和自治区的首府。

“政务微博”，虽然按照微博主可以划分为“党政机构微博”和“党政干部

① 本节的部分内容曾以《我国地方政务微博“上情下达”传播效能研究——基于 31 个省会城市传播中央政府工作报告的实证分析》为题，发表于《新闻大学》2017 年第 1 期。

微博”两类，① 但是却不宜将所有“党政干部微博”都视为政务微博，因为许多党政干部“实名认证的微博发布的内容与政务关联甚少”。② 选作本研究样本的“政务微博”，不但专指“党政机构微博”，而且特指由全国各个城市的市委宣传部、市政府新闻办公室，或市互联网信息管理办公室在新浪平台上开办并通过认证的外宣类官方微博。省会城市的官方微博则是此类地方政务微博的代表。

之所以选择省会城市政务微博作为研究我国地方政务微博“上情下达”的样本，乃是因为：在运营质量上，31 个省会城市政务微博在某种意义上能够代表我国地方党政微博的最高水平——例如，截至 2016 年 4 月 15 日，经新浪平台认证的政务微博达到 156645 个，而在全国十大党政新闻发布政务微博中，省会城市政务微博占有 7 席——上海发布、南京发布、成都发布位居前三名，在前十名中，还有中国广州发布（第 6 名）、北京发布（第 7 名）、天津发布（第 8 名），和杭州发布（第 10 名）。③

2. 中央政府工作报告

中央政府工作报告是国务院回顾和总结上一年度工作的重要文献，在时间上提出关乎新的一年国家发展的主要预期目标（国内生产总值增长目标、居民消费价格涨幅控制目标、城镇新增就业目标，等等），在空间上推出事关全国各省市的诸项新的政策和改革措施，涉及经济增长、改善民生、保护环境和加强政府自身建设等各个方面④——而这些，关乎每一个公民的福祉。

自 1954 年以来，除特殊时期以外，总理每年都要代表国务院作一次政府工作报告，因此，自 2011 年“政务微博元年”至 2016 年（本研究样本选择的截止时间），如何发布和解读中央政府工作报告，便成为我国地方政务微博需要面对的周期性的“上情下达”传播命题。

（二）研究方法

针对要研究的问题，本研究采用定性研究与定量研究相结合的内容分析法（content analysis）。内容分析法作为一种“非直接介入的分析方法，有助于研究

---

① 张志安，曹艳辉主编：《政务微博微信实用手册》，广州：南方日报出版社，2014 年版，第 13 - 14 页。

② 陈静，袁勤俭：《国内外政务微博研究述评》，《情报科学》2014 年第 6 期。

③ 参见：《2016 年第一季度人民日报·政务指数微博影响力报告》，http：//m. weibo. cn/app/1460777170367301 81.

④ 国务院研究室编写组：《十二届全国人大四次会议 <政府工作报告> 辅导读本》，北京：人民出版社，2016 年版。

人员在研究过程中保持客观中立的态度”，与问卷调查法或案例研究法相比较而言，不但能够“更为客观地对事实进行分析破解从而获得结论”，而且可以“持续处理大量且长时期的数据”。①

新华社于2016年3月17日全文播发了2016年中央政府工作报告。在31个省会城市的新浪官方微博中，首先，分别以“政府工作报告”作为关键词进行微博搜索，并通过数据清洗——除去同一条微博中重复出现的“政府工作报告”，共获得1257条微博，其中，传播“地方政府工作报告”的微博704条，传播“中央政府工作报告”的微博553条（见表1）。

表1 中央政府工作报告与地方政府工作报告在省会城市政务微博上的发布条数

政务微博	中央政府工作报告	地方政府工作报告	政务微博	中央政府工作报告	地方政府工作报告
北京发布	47	177	南京发布	10	10
长春发布	38	4	南宁发布	13	4
长沙发布	6	5	上海发布	30	21
成都发布	57	59	沈阳发布	10	18
重庆微发布	49	62	石家庄发布	0	6
福州发布	6	26	太原发布	0	2
贵阳发布	17	11	天津发布	20	12
哈尔滨发布	9	14	微博济南	25	40
海口发布	5	3	乌鲁木齐发布	6	9
杭州发布	7	13	武汉发布	24	21
合肥发布	49	2	西安发布	27	26
呼和浩特发布	8	18	夏都西宁	2	6
昆明发布	10	52	银川发布	2	19
拉萨发布	7	11	郑州发布	11	4
兰州发布	24	12	中国广州发布	18	17
南昌发布	16	20	微博条数总计	553	704

其次，分别对每个省会城市传播中央政府工作报告的每条政务微博，按照

① 刘伟：《内容分析法在公共管理学研究中的应用》，《中国行政管理》2014年第6期。

“消息来源”进行数据结构化处理，获得“原创微博”与“转发微博”的数据。

第三，对于转发微博的消息来源进行分类统计，获知被转发的高影响力的重要消息来源。

第四，对高影响力消息来源的数据进行文本分析和类别抽象，得出高影响力微博生产的学理依据。

二、分析政务信息传播的“生产要素”所用的理论工具

研究地方政务微博“上情下达”的传播效能，首先便面临一个问题，对于“上情”（例如“中央政府工作报告”）——地方政务微博“下达”（传播）了没有？而议程设置理论（Agenda - Setting），聚焦的便是媒介对于特定内容传播与否，不但能够影响公众对于特定内容重要性的认知，而且媒介对于特定内容的属性的强调或省略，也会影响公众。在学术图谱上，我们把聚焦的是媒介向公众传播的对象的显著性（salience of objects）称为议程设置理论发展的第一层，而把研究的是媒介向公众传播的对象的属性的显著性（salience of attributes），称为议程设置理论发展的第二层。①

就地方政务微博“上情下达”的内容生产而言，除了“原创”微博，还有“转发”微博。对于“转发”微博来讲，不但涉及“消息来源”，而且还需探讨“转发”的原因——亦即，具备什么特质的信息内容能够引起转发者的兴趣？因此，除了“议程设置”理论之外，本研究在理论视阈上不仅需要借助“消息来源的‘适用性’”理论，而且还需要引入“新闻本质”理论。

美国社会学家甘斯发现，媒体存在着关于消息来源的“适用性”考量：(1）过往的适用性——“如果消息来源曾在过去提供过变成合适的新闻故事的消息，他们便可能被再次选中，直到最终成为常规性的消息来源”；(2）生产能力——消息来源“能够提供大量信息同时又不过分消耗新闻记者的时间与精力”；(3）可靠性——“新闻选择者需要的是可靠的消息来源”；(4）可信赖性——即值得信赖的“力图准确以及具备诚实这一最重要品质的消息来源”；(5）权威性——“新闻从业者倾向于选择占据具有权威与责任的官方职务的消息来源”；(6）表达清晰性——消息来源“必须能够令自己的观点尽可能地简练，

① 刘海龙：《大众传播理论：范式与流派》，北京：中国人民大学出版社，2008 年版，第 229 - 231 页。

而且最好尽可能地富有戏剧性”。①

人们对于何种新闻最感兴趣？为回答这一问题，美国传播学者休梅克在1996年构建了“新闻本质”理论，从“异常性”与“重要性”（社会意义）两个维度对此进行了回答。研究发现，如果一条新闻既具有很大程度的异常性又具有社会意义，那么，它将会获得最显著的传播。② 1999年至2005年，休梅克组织学者在全球10个国家（包括中国在内）开展研究对这一理论进行检验，除了证实“异常性”与“重要性”具有普遍的解释力之外，还增加了新的维度对原有理论进行修正：事件的“复杂性”——“事件的异常性与社会意义越多元就越复杂，人们就视之越有新闻价值”。③

三、研究发现

（一）超过半数的省会城市政务微博在传播中央政府工作报告时缺乏议程设置的连续性

在议程设置理论的学术思想史上，科恩（Benard Cohen）曾指出，“新闻界在多数时间里告诉人们该怎样想时可能并不成功，但它在告诉读者该思考什么时，却是令人惊奇地获得了成功”。④ 据此而论，省会城市政务微博传播中央政府工作报告，虽然在影响粉丝怎样想方面的效果难以测量，但是至少可以影响粉丝想什么，即如议程设置理论的第一层所言，注意到“媒介向公众传播的对象的显著性”，因此，其传播中央政府工作报告具有政治传播“上情下达”的积极意义。

然而细察2010年以来我国陆续开通的政务微博，却发现超过半数（16个）省会城市政务微博在传播中央政府工作报告时缺乏连续性——即并非每年都传播中央政府工作报告。这表明，省会城市政务微博在传播中央政府工作报告时缺乏制度性保障，每年“传”与“不传”中央政府工作报告，实际上处于随意

---

① （美）赫伯特·甘斯：《什么在决定新闻》，石琳，李红涛译，北京：北京大学出版社，2009年版，第160－164页。

② （美）帕梅拉·休梅克，（以）阿基·巴科恩主编：《全球新闻传播：理论架构、从业者及公众传播》，刘根勤，周一凝，李紫鹏译，杭州：浙江大学出版社，2016年版，第13页。

③ （美）帕梅拉·休梅克，（以）阿基·巴科恩主编：《全球新闻传播：理论架构、从业者及公众传播》，刘根勤，周一凝，李紫鹏译，杭州：浙江大学出版社，2016年版，第349－355页。

④ （美）迪林，罗杰斯：《传播概念·Agenda－Setting》，倪建平译，上海：复旦大学出版社，2009年版，第1页。

状态（见表2）。

表2 每年3月5日时已开通的省会城市政务微博传播中央政府工作报告的连续性分析

连续传播 / 政务微博	连续	开通时间	11年	12年	13年	14年	15年	16年	连续传播 / 政务微博	连续	开通时间	11年	12年	13年	14年	15年	16年
北京发布	—	2011.11.17		0	6	10	18	13	南京发布	—	2011.4.12		0	4	5	0	1
长春发布	✓	2013.4.8				1	2	35	南宁发布	✓	2013.12.16				1	11	1
长沙发布	—	2013.4.18				5	0	1	上海发布	✓	2011.11.28		9	4	4	5	8
成都发布	✓	2010.6.23	10	4	6	7	21	9	沈阳发布	—	2012.7.19			0	5	4	1
重庆微发布	✓	2011.5.19		10	6	17	11	5	石家庄发布	—	2012.9.24			0	0	0	0
福州发布	—	2012.2.29		0	2	3	1	0	太原发布	—	2013.2.26			0	0	0	0
贵阳发布	—	2012.3.4		1	0	1	12	3	天津发布	—	2011.11.25		8	2	2	0	8
哈尔滨发布	—	2012.11.16			0	4	0	5	微博济南	✓	2013.1.18			1	4	10	10
海口发布	✓	2015.10.20						5	乌鲁木齐发布	—	2012.3.5		0	0	1	2	3
杭州发布	✓	2014.8.19					2	5	武汉发布	✓	2013.7.5				16	4	4
合肥发布	—	2011.9.17		0	0	45	1	3	西安发布	✓	2013.11.20				7	9	11
呼和浩特发布	✓	2014.8.7					7	1	夏都西宁	—	2013.10.31				0	2	0
昆明发布	✓	2013.9.26				3	1	6	银川发布	—	2010.12.7	0	0	0	0	0	2
拉萨发布	✓	2014.1.6				1	4	2	郑州发布	✓	2011.11.1		1	1	5	2	2
兰州发布	—	2012.4.22			0	0	0	24	中国广州发布	✓	2011.12.19		1	1	4	5	7
南昌发布	—	2012.3.29			0	3	10	3	连续传播中央政府工作报告的省会城市政务微博数	15	年度传播中央政府工作报告的省会城市政务微博数	1	7	10	23	22	27

值得肯定的是，有的政务微博自开通以来，虽然在传播中央政府工作报告时存在过不连续的问题，但随着政务微博运营制度化的健全，最近几年却呈现出连续传播中央政府工作报告的积极变化，例如"北京发布""贵阳发布""乌鲁木齐发布"，等等。

（二）省会城市政务微博传播中央政府工作报告的"原创微博"远少于"转发微博"

省会城市政务微博传播中央政府工作报告的方式可以分为"原创微博"和"转发微博"两类。

本研究中所谓的"原创微博"，是指非转发自其他消息源的微博。在进行数据归类和分析时，其标志是直接以省会城市"@某某发布"为印记的微博数据（包括文字、图片、图表、声音、动画以及视频，等等）。例如，在研究"北京发布"时，微博的消息来源只标记为"@北京发布"的，在本研究中，即视其为非转发自其他消息源的"原创微博"。

自2011年至2016年，在省会城市政务微博传播中央政府工作报告的553条微博中，原创微博只有108条，转发微博达445条。整体上看，省会城市传播中央政府工作报告的微博原创率不足20%（19.53%）（见表3）。

表3　中央政府工作报告在省会城市政务微博上的传播方式

政务微博	原创微博	转发微博	政务微博	原创微博	转发微博
北京发布	19	28	南京发布	2	8
长春发布	0	38	南宁发布	0	13
长沙发布	0	6	上海发布	15	15
成都发布	11	46	沈阳发布	5	5
重庆微发布	12	37	石家庄发布	0	0
福州发布	0	6	太原发布	0	0
贵阳发布	1	16	天津发布	4	16
哈尔滨发布	5	4	微博济南	2	23
海口发布	0	5	乌鲁木齐发布	0	6
杭州发布	2	5	武汉发布	2	22
合肥发布	2	47	西安发布	5	22
呼和浩特发布	3	5	夏都西宁	0	2
昆明发布	1	9	银川发布	0	2
拉萨发布	0	7	郑州发布	6	5
兰州发布	6	18	中国广州发布	2	16
南昌发布	3	13	微博条数总计	108	445

为了分析的方便，本研究把省会城市政务微博开通以来出现过的“3月”，定义为审视其传播中央政府工作报告的“原创微博观测窗口”。除少数省会城市的政务微博（如“上海发布”）之外，省会城市政务微博的原创力整体上较弱，而转发来自其他消息源的微博（即“转发微博”）——则是2011年至2016年我国省会城市政务微博传播中央政府工作报告时采用的主要方式（见表4）。

表4　省会城市政务微博传播中央政府工作报告的原创微博数量

原创数量/政务微博	11年	12年	13年	14年	15年	16年	合计	原创数量/政务微博	11年	12年	13年	14年	15年	16年	合计
北京发布		0	6	8	2	3	19	南京发布		0	1	1	0	0	2
长春发布				0	0	0	0	南宁发布				0	0	0	0
长沙发布				0	0	0	0	上海发布		3	1	2	3	6	15
成都发布	10	1	0	0	0	0	11	沈阳发布			0	4	0	1	5
重庆微发布		10	0	0	1	1	12	石家庄发布			0	0	0	0	0
福州发布		0	0	0	0	0	0	太原发布			0	0	0	0	0
贵阳发布		0	0	0	1	0	1	天津发布		0	0	1	0	3	4
哈尔滨发布			0	3	0	2	5	微博济南			0	1	0	1	2
海口发布						0	0	乌鲁木齐发布		0	0	0	0	0	0
杭州发布					1	1	2	武汉发布				1	0	1	2
合肥发布		0	0	0	0	2	2	西安发布				3	1	1	5
呼和浩特发布					2	1	3	夏都西宁				0	0	0	0
昆明发布				0	0	1	1	银川发布	0	0	0	0	0	0	0
拉萨发布				0	0	0	0	郑州发布		1	1	2	2	0	6
兰州发布			0	0	0	6	6	中国广州发布		1	0	1	0	0	2
南昌发布			0	0	2	1	3	原创微博总计	10	16	9	27	15	31	108

（三）省会城市政务微博转发有关中央政府工作报告微博的“消息来源”主要来自四大媒体

31个省会城市在2011年至2016年间转发的传播中央政府工作报告的445条微博中，来自@人民日报（人民日报客户端、人民网）等全国性媒体的微博达309条，约占总转发微博数的70%（69.44%）；来自地方性媒体的微博为136条，约占30%（30.56%）（见表5）。

表5 省会城市政务微博转发中央政府工作报告的消息来源

政务微博	全国性媒体（条）	地方性媒体（条）	政务微博	全国性媒体（条）	地方性媒体（条）
北京发布	19	9	南京发布	7	3
长春发布	38	0	南宁发布	11	2
长沙发布	5	1	上海发布	13	2
成都发布	34	12	沈阳发布	5	0
重庆微发布	27	10	石家庄发布	0	0
福州发布	6	0	太原发布	0	0
贵阳发布	13	3	天津发布	2	14
哈尔滨发布	4	0	微博济南	20	3
海口发布	5	0	乌鲁木齐发布	0	6
杭州发布	5	0	武汉发布	21	1
合肥发布	2	45	西安发布	20	2
呼和浩特发布	5	0	夏都西宁	2	0
昆明发布	4	5	银川发布	2	0
拉萨发布	3	4	郑州发布	3	2
兰州发布	10	8	中国广州发布	13	3
南昌发布	12	1	微博条数总计	309	136

而在全国性媒体中，@人民日报（人民日报客户端、人民网）、@中国政府网（国务院客户端）、@新华视点（新华社、新华网）、@央视新闻（央视网、央视）等四大中央级媒体生产的内容，成为省会城市政务微博的主要转发源（见表6）。

表6　省会城市政务微博转发信息的四大消息来源及其影响力分布表

消息来源 政务微博	@人民日报/人民网/人民日报客户端	@中国政府网/中国政府网/国务院客户端	@央视新闻/央视网/央视	@新华视点/新华网/新华社	消息来源 政务微博	@人民日报/人民网/人民日报客户端	@中国政府网/中国政府网/国务院客户端	@央视新闻/央视网/央视	@新华视点/新华网/新华社
北京发布	1/0/0	13/0/0	0/0/1	0/1/0	南京发布	4/0/0	0/0/0	0/0/0	1/1/0
长春发布	2/0/0	0/0/0	36/0/0	0/0/0	南宁发布	1/0/0	0/0/0	1/1/0	1/3/0
长沙发布	2/0/0	1/0/0	1/1/0	1/0/0	上海发布	2/2/0	2/5/0	0/2/0	0/7/0
成都发布	16/4/1	1/0/0	4/1/1	0/5/1	沈阳发布	3/0/0	1/0/0	0/0/0	0/1/0
重庆微发布	18/0/0	1/0/0	2/0/0	7/2/0	石家庄发布	0/0/0	0/0/0	0/0/0	0/0/0
福州发布	3/0/0	1/1/0	1/0/0	0/0/0	太原发布	0/0/0	0/0/0	0/0/0	0/0/0
贵阳发布	0/5/0	0/0/0	0/0/0	0/2/2	天津发布	1/0/0	0/0/0	0/1/1	0/2/0
哈尔滨发布	0/1/0	0/1/0	0/0/0	0/3/0	微博济南	4/1/0	8/0/0	3/2/0	0/0/0
海口发布	3/0/0	0/0/1	1/0/0	0/0/0	乌鲁木齐发布	0/0/0	0/0/0	0/0/0	0/0/0
杭州发布	0/0/1	1/0/0	2/0/0	0/0/0	武汉发布	4/0/0	14/0/0	1/0/0	0/0/0
合肥发布	0/0/0	0/0/0	0/0/0	0/0/0	西安发布	7/0/0	3/1/1	0/6/0	1/0/0
呼和浩特发布	3/0/1	0/0/0	1/0/0	0/0/0	夏都西宁	0/1/0	0/0/0	0/1/0	0/0/0
昆明发布	2/1/0	1/0/0	0/0/0	0/1/0	银川发布	0/0/0	2/0/0	0/0/0	0/0/0
拉萨发布	1/0/0	0/0/0	0/0/0	0/2/0	郑州发布	0/2/0	0/0/0	0/0/0	0/1/0
兰州发布	5/0/0	0/1/0	1/0/0	0/4/0	中国广州发布	9/0/0	1/1/1	1/0/0	0/1/0
南昌发布	7/0/0	1/0/0	2/0/0	2/0/0	合计	98/17/3	51/10/3	57/15/3	13/36/3
					影响省市数量	26市	18市	19市	18市

需要说明的是，一条转发微博，可能有两个消息来源，例如“长沙发布”和“天津发布”转发的微博，有时就注明此条微博的消息来源为“@中国政府网”和“央视”，有时则注明消息来源为“央视网”和“新华网”，而“重庆微发布”和“福州发布”等转发的微博，有时的消息来源则为“@中国政府网-新华网”或者“中国政府网，新华网全国两会联合现场直播”。

（四）省会城市政务微博转发的信息是依据“新闻本质”理论生产的内容

在31个省会城市政务微博的“消息来源”中，“@人民日报”作为消息来源被省会城市政务微博转发的传播中央政府工作报告的信息最多。其生产的关于中央政府工作报告的微博内容——被省会城市政务微博转发总计达到98条/次。而被转发到达省会城市的数量则为21市，约占省会城市总数的三分之二。

“@人民日报”生产的三大类关于中央政府工作报告的微博内容是省会城市政务微博在转发时最感兴趣的：（1）从大处着眼“化繁为简”解读中央政府工作报告“说了什么”？（本研究称其为“A类信息”）例如，“9张图带你读懂政府工作报告”，“1张图带你读懂政府工作报告”。（2）从小处着手解读中央政府工作报告中出现的新词汇是什么含义？（本研究称其为“B类信息”）例如，总理政府工作报告中的新词翻译、热词翻译。（3）解读中央政府工作报告“和

‘我’有什么关系”？（本研究称其为“C类信息”）例如，20句话看政府工作报告如何影响你的生活？从总理政府工作报告中看这些行业最有“钱景”。

这三大类信息被省会城市政务微博转发的次数累计都超过了10次，而其令省会城市政务微博在转发时最感兴趣并非偶然，休梅克创建并检验和修正的“新闻本质”理论可以较好地为我们解释其中的原因（见表7）。

表7　省会城市政务微博在传播中央政府工作报告时转发最多的三类微博信息

类别	高转发微博主题与关键词		政务微博	转发时间	新闻本质理论
A类信息	9张图	【9张图，读懂政府工作报告】	北京发布，成都发布，海口发布，中国广州发布	2016.3	复杂性
		#政府工作报告#【9张图，帮你读懂政府工作报告】	福州发布，呼和浩特发布，沈阳发布，中国广州发布	2015.3	
		#政府工作报告#【9张图帮你读懂政府工作报告】	福州发布，南昌发布，微博济南，西安发布，中国广州发布	2014.3	
	一张图	#全国两会#【36个关键数字，一图帮你看懂2016政府工作报告!】	兰州发布，微博济南	2016.3	
		#关注两会#【50个数字，一张图，帮你看懂2015#政府工作报告#】	成都发布，重庆微发布，呼和浩特发布，沈阳发布，西安发布	2015.3	
		【一张图读懂2013政府工作报告】	成都发布，福州发布，中国广州发布	2013.3	
B类信息	热词翻译	【政府工作报告，这些热词、金句你会翻译吗？】	成都发布，昆明发布，兰州发布	2016.3	异常性
		#2015全国两会#【政府工作报告，这些时髦的提法咋翻译？】	成都发布，南昌发布，沈阳发布，西安发布	2015.3	
	新词与强词	#2015全国两会#【别duang了！两会新词学起来，不然就落伍了！】	成都发布，西安发布	2015.3	
		#2015全国两会#【政府工作报告里的这些“强”词汇，你都认识吗？】	成都发布，重庆微发布，西安发布	2015.3	
		#两会进行时#【“有权不可任性”：这句表述是总理亲自加的!】	呼和浩特发布，微博济南	2015.3	
C类信息	如何影响你的生活	【20句话，看政府工作报告将如何影响你的生活】	长沙发布，成都发布，重庆微发布，海口发布，昆明发布，兰州发布，南京发布，西安发布，中国广州发布	2016.3	重要性
		【20句话，告诉你#政府工作报告#如何影响“小明”的生活】	长春发布，成都发布，重庆微发布，南昌发布，中国广州发布	2015.3	
		【未来几年，这些改革将影响我们的生活】	长春发布，成都发布，南昌发布中国广州发布	2015.3	
	哪里有钱景	【总理告诉你，2016这些行业最有“钱景”！】	成都发布，重庆微发布，海口发布，拉萨发布，乌鲁木齐发布，西安发布，中国广州发布	2016.3	
		#2015全国两会#【从政府工作报告看12大“钱景”产业】	成都发布，南昌发布	2015.3	

“A类信息”即是化“复杂”为“简单”的信息，其中蕴含着人们把握“事件的复杂性”的努力，一个事件越复杂，人们越感兴趣自己如何读懂它。用休梅克的话来说，“复杂性意味着新闻价值”。①“B类信息”即是与“往常”相比较而言的“异常”信息。这些信息或者是新出现的“新词”，或者是被社会广泛关注和热议的“热词”，无论“新词”还是“热词”，在“新闻本质”理论看来，都是“异常性”的信息，而“研究‘注意力’的心理学家已经发现，相对于常规的事情，新奇的事情更容易让人们记住”。②“C类信息”则是对“我”而言具有“重要性”或者“相关性”的信息，休梅克用信息是否具有“政治意义”“经济意义”“文化意义”和“公共意义”等四个维度的“社会意义”来解释。从总理的政府工作报告中解读有“钱景”的行业，这样的信息当然具有“经济意义”，而“20句话看政府工作报告如何影响你的生活”，则兼具“政治意义”“经济意义”“文化意义”和“公共意义”，这或许也可以解释为什么“20句话看政府工作报告如何影响你的生活”被转发的次数最多（累计达到14次）。

而对于不依据“新闻本质”理论生产的微博，31个省会城市政务微博则普遍没有“转发”的兴趣，例如“@人民日报”发布于2015年3月5日9：26的微博，便没有被任何一个省会城市政务微博转发：

#政府工作报告#【高铁运营里程达1.6万公里 宽带用户7.8亿户】铁路建设方面，新建铁路投产里程8427公里，高速铁路运营里程达1.6万公里，占世界的60%以上。高速公路通车里程达11.2万公里，新建改建农村公路23万公里。水路、民航、管道建设进一步加强。去年全国宽带用户超过7.8亿户。

四、对策建议

基于以上的研究发现，本研究对优化地方政务微博传播中央政府工作报告的“上情下达”效能——所提出的建议可以概括为“四点”：准点“传”，重点“转”，定点“看”，趣点“选”。这“四点”可以视为建构我国地方政务微博

① （美）帕梅拉·休梅克、（以）阿基·巴科恩主编：《全球新闻传播：理论架构、从业者及公众传播》，刘根勤、周一凝、李紫鹏译，杭州：浙江大学出版社，2016年版，第354页。

② （美）帕梅拉·休梅克、（以）阿基·巴科恩主编：《全球新闻传播：理论架构、从业者及公众传播》，刘根勤、周一凝、李紫鹏译，杭州：浙江大学出版社，2016年版，第18页。

“上情下达”中央政府工作报告的“生产函数”的具体的“生产要素”。

（一）准点“传”播关于中央政府工作报告的信息应为地方政务微博运营的制度安排

传播和解读重要的政务信息是政务微博的天职。中央政府工作报告无疑是至关重要的政务信息，“解读政府工作报告是正确理解政府工作报告的前提和基础，也是政府及其部门开展工作的重要依据，更是广大民众、企业家、投资者、学者把握经济社会形势，充分理解政府执政方针、政策，开展学习、生活、工作的重要参考”。① 而解读的前提则是“传播”。

对于并非每年都传播中央政府工作报告的地方政务微博而言，需要建立、健全和完善每年3月必须“准点”传播和解读中央政府工作报告的机制，以制度安排的方式确保其工作人员在传播中央政府工作报告时能够“稳定发挥”——每年“两会期间”必须传播中央政府工作报告，做到“上情下达”。

（二）重点“转”发关于中央政府工作报告的信息应为地方政务微博运营的优先考虑

政务微博传播中央政府工作报告时，既可以采用“原创微博”的形式，也可以选择“转发微博”的方式。虽然理想图景是“原创微博”与“转发微博”并重，但是，由于我国经济和社会发展的区域性不平衡，并非所有的地方党政微博在运营时都能够像“上海发布”“南京发布”“成都发布”等政务微博具有专业化的运营团队，在此种情况下，以追求良好的传播效果为目标，与其“原创”一些没有独特性和吸引力的微博来传播中央政府工作报告，不如转发其他消息来源生产的具有内容的独特性和形式的吸引力的微博。

同时，从传播信息的效率来讲，因为转发一条微博的速度要远远快于原创一条微博的速度，所以，在传播中央政府工作报告时，以“转发微博”为重点，以“原创微博”为补充，可以成为我国当前地方党政微博在传播中央政府工作报告时的行动原则。

需要指出的是，以“转发微博”为重点，以“原创微博”为补充，绝不是鼓励地方政务微博在发挥“上情下达”传播效能时放弃“原创微博”的努力，而是特指在地方政务微博处于“原创能力”不强的阶段所采取的权宜之计，理想图景仍然是“原创微博”与“转发微博”并重——毕竟，从逻辑上讲，如果地方政务微博没有任何“原创”能力，只是“转发”微博，那么，粉丝与其关

① 李红艳：《解指标 读报告2009：政府工作报告指标解读》，北京：中国统计出版社，2009年版，第2页。

注它，不如直接去关注它转发的消息源。

（三）定点“看”重要消息来源对中央政府工作报告的解读应为地方政务微博的运营习惯

如果认识到“转发微博”对于地方党政微博传播和解读中央政府工作报告的重要意义，那么，接下来追问的问题便是，转发“谁”生产的微博？

依据本研究的发现，“@人民日报”、“@中国政府网”等作为“消息来源”，具有甘斯所提出的关于“消息来源”的适用性的多个特征，例如“过往的适用性”——“@人民日报”和“@中国政府网”等生产的传播和解读中央政府工作报告的微博已被省会城市政务微博大量转发过；“生产能力”和“表达清晰性”——“@人民日报”和“@中国政府网”等生产的传播和解读中央政府工作报告的微博，不但在数量上有足够的保证，而且质量精良；“@人民日报”作为中国共产党中央机关报的官方微博、“@中国政府网”作中华人民共和国中央人民政府的官方微博，所生产的传播和解读中央政府工作报告的微博具有“可靠性”、“可信赖性”和“权威性”，因此，“@人民日报”和“@中国政府网”，应该成为地方政务微博以转发微博的方式传播和解读中央政府工作报告时定点的消息来源，换句话说，关注并转发“@人民日报”和“@中国政府网”等消息来源对中央政府工作报告的解读，应该成为地方政务微博运营人员的工作习惯。

（四）趣点“选”符合新闻本质的信息成为地方政务微博传播中央政府工作报告的依据

在注意力成为稀缺资源的全媒体时代，公众对于一条信息感兴趣的原理并没有发生改变。休梅克的“新闻本质”理论构建了使公众感兴趣的信息的三个维度——“异常性”“重要性”（社会意义）和“复杂性”。过去几年，“@人民日报”依据这几条新闻学原理所生产的传播和解读中央政府工作报告的微博，已被21个省会城市政务微博转发累计达98条/次。

需要注意的是，转发依“新闻本质”理论所生产的这些微博的省会城市政务微博的工作人员，与政务微博的粉丝在对什么样的信息最感兴趣上，有着作为“人”的普遍兴趣的一致性。回顾过去，不同省会城市的政务微博运营人员，在转发“@人民日报”所生产的传播中央政府工作报告的微博时，也许还或多或少地存在着“跟着感觉走”的自发性，而一旦洞悉了高转发微博背后的新闻学原理，今后在工作中，便可以减少自发性，增加自觉性，即自觉地“原创”或“转发”符合“新闻本质”理论的微博——将此作为地方政务微博在传播中央政府工作报告时的理论依据。

五、结语

地方政务微博存在的价值在于功能的发挥，其中包括“上情下达”。本研究以31个省会城市政务微博如何传播中央政府工作报告，作为考察地方政务微博“上情下达”传播效能的切入点，研究表明，即使是某种意义上代表着地方政务微博运营最高水平的省会城市政务微博，在发挥“上情下达”的传播效能方面仍然不尽如人意。而“上情下达”又只是地方政务微博应该发挥的多种功能之一，由此不难推论，尽管自2011年政务微博元年以来，我国地方政务微博开办的数量越来越多，但如果不从小处着手——重视已开通的政务微博的传播效能的充分发挥（例如对于中央政府工作报告的“上情下达”），则政务微博对于粉丝而言，花费时间进行关注的价值便实现不了效益最大化，而这无疑将弱化政务微博对于我国已经超过8亿的网民的吸附力和影响力，① 进而不利于政务微博作为政府与公众沟通的桥梁和纽带的角色扮演与功能发挥。

第二节　政务微博传播“奥运会”时的占优战略：以“上海发布”为个案

“占优策略均衡分析法采用的是一种选择法的思路，是在所有可能的策略中选出最好的一种策略。在一个博弈中，如果不管其他博弈方选择什么策略，一博弈方的某个策略给他带来的得益始终高于其他策略，这种策略被称为‘占优战略’（Dominant - Strategy）。进一步，如果一个博弈的某个策略组合中的所有策略都是各个博弈方各自的占优策略，那么，这个策略组合肯定是博弈方都愿意选择的，必然是该博弈比较稳定的结果。这个策略组合就被称为该博弈的一个‘占优策略均衡’（Dominant - Strategy Equilibrium）。利用占优策略均衡分析博弈的方法称为‘占优策略均衡分析法’。占优策略均衡分析法反映了所有博弈方的绝对偏好，可以对博弈结果做出肯定的预测。”②

政务微博的影响力和竞争力是由包括“时效性”在内的多种复杂因素共同

---

① 中国互联网络信息中心（CNNIC）：《第42次<中国互联网络发展状况统计报告>》，http://www.cnnic.net.cn/hlwfzyj/hlwxzbg/hlwtjbg/201808/t20180820_70488.htm

② 张峰：《论博弈逻辑的分析方法——纳什均衡分析法》，《北京理工大学学报（社会科学版）》2008年第2期，第96页。

构成。“第一时间”的理想类型是：用来描述一条新闻被报道的时点与新闻发生的时点之间的“时间差”被报道者缩短到极限。对于一条有着确切的时间发生点的新闻而言，某个新闻报道者（或新闻发布机构）对于此条新闻进行报道的时间——是否为“第一时间”，能否被视为构成其影响力或竞争力的要素，不但与一条新闻被报道的时点与新闻发生的时点之间的“时间差”是否被报道者缩短到极限有关，而且与其他报道者（或新闻发布机构）报道此新闻时的实际速度的比较有关。如果无论其他新闻报道者（或新闻发布机构）采用什么速度来报道此条新闻，都能够确保某一新闻报道者（或新闻发布机构）报道此新闻的速度是最快的，那么，采用最快的速度来报道某一新闻，便可称为此新闻报道者（或新闻发布机构）的“占优战略”。

本节以“上海发布”关于奥运会的新闻发布速度为个案，探研经济学中的“占优战略”如何被具体运用到省会城市政务微博影响力的建构之中的?

一、作为“占优战略”的政务微博发布速度

发布一条微博的时间，实质上讨论的是微博信息编制的时间。在此种意义上，如果想要使通过微博发布的关于某一类新闻的速度最快，那么，需要思考的便是，如何做才能够将编制一条微博信息的时间缩至最短?

由于构成一条微博信息的要素可以划分为“常量”与“变量”——所谓的“常量”是指，在某一类新闻发生之前，通过思考便可以预先做出判断的稳定的部分；所谓的“变量”则是指，某一类新闻实际发生前无法判断的不确定的部分。

由于构成微博信息的“常量”的稳定性，因此，可以在某一类新闻发生之前，即把一条微博信息中的常量编排好，这样，当某一类新闻发生后，只需要将原来无法判断的不确定的部分，填入到已预先编排好的常量之中即可。如此，便可以在微博的发布速度上实现经济学意义上的“占优战略”。上海发布关于奥运会新闻的发布的速度——之所以能够绝大多数时候做到“全网领先”，采用的便是此种运营方法。对此，上海发布主编周凯是有筹划的：

我们一开始的一种运维的“主打菜”实际上是“民生政策”。更快速、及时地发布。我们对“时效性”的要求，说实话，已经有点变态了——打个比方，比如像高考分数线，每次它8：00钟开始发布，我们都要求8：01分或者8：02分就要发微博。就是说在两到三分钟之内，我们就要完成所有的文字和图片编辑。

最简单的例子，像领导没有任何要求的奥运会报道，对于政务新媒体，我

完全可以跟其他任何地方的微博客一样，就转发一下别人的报道，为中国队加加油，就结束了。

我们不是这样的，我们夜里安排人值大夜班，而且要发中国队获得的所有的金银铜牌，而且速度要超过新浪体育和人民日报等全国性的媒体——能够做到这一点，而且确实做到了这一点。

……

当时呢，为什么这么做？就觉得在这么一个热点的环境下，如果不做，那我们自己就说不过去。所以，每天我们都预排许多版本，一场游泳比赛我预排8个版本。

……

第一名到第八名，文字和图都预排好。我事先就做出来，到时候看到底结果是哪一种？是哪一种我就直接推出去。

像这个跳水比赛有2到3名中国运动员进入决赛，我们就先排列组合，最多的一个预编到35个版本。这版本不仅仅是指文字了，因为它有第一名第二名第三名第四名等多种情况，图片、照片、文字、金银铜牌，全部都把它做成预编版本。然后每天晚上值班的这个人，他就像拿着一道可以做成各种菜肴的食谱，听到消息后，啪地就（发）出去了，所以这种速度，即便他是在奥运会赛场旁边那儿看的记者，也比不过我们。我们基本上能够做到全网第一，无论是微博还是微信。（都是）全网第一。

但是对于人力来说，消耗也比较大了。蛮累的。但是呢，我们觉得做得比较有意义。因为我们这么做，一些网友就觉得，哎，很敬业，负责，那么你平常在做其他东西的时候，应该也不会慢嘛。

包括就像这段时间的那个天气预警——高温预警信息，我们在全国微信公众号里，没有（哪个微信公众）号像我们对于高温预警信息，苛刻到这种程度，一条高温预警（信息），它是气象局9：19分发的，我们是9：27分推了微信啊，微信本身到手机可能还有个两三分钟。我们实际上老早就编写了各种版本的天气预警信息，黄色的、橙色的我们都编过了。编过了然后就放在那边，然后就坐在那个电脑（旁）边，就等着它的预警，一旦出来，啪啪啪就发掉了。这几天的预警，全都是在6－7分钟之内发掉的。

周凯主编（上海发布）红狮子...

气象台6分钟之前发布

【快讯】申城刚刚又发高温橙色预警！预计将为本月第二个酷暑日

2017年8月4日 09:32

（上图来自笔者的微信朋友圈截图）

您如果看看其他的那种外省市的账号，没有人会这么个玩法。这个是完全把自己给逼死了。别人会觉得，这个天气预警，你就是半小时以后再发，也没有哪个领导会说你们发得太慢了。但是，我们觉得一旦发慢了，好比是雷阵雨，人家会说，雷都打完了，你才告诉我——就像暴雨，人家都淋成落汤鸡了，你告诉我现在有暴雨要下了，人家会很不爽。我们这一点的话，我们从一开始就是这样要求发布的时效性的。①

由于"上海发布"总是在"第一时间"发布关于天气变化的微博，因此，许多"上海发布"的用户养成了每天通过"上海发布"关于天气的微博来获知天气变化的习惯。一旦当"上海发布"没有在用户习惯性地阅读关于天气变化的信息的时间段内（比如6：58分-7：55分）——发布关于天气的信息，用户便会感觉到自己的信息需求没有得到满足。这可以由2016年8月17日——用户在上海发布关于奥运会新闻报道的评论中得见一斑：

颖颖学柜：天气预报呢？

2016-8-17 08:02　　回复 | 赞

而上海发布之所以没有在惯常的时间段内（比如6：58分-7：55分）发布关于天气的微博，与其全力关注奥运赛事的最新结果——从而争取以最快的速度发布微博密不可分：

① 据2017年7月13日笔者采访上海发布主编周凯的录音资料整理。

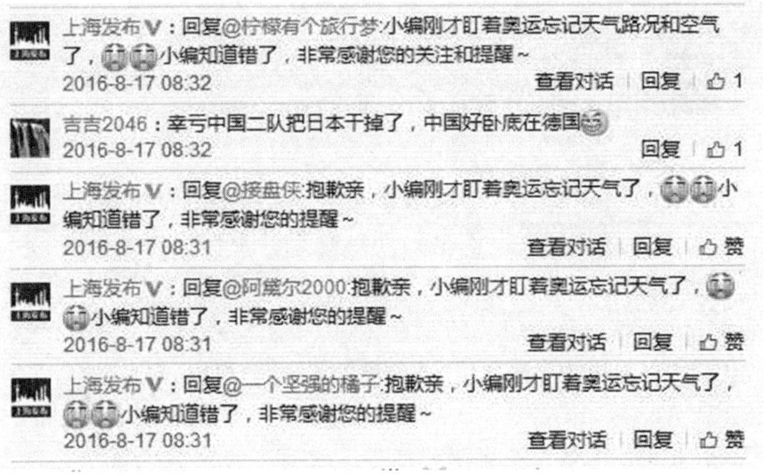

上海发布V：回复@柠檬有个旅行梦:小编刚才盯着奥运忘记天气路况和空气了，小编知道错了，非常感谢您的关注和提醒~
2016-8-17 08:32 查看对话 | 回复 | 1

吉吉2046：幸亏中国二队把日本干掉了，中国好卧底在德国
2016-8-17 08:32 回复 | 1

上海发布V：回复@接盘侠:抱歉亲，小编刚才盯着奥运忘记天气了，小编知道错了，非常感谢您的提醒~
2016-8-17 08:31 查看对话 | 回复 | 赞

上海发布V：回复@阿熊尔2000:抱歉亲，小编刚才盯着奥运忘记天气了，小编知道错了，非常感谢您的提醒~
2016-8-17 08:31 查看对话 | 回复 | 赞

上海发布V：回复@一个坚强的橘子:抱歉亲，小编刚才盯着奥运忘记天气了，小编知道错了，非常感谢您的提醒~
2016-8-17 08:31 查看对话 | 回复 | 赞

二、“上海发布”与“新浪体育”和“@人民日报”的微博发布速度比较

上海发布主编周凯在接受笔者采访时，曾提到关于奥运会的新闻发布速度，上海发布的目标是“要超过新浪体育和人民日报等全国性的媒体”，并表示上海发布“能够做到这一点，而且确实做到了这一点”。①

果真如此吗？

本研究以2016年上海发布关于奥运会比赛结果的高影响力微博，作为切入点，通过其与新浪体育微博和人民日报微博等“全国性的媒体”——在微博发布速度上的比较，来检视上海发布关于奥运会的新闻发布速度是否实现了其“要超过新浪体育和人民日报等全国性的媒体”的目标。

在研究的结构化设计上，采用上海发布的“微博主题”，与新浪体育微博和人民日报微博相同主题的奥运会新闻发布速度进行比较。以上海发布的奥运会微博发布时间为参照点，以分为单位，将关于奥运会的微博发布速度的比较结果分为三类：比上海发布慢多少分，比上海发布快多少分，以及和上海发布速度相同。

其中，由于“微博主题”选取的是上海发布关于奥运会的全部的高影响力微博，因此有时会出现，（1）新浪体育微博和人民日报微博，两者并没有发布相同主题的奥运会新闻，在此种情况下，显然无法比较微博发布速度。（2）新浪体育微博和人民日报微博，两者之一发布了相同主题的奥运会新闻，在此种情况下，上海发布可以和两者之一比较微博发布速度。

① 据2017年7月13日笔者采访上海发布主编周凯的录音资料整理。

在如下的106条上海发布关于奥运会比赛结果的高影响力微博中，除去2016年8月8日【射箭中国女团无缘四强】等13条微博无法比较微博发布速度——因为新浪体育微博和人民日报微博，两者并没有发布相同主题的奥运会新闻，在其余的93条可以比较发布速度的微博中，上海发布确实遥遥领先。但也并非每一条微博的发布速度都胜过新浪体育微博或人民日报微博。

在93条可以比较发布速度的微博中，有78条微博的发布速度——上海发布比新浪体育微博和人民日报微博快，或者同步，占比达83.87%。详见下表：

微博主题	上海发布	新浪体育	人民日报
【快讯：杜丽、易思玲分获女子10米气步枪银牌、铜牌】	21：58	22：04	22：06
	2016-8-6	比上海发布慢6分	比上海发布慢8分
【快讯：庞伟获得男子10米气手枪铜牌!】	2：53	2：54	5：46
	2016-8-7	比上海发布慢1分	比上海发布慢173分
【快讯：中国射箭男团获得奥运会第四名】	3：58	4：40	无
	2016-8-7	比上海发布慢42分	无
【快讯：孙一文获得女子重剑铜牌!】	4：34	4：43	5：54
	2016-8-7	比上海发布慢9分	比上海发布慢80分
【快讯：孙杨获得男子400米自由泳银牌】	9：34	9：39	9：38
	2016-8-7	比上海发布慢5分	比上海发布慢4分
【中国第一金！张梦雪获得女子十米气手枪金牌!】	22：23	22：26	22：26
	2016-8-7	比上海发布慢3分	比上海发布慢3分
【中国队再添金！吴敏霞&施廷懋提前锁定女子双人3米板冠军!】	3：52	3：55	4：04
	2016-8-8	比上海发布慢3分	比上海发布慢12分
【中国第3金！龙清泉获得举重男子56公斤级冠军】	7：48	7：50	7：50
	2016-8-8	比上海发布慢2分	比上海发布慢2分
【中国获男子体操团体决赛季军!】	5：42	5：50	5：45
	2016-8-9	比上海发布慢8分	比上海发布慢3分
【中国第5金：泳池王者归来！孙杨夺得男子200米自由泳金牌】	9：23	9：25	9：27
	2016-8-9	比上海发布慢2分	比上海发布慢4分
【傅园慧爆发洪荒之力，夺得女子100米仰泳铜牌】	9：31	9：36	9：37
	2016-8-9	比上海发布慢5分	比上海发布慢6分

续表

微博主题	上海发布	新浪体育	人民日报
【徐嘉余夺得男子 100 米仰泳银牌】	9:39	9:44	9:43
	2016-8-9	比上海发布慢 5 分	比上海发布慢 4 分
【华天获得马术三项赛个人赛第 8 名!】	1:58	2:20	2:49
	2016-8-10	比上海发布慢 22 分	比上海发布慢 51 分
【张靖婧获得女子 25 米手枪第 4 名!】	2:59	3:03	无
	2016-8-10	比上海发布慢 4 分	无
【中国女子体操队夺得团体铜牌! 上海小囡毛艺、范忆琳表现出色】	5:17	5:52	5:21
	2016-8-10	比上海发布慢 35 分	比上海发布慢 4 分
【快讯: 沈铎获女子 200 米自由泳第 5 名】	9:21	无	9:25
	2016-8-10	无	比上海发布慢 4 分
【快讯: 叶诗文获女子 200 米混合泳第 8 名】	10:34	10:39	10:35
	2016-8-10	比上海发布慢 5 分	比上海发布慢 1 分
【快讯: 丁宁、李晓霞会师决赛! 中国队锁定乒乓女单金银牌!】	22:51	22:54	22:51
	2016-8-10	比上海发布慢 3 分	与上海发布同步
【男子 50 米手枪决赛: 王智伟、庞伟分获第 5 名、第 8 名】	23:17	23:44	23:32
	2016-8-10	比上海发布慢 27 分	比上海发布慢 15 分
【秦凯/曹缘获跳水男子双人三米板铜牌】	4:13	4:29	4:22
	2016-8-11	比上海发布慢 16 分	比上海发布慢 9 分
【男子柔道程训钊摘铜!】	5:04	5:06	5:35
	2016-8-11	比上海发布慢 2 分	比上海发布慢 31 分
【中国选手吕小军获男子举重 77 公斤级决赛亚军】	7:31	7:35	7:31
	2016-8-11	比上海发布慢 4 分	与上海发布同步
【中国第 10 金: 乒乓球女单上演"上体校内德比"! 丁宁夺冠, 李晓霞摘银】	9:46	9:46	9:54
	2016-8-11	与上海发布同步	比上海发布慢 8 分
【周羿霖获得女子 200 米蝶泳第五名, 张雨霏获第六】	10:01	10:04	无
	2016-8-11	比上海发布慢 3 分	无
【中国女子游泳队获得女子 4x200 米自由泳接力第 4 名】	11:07	11:15	11:07
	2016-8-11	比上海发布慢 8 分	与上海发布同步
【快讯: 乒乓男单再现"中国德比", 马龙、张继科锁定金银牌!】	23:13	23:16	23:13
	2016-8-11	比上海发布慢 3 分	与上海发布同步

续表

微博主题	上海发布	新浪体育	人民日报
【张彬彬获女子 50 米步枪三姿决赛银牌】	23：52	23：53	23：55
	2016－8－11	比上海发布慢 1 分	比上海发布慢 3 分
【商春松、王妍分获女子个人全能第 4 名、第 6 名】	5：05	5：13	无
	2016－8－12	比上海发布慢 8 分	无
【中国队夺得女子重剑团体银牌】	6：27	6：28	6：38
	2016－8－12	比上海发布慢 1 分	比上海发布慢 11 分
【中国第 11 金：乒乓男单“科龙大战”，马龙战胜张继科】	9：16	9：18	9：16
	2016－8－12	比上海发布慢 2 分	与上海发布同步
【快讯：史婧琳获女子 200 米蛙泳铜牌】	9：20	9：35	9：25
	2016－8－12	比上海发布慢 15 分	比上海发布慢 5 分
【快讯：徐嘉余、李广源分获男子 200 米仰泳第 4 名、第 6 名!】	9：30	9：38	无
	2016－8－12	比上海发布慢 8 分	无
【快讯：汪顺获男子 200 米个人混合泳铜牌】	10：12	10：13	10：13
	2016－8－12	比上海发布慢 1 分	比上海发布慢 1 分
【快讯：田涛夺男子举重 85 公斤级银牌】	7：54	7：57	7：56
	2016－8－13	比上海发布慢 3 分	比上海发布慢 2 分
【快讯：李朱濠获得男子 100 米蝶泳第 5 名】	9：15	9：21	9：17
	2016－8－13	比上海发布慢 6 分	比上海发布慢 2 分
【快讯：段静莉获得赛艇女子单人双桨决赛 A 季军】	21：56	22：12	23：00
	2016－8－13	比上海发布慢 16 分	比上海发布慢 64 分
【快讯：董栋夺得男子蹦床亚军，上海小伙高磊获得季军】	3：17	3：21	6：39
	2016－8－14	比上海发布慢 4 分	比上海发布慢 202 分
【快讯：王嘉男获得男子跳远第五名!】	9：21	9：35	9：50
	2016－8－14	比上海发布慢 14 分	比上海发布慢 29 分
【快讯：中国队获得女子 4×100 混合泳接力第 4 名】	10：01	10：06	10：06
	2016－8－14	比上海发布慢 5 分	比上海发布慢 5 分
【快讯：中国队获得男子 4×100 混合泳接力第 4 名】	10：13	10：21	10：14
	2016－8－14	比上海发布慢 8 分	比上海发布慢 1 分
【朱启南获得男子 50 米步枪三姿决赛第六名】	00：45	00：46	无
	2016－8－15	比上海发布慢 1 分	无

续表

微博主题	上海发布	新浪体育	人民日报
【王妍获女子跳马决赛第五名】	2:30	2:57	无
	2016-8-15	比上海发布慢27分	无
【陈佩娜获得女子帆板RS:X级奖牌轮银牌!】	3:26	3:35	无
	2016-8-15	比上海发布慢9分	无
【中国第14金:施廷懋、何姿包揽女子3米板金银牌!】	4:10	4:29	5:38
	2016-8-15	比上海发布慢19分	比上海发布慢88分
【快讯:孟苏平有惊无险,夺取女子75公斤以上级的金牌】	7:29	7:32	7:33
	2016-8-15	比上海发布慢3分	比上海发布慢4分
【苏炳添、谢震业未能进入百米决赛,但仍要为他们鼓掌!】	8:19	8:19	8:57
	2016-8-15	与上海发布同步	比上海发布慢38分
【辛鑫获女子10公里游泳公开水域决赛第四名】	22:23	无	22:42
	2016-8-15	无	比上海发布慢19分
【张文秀获得女子链球决赛亚军】	22:52	23:03	23:05
	2016-8-15	比上海发布慢11分	比上海发布慢13分
【刘洋、尤浩分获男子吊环决赛第四、第六】	1:30	1:34	无
	2016-8-16	比上海发布慢4分	无
【上海小囡范忆琳获女子平衡木决赛第六名】	3:23	3:27	无
	2016-8-16	比上海发布慢4分	无
【杨哲夺得举重男子105公斤级第4名】	7:35	7:39	无
	2016-8-16	比上海发布慢4分	无
【快讯:董斌夺得男子三级跳远决赛季军】	22:12	22:20	22:16
	2016-8-16	比上海发布慢8分	比上海发布慢4分
【快讯:苏欣悦夺得女子铁饼决赛第五名,陈扬第七名,冯彬第八名】	23:28	23:46	无
	2016-8-16	比上海发布慢18分	无
【快讯:黄雪辰/孙文雁获得花样游泳女子双人自由自选决赛亚军】	2:12	2:18	无
	2016-8-17	比上海发布慢6分	无
【快讯:王妍获得竞技体操女子自由体操决赛第五名】	2:23	2:29	无
	2016-8-17	比上海发布慢6分	无
【中国第16金:曹缘获跳水男子三米板冠军!】	6:27	6:29	6:41
	2016-8-17	比上海发布慢2分	比上海发布慢14分

续表

微博主题	上海发布	新浪体育	人民日报
【中国第17金：中国女乒3：0完胜德国队，夺得女团冠军［奥运金牌］】	7：57	7：58	8：00
	2016－8－17	比上海发布慢1分	比上海发布慢3分
【女子自由摔跤48公斤级铜牌赛：孙亚楠获胜】	4：08	4：29	无
	2016－8－18	比上海发布慢21分	无
【跆拳道男子58公斤级半决赛：赵帅晋级决赛】	4：33	4：46	无
	2016－8－18	比上海发布慢13分	无
【乒乓球男子团体决赛：中国队成功卫冕！】	9：14	9：16	9：16
	2016－8－18	比上海发布慢2分	比上海发布慢2分
【跆拳道男子58公斤级决赛：赵帅夺冠！】	9：28	9：29	9：31
	2016－8－18	比上海发布慢1分	比上海发布慢3分
【李强获静水男子单人划艇200米第7名！】	20：26	20：33	无
	2016－8－18	比上海发布慢7分	无
【中国第20金：任茜、司雅杰锁定女子10米台金银牌！】	4：15	4：18	6：33
	2016－8－19	比上海发布慢3分	比上海发布慢138分
【快讯：第37次“林李大战”，林丹不敌李宗伟无缘决赛】	20：55	21：00	20：55
	2016－8－19	比上海发布慢5分	与上海发布同步
【快讯：谌龙战胜丹麦选手安赛龙晋级决赛】	21：54	21：56	21：54
	2016－8－19	比上海发布慢2分	与上海发布同步
【快讯：中国队夺得女子水球第7名】	22：04	无	22：44
	2016－8－19	无	比上海发布慢40分
【快讯：于伟获男子50公里竞走第5名】	22：45	22：50	23：13
	2016－8－19	比上海发布慢5分	比上海发布慢28分
【快讯：中国队夺得花样游泳团体银牌】	00：00	00：14	00：19
	2016－8－20	比上海发布慢14分	比上海发布慢19分
【中国第21金：傅海峰、张楠获羽毛球男子双打金牌！】	1：09	1：10	1：09
	2016－8－20	比上海发布慢1分	与上海发布同步
【快讯：上海选手胡建关获拳击男子52kg铜牌】	1：29	1：49	无
	2016－8－20	比上海发布慢20分	无
【中国第22金：刘虹获女子20公里竞走金牌！】	3：02	3：04	7：04
	2016－8－20	比上海发布慢2分	比上海发布慢242分

续表

微博主题	上海发布	新浪体育	人民日报
【快讯：尹军花获拳击女子60kg银牌】	3：28	3：39	7：24
	2016－8－20	比上海发布慢11分	比上海发布慢236分
【快讯：中国队夺得男子4×100米接力第5名】	9：45	9：48	9：48
	2016－8－20	比上海发布慢3分	比上海发布慢3分
【快讯：林丹不敌安赛龙，获得羽毛球男单第四名!】	20：45	20：47	20：50
	2016－8－20	比上海发布慢2分	比上海发布慢5分
【快讯：谌龙2：0击败李宗伟，勇夺中国第23金!】	22：11	22：11	22：11
	2016－8－20	与上海发布同步	与上海发布同步
【快讯：中国第24金！陈艾森勇夺男子10米跳台冠军，邱波获第6】	4：59	5：44	7：35
	2016－8－21	比上海发布慢45分	比上海发布慢156分
【快讯：中国第25金，郑姝音夺跆拳道女子67公斤以上级金牌!】	9：12	9：15	9：15
	2016－8－21	比上海发布慢3分	比上海发布慢3分
【快讯：女排姑娘3：1力克塞尔维亚队！勇夺中国第26金［奥运金牌］】	11：01	11：02	11：01
	2016－8－21	比上海发布慢1分	与上海发布同步

有9条微博的发布速度——上海发布慢于新浪体育微博或人民日报微博，占比为9.68%。详见下表：

微博主题	上海发布	新浪体育	人民日报
【黎雅君抓举破奥运纪录挺举失败 无缘女举53公斤级奖牌】	4：31	3：58	4：20
	2016－8－8	比上海发布快33分	比上海发布快11分
【中国第4金：林跃、陈艾森夺得男子双人十米台冠军!】	4：12	4：10	4：08
	2016－8－9	比上海发布快2分	比上海发布快4分
【中国第8金！石智勇提前锁定举重冠军】	8：03	8：03	8：02
	2016－8－10	与上海发布同步	比上海发布快1分
【林超攀获体操男子全能第5名，邓书弟获第6名】	5：44	5：43	无
	2016－8－11	比上海发布快1分	无
【快讯：上海选手吴佳欣无缘女子射箭个人赛4强】	3：00	2：50	无
	2016－8－12	比上海发布快10分	无
【女子轻量级双人双桨决赛：黄文仪、潘飞鸿摘铜牌】	22：08	21：57	21：52
	2016－8－12	比上海发布快11分	比上海发布快16分

续表

微博主题	上海发布	新浪体育	人民日报
【快讯：李丹获女子蹦床铜牌！何雯娜获第4】	4：02	3：31	3：32
	2016－8－13	比上海发布快31分	比上海发布快30分
【快讯：柔道女子78公斤以上级，于颂摘得铜牌】	4：10	4：05	无
	2016－8－13	比上海发布快5分	无
【最新：男子接力成绩改判！】	10：11	10：04	9：58
	2016－8－20	比上海发布快7分	比上海发布快13分

有6条微博的发布速度——上海发布介于新浪体育微博和人民日报微博之间，占比为6.45%。详见下表：

微博主题	上海发布	新浪体育	人民日报
【中国队第6金：邓薇提前锁定胜局，斩获女子举重63公斤级决赛金牌！】	3：55	4：08	3：51
	2016－8－10	比上海发布慢13分	比上海发布快4分
【中国队第7金：陈若琳 & 刘蕙瑕提前锁定女子双人10米跳台金牌！】	4：02	4：14	4：01
	2016－8－10	比上海发布慢12分	比上海发布快1分
【中国队再添一金：向艳梅夺得举重女子69公斤级金牌】	4：05	4：02	4：06
	2016－8－11	比上海发布快3分	比上海发布慢1分
【中国第12金！男子20公里竞走中国包揽金银牌】	3：56	4：38	2：51
	2016－8－13	比上海发布慢42分	比上海发布快65分
【中国第13金：钟天使、宫金杰获场地自行车女子团体竞速赛冠军！】	5：24	5：18	5：35
	2016－8－13	比上海发布快6分	比上海发布慢11分
【中国女排晋级决赛】	11：21	11：22	11：19
	2016－8－19	比上海发布慢1分	比上海发布快2分

另外有2016年8月8日【射箭中国女团无缘四强】等13条微博无法比较微博发布速度，原因如前所析——新浪体育微博和人民日报微博，两者并没有发布相同主题的奥运会新闻。详见下表：

微博主题	上海发布	新浪体育	人民日报
【射箭中国女团无缘四强】	4：09	无	无
	2016－8－8	无	无
【快讯：史婧琳夺得女子100米蛙泳第四名】	10：02	无	无
	2016－8－9	无	无
【张灵、江燕、王宇微、张馨月获赛艇女子四人双桨第6名】	21：42	无	无
	2016－8－11	无	无
【快讯：巩立姣女子铅球夺得第4名】	9：54	无	无
	2016－8－13	无	无
【快讯：李越宏勇夺男子25米手枪速射季军！张富升取得第四】	00：04	无	无
	2016－8－14	无	无
【快讯：上海小囡钟天使获得场地自行车女子凯林赛第十一名】	4：36	无	无
	2016－8－14	无	无
【商春松获女子高低杠第五名】	3：59	无	无
	2016－8－15	无	无
【薛长锐获男子撑杆跳决赛第六名】	10：35	无	无
	2016－8－16	无	无
【快讯：祖立军夺得马拉松游泳男子10公里决赛第四名】	22：31	无	无
	2016－8－16	无	无
【快讯：钟天使收获场地自行车女子争先赛第五名】	23：24	无	无
	2016－8－16	无	无
【周玉获得静水女子单人皮艇500米第6名！】	21：15	无	无
	2016－8－18	无	无
【快讯：李倩获拳击女子75kg铜牌】	3：14	无	无
	2016－8－20	无	无
【冯珊珊获得女子高尔夫铜牌】	3：53	无	无
	2016－8－21	无	无

值得注意的是，在上海发布的9条发布速度——慢于新浪体育微博或人民日报微博的微博之中，有一条2016年8月20日10：11分发布的【最新：男子接力成绩改判！】，由于是出人意料的“改判”，所以上海发布无法提前做准备，因此，关于此条奥运会新闻的发布速度，上海发布既慢于新浪体育微博（10：

04)，更慢于人民日报微博（9：58）。

上海发布

2016-8-20 10:11 来自 华为Ascend Mate7

【最新：男子接力成绩改判！】美国队犯规成绩被取消，加拿大队递补获得铜牌，中国队上升至第四！

@上海发布

【快讯：中国队夺得男子4×100米接力第5名】#里约奥运#在刚刚结束的男子4×100米接力决赛中，中国队汤星强、谢震业、苏炳添、张培萌发挥出色，跑出37秒90的成绩，获得第5名。能站到奥运会决赛的赛场上，小伙子们已经很棒了，给他们点赞，加油，中国军团！

2016-8-20 09:45 来自 微博 weibo.com　　218　68　305

收藏　147　101　201

三、“上海发布”的奥运会传播速度与作为意见领袖的政务微博主编

上海发布关于2016年奥运会的微博发布速度，之所以能够遥遥领先于新浪体育微博和人民日报微博，并不是领导的要求或考核的约束，而是上海发布主编周凯追求新闻发布时效性的个人理想——转化为上海发布工作团队的政务微博运营实践。

这一典型案例使我们充分注意到省会城市政务微博“主编”作为“意见领袖”在影响政务微博运营质量时所起的关键性作用。

在上海发布争分夺秒地发布关于奥运会赛事结果的过程中，其用户已经注意到其快速并为上海发布的速度点赞，例如：

上海发布的上述微博发布速度，既快于新浪体育微博，也快于人民日报微博：

【中国第17金：中国女乒3：0完胜德国队，夺得女团冠军[奥运金牌]】	7：57	7：58	8：00
	2016－8－17	比上海发布慢1分	比上海发布慢3分

实际上，在2016年奥运会曲终人散之时，上海发布曾发微博明确向用户传递其关于奥运会新闻发布的“速度”追求：“小布总是力争第一时间发出的战报，大家是否满意?”

上海发布

2016-8-22 09:02 来自 微博 weibo.com

【4年后，我们东京奥运会再见！】#里约奥运#16天的奥运会结束啦，感谢所有的网友，与小布一起度过一个个或兴奋或紧张或遗憾或难过的不眠之夜。小布总是力争第一时间发出的战报，大家是否满意？4年后东京奥运会，斗转星移，但小布为大家服务的热情不会改变，而且下一届奥运会终于不用熬夜看啦！

上海发布的用户对此给予积极的回馈：

政务微博的影响力可以抽象成作为运营者的A与作为用户的B之间的一种力学关系，此种力学关系的表征，需要具体化为一次又一次特定事件中作为运营者的A与作为用户的B的互动实践。政务微博运营者与政务微博用户之间的良好互动，建构着政务微博具体的影响力。

“相较于一般体育赛事，奥运会是世界上规模最大、水平最高的综合运动

会”，当奥运会举办时，“成为全世界注目的焦点”①。当政务微博用户的兴趣点在于奥运会时，政务微博发布关于奥运会的信息，便是在根据用户的兴趣点来满足其对于奥运会的信息偏好。

在2016年全国31个省会城市政务微博发布的关于奥运会的235条高影响力微博中，上海发布以119条关于奥运会的高影响力微博排在第一位②，占比超过50%，详见下表：

政务微博	上海发布	南京发布	成都发布	杭州发布	天津发布	北京发布	中国广州发布	重庆微发布	郑州发布	南昌发布	西安发布	兰州发布	长春发布
高影响力微博	119	1	58	4	5	23	19	1	1	1	1	1	1

如果说上海发布力争以“第一时间”发布关于奥运会的赛事结果，其高影响力微博的发布速度遥遥领先于新浪体育微博和人民日报微博——属于微博发布的“质”的话，那么，由上表可知，上海发布关于奥运会的高影响力微博的“量”，同样遥遥领先于全国其他30个省会城市政务微博。而上海发布之所以能够做到这一点，与上海发布主编周凯对于“在体制内工作”的“自觉性”的理解有关：

坦率地讲，在体制内做事情，很多时候是要看自觉性，如果你不想做，我就是出工不出力，我磨个洋工，你能拿我怎么着呢……像现在，我们从早到晚，早上6点钟开始干活，晚上11点钟才能休息，真是完全已经超出了一般的一种时限了，而且没有节假日。像我每天都得审稿，实际上，我已经连着几年，没有一天休息过了。我们的主任也是这样子。副主编也是这样子。可能就那么几天，年休的时候，能够稍微休息一下。其他的时间全部都是天天在干活。那么，

---

① 施海泉、骆正林：《是谁给我们看奥运——奥运报道中的媒体特征及其背后复杂的信息把关联盟》，《声屏世界》2008年第11期，第11页。

② 其中，关于奥运会比赛结果的微博106条。

说白了，就是看你到底是不是想把这个事儿做好。①

上海发布关于奥运会比赛结果的传播速度启示我们，要充分重视政务微博主编作为意见领袖在政务微博运营中所起到的关键作用，因此，南京发布主编黄伟清从制度和机制对政务微博运营影响的层面说“一个城市政务微博的好与坏，尤其是这几年，越来越跟个人没关系”②，需要辩证地理解——制度和机制固然对政务微博的运营有重要影响，但作为意见领袖的政务微博主编的作用同样重要。

第三节　政务微博传播“国家公祭日”时的合作均衡：以“南京发布”为中心

2014 年 2 月 27 日，十二届全国人大常委会第七次会议经表决通过，将 12 月 13 日设立为南京大屠杀死难者“国家公祭日”。

由于是“国家公祭日”，此后每年的 12 月 13 日，全国 31 个省会城市政务微博都应思考如何发布与“国家公祭日”有关的微博——恰如上海发布主编周凯所言：“国家公祭日”，“不只是南京地方的事，也是国家的事，无论如何我们都会转发与呼应的”③。

而南京市由于是国家公祭日纪念仪式的举办地，所以南京发布自 2014 年以来，每年都面临着如何发布与“国家公祭日”有关的微博。换言之，如何传播“国家公祭日”已成为南京发布每年都必须思考的周期性传播议题。

一、“国家公祭日”评论数最多的微博：南京大屠杀和我有什么关系?

无论省会城市政务微博如何传播“国家公祭日”，在某种意义上，其实质都是在讨论“南京大屠杀和我有什么关系?”

例如，自 2014 年至 2016 年，每年的 12 月 13 日“国家公祭日”，南京发布提供给用户的第一条微博都是在讨论：“南京大屠杀和我有什么关系?”

---

① 据 2017 年 7 月 13 日笔者采访上海发布主编周凯的录音资料整理。
② 据 2017 年 7 月 10 日笔者采访南京发布主编黄伟清的录音资料整理。
③ 据 2017 年 7 月 13 日笔者采访上海发布主编周凯的录音资料整理。

南京发布 V

2014-12-13 00:00 来自 微博 weibo.com

【77年前的今天】#国家公祭日#"南京马路上尸首累累。有时要先移动尸体，汽车才能通行。"——《纽约时报》德丁。77年了，因为有些人忘记了，所以我们要记得。

收藏 | 4377 | 360 | 636

南京发布 V

2015-12-13 00:12 来自 百度浏览器

【78年前的今天】#国家公祭日#"南京马路上尸首累累。有时要先移动尸体，汽车才能通行。"——《纽约时报》德丁。78年了，因为有些人忘记了，所以我们要记得。

收藏 | 389 | 59 | 231

南京发布 V

2016-12-13 00:00 来自 微博 weibo.com

【79年前的今天】"南京马路上尸首累累。有时要先移动尸体，汽车才能通行。"——《纽约时报》德丁。79年了，我们没有忘记。今天，我们共同祭奠同胞 #国家公祭日#

收藏 | 2408 | 345 | 1240

其中，2014 年和 2015 年，南京发布讨论南京大屠杀和我有什么关系的切入点是群体的历史记忆："因为有些人忘记了，所以我们要记得"。2016 年，南京发布讨论南京大屠杀和我有什么关系的切入点仍然是群体的历史记忆：“我们没有忘记”。这种群体的历史记忆的具体内容之一便是，1937 年 12 月 13 日，“南京马路上尸首累累。有时要先移动尸体，汽车才能通行。”（《纽约时报》德丁）

需要追问的是，我们为什么要记住 1937 年 12 月 13 日的南京发生了什么？群体为什么要在记忆中知道包括“1937 年 12 月 13 日，“南京马路上尸首累累。有时要先移动尸体，汽车才能通行”在内的历史？难道仅仅是“因为有些人忘记了，所以我们要记得”？“记得”是一个模糊的概念，还可以继续追问：记得什么？政务微博用户已经记得的，与政务微博每年在“国家公祭日”时发布微博希望用户记得的——之间的联系与区别又是什么？

政务微博对此问题并不容易做出传播效果最好的回答。关于南京发布在“国家公祭日”期间发布微博的影响力，用户对南京发布所发微博的评论数，可以作为评测南京发布所发微博的影响力的路径之一。在 2014 年至 2016 年的 3 个“国家公祭日”南京发布所发布的所有微博中，获得最多评论的一条微博并不是南京发布的“原创”内容，而是转发自网友“荒土”的——对“南京大屠杀和我有什么关系？”的回答。

2014 年至 2016 年南京发布在“国家公祭日”期间所发微博的最多评论数

发布时间	评论数最多的微博内容	评论数
2014－12－13 7：04	【降半旗】#国家公祭日#早安，南京。2014 年 12 月 13 日清晨，天气晴冷，来自北京的国旗护卫队，在侵华日军南京大屠杀遇难同胞纪念馆将国旗升起后又徐徐降下。我们为死难同胞，降半旗致哀。	3245
2015－12－13 10：26	10：22 分，国家公祭仪式结束。现场放飞了 3000 只和平鸽。纪念不是为了仇恨，是为了让我们明白和平生活的可贵。愿战争的可怕，永远不会在我们以及我们的孩子身上发生。#国家公祭日#	1791
2016－12－13 8：27	网上有人问：南京大屠杀和我有什么关系？知乎网友“荒土”给出了这样的一个答案。	8839

如上表所示，南京发布于 2016 年 12 月 13 日转发知乎网友“荒土”对于“南京大屠杀和我有什么关系”的回答，其评论数 8839①，远远超过 2015 年和 2014 年南京发布在国家公祭日期间所发布微博的最多评论数。

---

① 笔者撰写本书时此条微博的评论数，有可能继续增加。

从引发用户多少评论这一角度而言，南京发布的这条微博产生了2014年12月13日首个“国家公祭日”迄今关于如何记忆“南京大屠杀”的最高影响力。在接受笔者采访时，南京发布主编黄伟清说：

去年（2016年），国家公祭日，“南京大屠杀跟我有什么关系?”这是南京的一个学生写的，我们跟她联系了，我们发了她的稿子，微博单条转了5万多，微信是几十万转发。①

二、“荒土”的“南京大屠杀和我有什么关系”何以产生巨大影响力

2015年1月23日，知乎社区发起了一个提问：“南京大屠杀和我有什么关系?”

相比于历史上任意一场屠杀的遇难者，比如爱尔兰人屠杀、印第安人屠杀、犹太人屠杀甚至广岛长崎原子弹，是否应当认为南京大屠杀的遇难者与中国国民有相似或更深的关系?

自“南京大屠杀和我有什么关系?”在知乎上发布以来，至2017年9月30日（笔者撰写本书时），网友对此问题的回答已经超过2100个②。

其中，网友“荒土”的回答，被南京发布转发的内容如下（共2462字）：

---

① 据2017年7月10日笔者采访南京发布主编黄伟清的录音资料整理。

② 详见知乎“南京大屠杀和我有什么关系?”https：//www. zhihu. com/question/27728409/answers/created

“南京大屠杀和我有什么关系?”

客观上，没关系。

你是一个独立的人，独立的个体。没有任何人有权力可以把你与这类历史事件绑架在一起，你完全可以选择不关注，并发表自己的意见。这是你的自由。

但是，南京大屠杀和她又有什么关系?

很漂亮吧。她是个美国人，华裔。家庭美满，婚姻幸福。1989 年从美国的伊利诺伊大学毕业，后来又在约翰霍普金斯大学获得写作硕士学位。她的第一本书《蚕丝——中国飞弹之父钱学森》广受好评，赢得了美国麦克阿瑟基金会“和平与国际合作计划奖”。前途一片光明。

如果不是她选择研究南京大屠杀的话。哦，忘了插一句，在她的那本书出版之前，西方社会对南京大屠杀这一浩劫知之甚少。他们知道奥斯维辛集中营，知道被纳粹屠杀的百万犹太人、波兰人、苏联人、吉普赛人、德国人，但是他们并不知道，二战期间，日军在金陵这所古都犯下怎样的暴行。

多亏了她。

1997 年是南京大屠杀 60 年的纪念日。

1997 年，她出版了算是人类史上第一本“充分研究南京大屠杀的英文著作”（语出威廉·柯比，哈佛大学历史系主任，本书的序言也是他撰写的）《南京大屠杀——被遗忘的二战浩劫》。

我不知道她当年出于什么原因选择研究这样一个课题。我也难以想象是什么力量支撑着她研究下去。当她翻阅一篇篇文献、报告、日记、记录稿，她心中又是何等的悲愤？何等的震撼？我为什么这么说呢？请看书中原段：

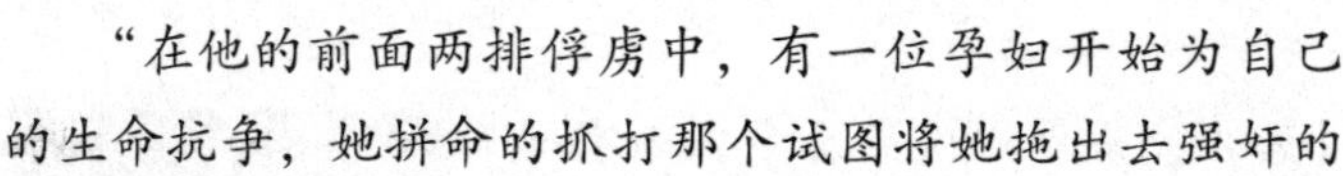

“在他的前面两排俘虏中，有一位孕妇开始为自己的生命抗争，她拼命的抓打那个试图将她拖出去强奸的士兵，拼命反抗。没有人过去帮她，最后，那个士兵将她杀死并用刺刀剖开了她的肚子，不仅扯出了她的肠子，甚至将蠕动的胎儿也挑了出来。”

这一幕在书中不是孤例。

“1937 年 12 月 13 日，30 个日本兵来到位于南京东南部新路口 5 号中国人家里。他们杀死了前来开门的房东，接着杀死了跪下来求他们不要杀死其他人的姓夏的房客。当房东太太质问他们为什么杀死她的丈夫时，他们也把她打死了。夏太太抱着她1岁的婴儿藏在客厅里的一张桌子下面，日本人把她拖出来。

他们剥光她的衣服并强奸了她，然后把刺刀刺入她的胸膛。这些士兵们还把一个香水瓶插进她的阴道，并用刺刀杀死了那个婴儿。当他们走到另一个房间时，他们发现了夏太太的父母和两个十几岁的女儿。那老奶奶为了保护两个孙女免遭强奸，被日本兵用左轮手枪打死了；那老爷爷紧紧抱住妻子的尸体，也立刻遭到枪杀。

“接着士兵们剥光这两个女孩的衣服并轮奸了她们：16岁的女孩被两三个人轮奸，14岁的女孩被3个人轮奸。之后日本人不但刺死了那个大女孩，而且把一根竹竿插进她的阴道。那小的一个只是被刺死，这才没遭到她姐姐和她母亲遭到的暴行。一个外国人后来写到这个场面。士兵还刺伤了另一个8岁的女孩，当时她和她的4岁的妹妹藏在床上的毯子下面。那个4岁的女孩在毯子下面待的时间太长，差一点被闷死。由于缺氧，她在以后的一生中一直遭受严重的脑损伤的折磨。”

……

“几乎没人知道，日本的士兵用刺刀挑起婴儿，活活把他们扔进开水锅里，”永富说，“他们结帮奸淫12岁到80岁的妇女，一旦她们不再能满足他们的性要求，就把她们杀死。我砍过人头，饿死过人，也烧死过人，还活埋过人，在我手下死去的人有200多。这真可怕，我简直成了动物并干了那些无人性的事。实在难以用语言来描述我当时的暴行。我真是个魔鬼。”

这是永富角户，曾经的一名日本士兵的原话。

难能可贵的是，她在这本书中并不是一味地指责或发泄，而是更深层次地分析日军为什么出现这种反人类的暴行，分析当时日本军队中的情况。

她在研究中，还发现了研究南京大屠杀的重要史料《拉贝日记》《魏特琳日记》。这更加有力地佐证了日军所犯下的罪行。

在《南京暴行》的写作过程中，她经常“气得发抖、失眠噩梦、体重减轻、头发掉落”。

她面对的是尽显人性恶劣、残忍血腥的历史，南京大屠杀是一部酷刑百科全书，这些她都要具体面对，还要叙述出来：砍头、活焚、活埋、在粪池中溺淹、挖心、分尸……

成书后，她又得面对日本右翼势力的报复和骚扰。她不断接到威胁信件和电话，这使得她不断变换电话号码，不敢随便透露丈夫和孩子的信息，她曾经对朋友说，这些年来她一直生活在恐惧之中。后来她患上忧郁症。2004 年，她在自己的车中开枪自杀。时年 36 岁。

她叫张纯如。约翰霍普金斯大学的高材生。家庭幸福，婚姻美满。死去的时候很年轻，只有 36 岁。

有人说，对人类的绝望是纯如自杀的主要原因。张纯如曾说，写作使她对人性有了新的认识，那就是人什么事都做得出，既有做出最伟大事业的潜能，也有犯下最邪恶罪行的潜能——人性中扭曲的东西会使最令人难以言说的罪恶在瞬间变成平常琐事。但是这一切，本来是可以避免的。

她完全可以选择不走这样一条路，她可以在有生之年好好做别的研究，实现众人们所羡慕的“美国梦”。南京大屠杀本于她，没有半分关系。

但是张纯如选择去研究这一段历史，并且以这种方式呈现给世人，直至献出自己年轻的生命。史学研究应有这样的担当。不光是史学，我觉得为人也当有这样一份担当。

鲁迅说过，无穷的远方，无数的人们，都和我有关。

就是这般意思了。

哦，对了，张纯如的贡献。

值得一提的是，日本追求政治大国的步伐也因此被打断。

2005 年，在日本递交入常申请后，一场由韩国发起的，在全球范围内共有四千万人参与的，反对日本入常的签名请愿活动开始了。

联合国于 6 月 30 号收到了这份请愿书。请愿者要求日本对在第二次世界大战中犯下的罪行公开道歉并做出赔偿，否则就反对日本成为联合国安理会常任理国。

而日本政府至今是没有道歉的。其修改教科书、参拜靖国神社等一系列活动也昭示其心中并无悔意。

战后日本政府并没有正式道歉，其参拜的靖国神社中仍供奉着侵华战争中的甲级战犯。

可怜的日本人民也活在一种“集体失忆”中，并不是因为苦难太过痛苦而选择遗忘，而是人为地把它删去。

但日军留下的证据足够了。今日我们去南京大屠杀纪念馆，受难者的尸骨，孩童的衣物和小鞋子，被强迫去做慰安妇的中国妇女的影像，以屠杀为乐的日军的黑白照片，更不用说那些浩瀚如云的史料和卷宗了。

我也很喜欢日本文化，日本的动漫，日本的樱花，日本的寿司，三四月份的北海道……

但是对这样一个国家，我始终抱有一股深深的恐惧。

实际上，早在 2016 年 12 月 13 日被南京发布转发之前，“荒土”不迟于 2015 年 6 月 13 日就已经在知乎上做出了如上的回答。并被上海的“观察者”网站于 2015 年 6 月 13 日所转载①，2015 年 6 月 14 日被“四月网”所转载②，2015 年 6 月 15 日又被百度贴吧“百家讲坛”所转载③，但却并没有在网上产生全国性的强烈反响。

直到 2016 年 12 月 13 日“国家公祭日”当天，南京发布在微博上转发了这篇 1 年多以前就已经在知乎上存在的文章。南京发布转发时，关于“南京大屠杀和我有什么关系?”——在知乎上已经有 1045 个回答④。“荒土”的回答属于 1045 个回答之一，她的回答被南京发布的微博和微信转发后，共青团中央官方微博，《人民日报》客户端，新华社微信平台相继转载，引发网友热议和思考，其中新华社微信平台的文章阅读量达 10 万余次，点赞近万次。⑤

经过南京发布在 2016 年 12 月 13 日“国家公祭日”当天的转发，“荒土”对“南京大屠杀和我有什么关系”的回答，从当时 1045 个对此问题的回答中脱颖而出，由于南京发布的“权威发布”的性质，由于被人民日报客户端和新华社微信平台转载，“荒土”对“南京大屠杀和我有什么关系”的回答——被视为对此问题迄今最好的回答，实现了传播影响力的最大化。“荒土”也因为在知乎上用 2000 余字回答了“南京大屠杀和我有什么关系?”，而成为“网络红人”(网红)。

实际上，关于“荒土”对“南京大屠杀和我有什么关系?”所做出的回答，网上并非没有质疑之音，例如，知乎网友“王家骏”早上 2016 年 8 月 19 日就“实名反对荒土的回答”⑥：

---

① http://www.guancha.cn/zhouyuyu/2015_06_13_323203.shtml

② http://www.m4.cn/opinion/2015-06/1277548.shtml

③ http://tieba.baidu.com/p/3828694853

④ http://bbs.tianya.cn/post-no05-440484-1.shtml

⑤ 《“南京大屠杀和我有什么关系?”95 后大学生的回答刷屏社交网络》，2016 年 12 月 15 日《扬子晚报》。

⑥ https://www.zhihu.com/search?type=content&q=%E7%8E%8B%E5%AE%B6%E9%AA%8F

南京大屠杀和我有什么关系？

27

王家骏，若盼望那所不见的，就必忍耐等候

实名反对荒土的回答。并且我非常不礼貌非常不克制的评论一下：不懂就不要煽情，核心几点：

1.南京大屠杀存在，日军罪恶；
2.因研究水平低下（可能是研究者自身能力或者政治任务）而导致的研究作假，只会削弱我们主张的说服力；
3.而我们作为南京大屠杀遇难者的同胞，必须把南京大屠杀的史学研究做成不可翻的铁案，有强有力且真实的历史研究，才能帮助子孙及世界记忆日军罪恶；
4.张纯如的自杀和研究这个阴暗话题没有多少关系，这个张的妈妈说过，请自行寻找阅读；
5.张纯如是一个毫无研究能力的人，国内史学刊物曾经很早就批评过她（也可自行搜索），张对从事历史研究所必要的知识，缺乏基本的积累，更严重缺乏研究所需要的工具及方法；
6.张的书有影响力，硬伤极多，相当于给日本右翼递了刀子，他们拿着张的书中大量漏洞和问题，来否认南京屠杀。从这个角度而言，日本右翼很喜欢她。因此，张纯如的书对我们而言，产生了重大的负面影响。

也就是说，"荒土"的回答并非完美，但其却因被"南京发布"转发而产生了巨大影响力，这使我们不得不追问："国家公祭日"期间的南京发布——仅仅是全国31个省会城市之一的官方微博吗？

由于"国家公祭日"的全国性影响，"南京发布"在"国家公祭日"期间所发布的任何微博，不但被包括以人民日报、新华社、共青团中央为代表的中央级媒体所关注，而且也被包括上海发布、成都发布、中国广州发布为代表的其他省会城市政务微博所关注。

在此种情况下，"南京发布"的某些微博信息——"南京大屠杀和我有什么关系?"，既有可能被以人民日报、新华社、共青团中央为代表的中央级媒体所转发，也有可能被包括上海发布、成都发布、中国广州发布为代表的其他省会城市政务微博所转发——这等于说，"南京发布"在"国家公祭日"期间发布与"国家公祭日"有关的微博，其影响力，在某种意义上等于全国所有关注"国家公祭日"的媒体的影响力的总和。在传播效果上产生了经济学意义上的"乘数效应"①，因此，"荒土"所写的《南京大屠杀和我有什么关系?》经"南京发布"在"国家公祭日"这一"焦点时刻"转发，才会产生巨大的影响力。

三、南京发布传播"国家公祭日"时的合作均衡

"南京发布"作为全国31个省会城市政务微博之一，无疑属于"地方性"政务微博，但这并不意味着"南京发布"的影响力始终是"地方性"的。在某些特殊的时点——例如"国家公祭日"——"南京发布"其实是具有全国影响

① 乘数效应（Multiplier Effect），是指经济活动中某一变量的增减所引起的经济总量变化的连锁反应程度。

力的“全国性”媒体，这一经验事实，使我们有必要用变化的眼光来具体问题具体分析省会城市政务微博的影响力。

在转发“荒土”的“南京大屠杀和我有什么关系”之前，南京发布所发布的众多关于“国家公祭日”的微博，如果以“评论数”作为评测的尺度，都没有实现影响力的最大化。

而“荒土”所写的“南京大屠杀和我有什么关系”，在被南京发布所转发之前，也没有产生全国性的巨大影响——“刷屏朋友圈”，换言之，即没有实现“信息产品”影响力的最大化。

当南京发布在“国家公祭日”的时间节点，转发了“荒土”所写的“南京大屠杀和我有什么关系”，两者同时实现了“信息产品”影响力的最大化的“双赢”局面。

从经济学的“合作均衡”理论出发，对于省会城市政务微博而言，实现传播影响力的最大化，并非只有“原创微博”一条路可走。如果“转发微博”可以实现传播影响力的最大化，那么便要通过精心筹划之后以“转发微博”的方式来生产自己的影响力。这也正如苏轼关于医生要实现“治病救人”的目标——是用“自己制的药”还是用“别人制的药”的论述：

> 臣等猥以空疏，备员讲读，圣明天纵，学问日新，臣等才有限而道无穷，心欲言而口不逮，以此自愧，莫知所为。窃谓人臣之纳忠，譬如医者之用药。药虽进于医手，方多传于古人。若已经效于世间，不必皆从于己出。①

第四节　“外部性”视野下政务微博在突发公共事件中的舆论引导：以“成都女司机被打”为焦点②

经济学的“外部性”理论，也称为“外部效应”——“所谓外部效应就是某经济主体的福利函数的自变量包含了他人的行为，而该经济主体又没有向他

① （宋）苏轼：《乞校正陆贽奏议进御札子》，见高海夫主编：《唐宋八大家文钞校注集评：东坡文钞（上）》，西安：三秦出版社，1998 年版，第 4762 页。

② 本节的部分内容曾以《论突发公共事件中微博意见领袖的舆论引导机理——基于“成都女司机被打”事件的分析》为题发表过，见常松，胡靖主编：《新媒体传播与舆论引导》，芜湖：安徽师范大学出版社，2016 年版，第 51 – 60 页。

人提供报酬或索取补偿”。① 关于“外部性”的本质，可以从两个维度来认识，一是“受影响方的决策非参与性”，二是“缺乏有效的反馈机制”。②

如果借助经济学的“外部性”理论来思考省会城市政务微博对于“突发公共事件”的舆论引导，不难发现，“突发公共事件”对于省会城市政务微博而言，虽然省会城市政务微博会受到“突发公共事件”的影响——例如，省会城市政务微博要为“突发公共事件”而发布相关的微博，但对于特定的“突发公共事件”，省会城市政务微博，既无法参与“突发公共事件”是否发生以及如何发生的决策，“突发公共事件”对于省会城市政务微博而言，也“缺乏有效的反馈机制”。

同时，对于“突发公共事件”的舆论引导而言，省会城市政务微博之外的其他政务微博、媒体微博以及个人微博，对于省会城市政务微博也会产生“外部经济”或“外部不经济”的影响③，从而影响省会城市政务微博对于“突发公共事件”的舆论引导效果。

本节将从经济学“外部性”的视野出发，以“成都女司机被打”事件作为经验材料，探研“突发公共事件”中政务微博意见领袖、主流媒体微博意见领袖和个人微博意见领袖的舆论引导机理。

需要说明的是，在本节的具体研究中，经济学的“外部性”理论是作为一种观察的“视野”来“隐含”地使用的。

一、问题的提出

“舆论引导”是“行为主体”通过“有意识”和“有意图”地“制造原因”而促使“参与客体”“想什么”以及“怎么想”从而达成某种预期的效果。舆论引导的前提预设是——舆论能够由于某种原因而发生“变化”。“变化这个

① 赵时亮、陈通：《科研活动的外部性研究》，《科学技术与辩证法》2006 年第 2 期，第 100 页。

② 胡石清、乌家培：《外部性的本质与分类》，《当代财经》2011 年第 10 期，第 5 – 14 页。

③ “例如，私人花园的美景给路人带来美的享受，但他不必付费，这样，私人花园的主人就给过路人产生了外部经济的效果了。又如，隔壁邻居音响的音量开得太大影响了我的休眠，这时，隔壁邻居给我带来了外部不经济效果”，引自沈满洪、何灵巧：《外部性的分类及外部性理论的演化》，《浙江大学学报（人文社会科学版）》2002 年第 1 期，第 153 页。

名词包含着时间顺序的含义”。① “而时间的各部分却总是前后相继的”。②

2015年5月3日，成都女司机卢某因行车纠纷被男司机张某暴打（以下简称“女司机被打”），此事件由于引起了社会各界的广泛关注，因而演化为一个“突发公共事件”。

有媒体报道称，在此次事件中，舆论先是一边倒地谴责打人的男司机，而当男司机的行车记录仪的视频发布后，舆论又立即开始反转，同情男司机和认为女司机被打“活该”的网民为数不少。假若如此，那则表明，在这一突发公共事件中，舆论是“变化”的。

那么，究竟是一些什么样的因素促使舆论发生变化的呢？政务微博意见领袖、主流媒体微博意见领袖和个人微博意见领袖在这一突发公共事件中又是如何参与舆论建构的呢？

二、文献回顾

突发公共事件的微博舆论引导问题，是近年来学术界研究的热点，根据本节的主旨和研究需要，在此，仅选择部分与本节的论题密切相关的代表性文献，来回顾学术界相关研究的进展情况。

（一）突发公共事件中微博传播主体与特征研究

夏德元认为，在突发公共事件中的微博传播主体具有一些显著的特征：突发公共事件的直接利益相关方，理所当然地成为微博传播的活跃分子；公共知识分子作为间接利益相关方的代表，成为重要的传播主体；非利益相关者也越来越多地卷入突发公共事件的微博传播；而传播主体性日益觉醒的普通民众则成为声势浩大的围观者。③ 生奇志等则将微博意见领袖划分为六种类型：明星型微博意见领袖，精英型微博意见领袖，政务型微博意见领袖，专业型微博意见领袖，公益型微博意见领袖和宗教型微博意见领袖。认为微博意见领袖能够与传统媒体一起塑造主流的民意④。

---

① （奥）路德维希·冯·米塞斯：《人类行为的经济学分析》，聂薇，裴艳丽译，广州：广东经济出版社，2010年版，第81页。

② （德）康德：《纯粹理性批判》，邓晓芒译，杨祖陶校，北京：人民出版社，2004年版，第37页。

③ 夏德元：《突发公共事件中微博传播主体与特征》，《新闻记者》2013年第5期。

④ 生奇志、高森宇：《中国微博意见领袖：特征、类型与发展趋势》，《东北大学学报（社会科学版）》2013年第4期。

（二）突发公共事件的信源管理研究

关于信息源对于突发公共事件的舆论的影响，谢耘耕等人的研究成果具有代表性。①

该研究表明，信源作为整个突发公共事件信息传播的引发者，对于传播效果有着举足轻重的影响。而信息源既可以是个人，也可以是群体或组织。麦克卢汉认为"新媒介总是以旧媒介为内容"，充分体现了传统媒体对新媒体内容的影响，"随着互联网的发展，网络社会的影响力虽有上升的趋势，但传统主流媒体以其权威性、可信性、真实性的优势，在大众传播中仍扮演着引导舆论的重要作用"。当前，"新媒体正日益成为突发公共事件的首次曝光媒体，凸显了网民作为大众信源的重要地位"，而这些新媒体渠道则包括"微博、论坛社区、地方区域性网站、新闻网站、手机短信等，其中还有传统媒体创办的新闻网站、传统媒体开设的微博"。

（三）突发公共事件中微博传播的规律研究

关于突发公共事件中微博传播规律的研究成果不少，就与本研究相关的研究成果而言：

——有研究者认为，"信息时代，掌握资讯的先后、多寡，以及发表资讯主体的权威性往往是其能否形成舆论及舆论影响力大小的关键要素。意见领袖假若能够掌握第一手独家的信息，处于舆论源头的位置，那么，其对于突发公共事件舆论的形成就起到至关重要的推动作用。意见领袖具备这种功能所需的条件有两种：一种是意见领袖本身即是舆情事件的当事方或利益相关方，深陷舆情事件之中，了解事件的来龙去脉和前因后果；第二种情况是意见领袖置身于舆情事件之外，并非事件的当事方，只是因转发或发表对某一舆情事件的看法，因此成为舆论的爆发地。"②

——也有研究者指出，"微博在突发公共事件信息传播中与传统媒体形成了微妙的互动关系"，"一方面，突发公共事件中微博传播的许多信息来源于传统媒体，经由微博的扩散，传统媒体发布的信息得到放大、扭曲或过度诠释，从而产生某些违背传统媒体初衷的传播效应；另一方面，传统媒体逐渐将微博作为自身推广和沟通的平台，将微博作为传统媒体新闻传播的通路之一。"③

---

① 谢耘耕，徐颖：《新媒体环境下突发公共事件的信源管理研究》，《新闻与传播研究》2011年第4期。

② 刘锐：《微博意见领袖初探》，《新闻记者》2011年第3期。

③ 夏德元：《突发公共事件中微博传播的若干规律》，《新闻记者》2014年第6期。

三、研究方法

本节以“女司机被打”的 2015 年 5 月 3 日至“女司机发表书面道歉”的 2015 年 5 月 11 日为研究时段，从新浪微博数据中心提供的“参与到‘女司机变道遭殴打’事件播报的传播力排名前 10 的微博”① 中，选取包括“成都发布”在内的政务微博、媒体微博和核心网民微博各 3 个，分析作为舆论引导“行为主体”的政务微博、媒体微博和核心网民微博，在“女司机被打”的事件播报中，生产或者说制造了一些什么样的“原因”，并据此，在学界已有研究的基础上进一步审思突发公共事件中微博意见领袖的作用机理。

首先，逐条细读 2015 年 5 月 3 日至 5 月 11 日 9 个微博的所有内容，并按日统计与“女司机被打”事件相关的微博数（见本节表 1）。

表 1　2015 年 5 月 3 日至 5 月 11 日与“女司机被打”事件相关的微博数一览表

行为主体 / 微博数	@成都发布	@公安部打黑除四害	@王于京	@华西都市报	@人民日报	@南方都市报	@满天的繁星敌不过你的眼睛	@Moeru_千猫	@作家崔成浩
5 月 3 日	0	1	0	3	0	0	0	0	2
5 月 4 日	4	2	4	5	3	2	0	1	2
5 月 5 日	0	1	2	7	4	5	4	0	1
5 月 6 日	0	1	1	1	2	4	9	2	3
5 月 7 日	0	1	0	0	2	1	1	0	0
5 月 8 日	1	5	0	0	0	0	0	1	0
5 月 9 日	0	1	0	0	0	0	0	0	0

① 截至 2015 年 5 月 7 日 12 时，参与到“女司机变道遭殴打”事件播报的传播力排名前 10 的媒体微博分别 是@人民日报、@头条新闻、@南方都市报、@人民网、@新浪资讯台、@新浪四川、@华西都市报、@财经网、@京华时报、@新闻晨报。核心传播网民的传播力排名前 10 的微博分别是@满天的繁星敌不过你的眼睛、@Moeru_ 千猫、@作家崔成浩、@他们爸乡下人、@曾郎说事、@交通安全蜀黍、@赶着毛驴去纽约、@我叫三颗牙、@李想、@Happy 张江。核心传播政府用户的传播力排名前 10 的微博分别是@成都服务、@公安部打黑除四害、@牧键、@王于京、@z 小明童鞋 z、@浙江公安、@寿光公安、@交警陈清洲、@平安中原、@条子。

续表

行为主体 微博数	@成都发布	@公安部打黑除四害	@王于京	@华西都市报	@人民日报	@南方都市报	@满天的繁星敌不过你的眼睛	@Moeru_千猫	@作家崔成浩
5月10日	0	1	0	0	0	0	0	0	0
5月11日	0	2	0	1	3	1	1	0	0

其次，统计全部98条微博中，内容相同的微博（被转发的微博），并分析其信息来源，从而判定三类微博之间交互影响的内在逻辑（见本节表2）。

表2　推动本次事件舆论变化以及持续的主要议题

序号	微博内容	时间	来源举例
1	#【成都娇子立交下 一男司机疑因刮擦痛殴女司机［怒］】3日下午2点多，段小姐的车载记录仪拍到娇子立交十字路口，一男司机停车后把一女司机拉下车痛殴。段小姐称，男子已被成龙路派出所控制，疑似男子的车在高速上被女子车刮擦，车上有小孩，他便一路追到立交下。案件正在调查。@成都同城会	3日18：22	@华西都市报
2	【情况通报】：2015年5月3日14时20分许，在成都市三环路娇子立交桥下，一辆“大众”轿车上的驾驶员张某（男，33岁，本市人），因行车纠纷，对另一辆“现代”轿车上的驾驶员卢某（女，28岁，营山县人）进行殴打，性质恶劣。经审查，张某因涉嫌寻衅滋事，锦江公安分局依法对其进行刑事拘留。	4日3：33	@平安锦江
3	【成都暴打女司机男子道歉：退一步海阔天空】男子张某在警方审讯中向受伤女子道歉，称自己“非常后悔，一时冲动，酿成大错。”他还希望，用自己的教训告诫其他司机，退一步海阔天空，忍一时风平浪静，不要一时冲动，伤害到别人，也破坏了自己的家庭。L成都暴打女司机男子道歉：退一步海阔天空，别做路怒族！ 转发成都打人男司机道歉视频。	4日18：46	@华西都市报

续表

序号	微博内容	时间	来源举例
4	#女司机惨遭男司机暴打#【【女司机变道挡路男司机 全过程视频曝光】今天下午锦江警方通报：5月3日14点10分，张某驾驶红色大众轿车行驶至航天立交至娇子立交桥间主道时，认为卢某驾驶的车变道，阻碍其正常行驶，遂驾车在娇子立交桥下将卢某逼停，拖下车后殴打。男司机记录仪视频	4日 20：22	@华西都市报
5	#女司机惨遭男司机暴打#【一张示意图两段视频帮你理清打人事件真相】3日一段女司机在成都遭暴打的视频引起公愤O秒拍视频，4日下午打人男子车内行车记录仪视频曝光L暴打女司机男子行车记录仪视频记录下从两车相遇、互“别”到男司机打人的过程。华西都市报制作了完整的示意图，告诉你当时发生了什么↓	5日 9：38	@华西都市报
6	【被打女司机病床上接受采访】被打女司机卢某露面，躺在病床上接受采访，讲述了她当时的想法：“经过我这么多年开车的经验，在那样的距离我变道过来出去，是没问题的，不会导致他急刹或是怎样，把小孩惊吓，出来了我都没有感觉把他（车）别了。”央视L被打女司机：以她多年开车经验变道没有问题	5日 20：26	@南方都市报
7	【被打女司机痛哭：不相信全国人民认为我错了】3日，成都一女司机因行车变道遭男司机暴打。今天，她接受采访表示自我检讨。针对网上舆论反转，她哭着说：“不相信全国人民是这样看待这个事的，不相信所有观众就因为我无意的一个变道让后方车踩了刹车，导致他这样暴力行为。”L遭暴打女司机痛哭：不相信全国观众认为我错	5日 20：26	@南方都市报
8	【成都被打女司机：涉交通违法 或被罚100元记3分】3日，成都一女司机因行车变道遭男司机暴打。对于女司机卢某的驾驶行为，成都警方表示：她涉嫌交通违法，将面临罚款100元、记3分。卢某表示：要好好纠正自己驾车行为，诚恳接受处罚，“这次教训太可怕了，也希望大家引以为戒”。O网页链接	6日 16：23	@人民日报
9	【成都被打女司机母亲：女儿是去搞一个慈善机构】成都女司机遭暴打一事又曝采访视频。视频中，女司机母亲流泪称，女儿是为了去搞一个慈善机构，“你们下去看吧，还有两本书都在车上，她和朋友想搞一个慈善机构。为了这点事她心情有点激动……“ via 搜狐视频L被打女司机和母亲流泪受访：当时赶去做慈善。	6日 19：38	@南方都市报

续表

序号	微博内容	时间	来源举例
10	女司机道歉信	11 日 10：44	@南方都市报

再次，统计和分析本次事件的9个微博客关于"路怒"的微博内容及其分布（见本节表3）。

表3 本次事件的9个微博客关于"路怒"的微博分布与统计

行为主体 / 微博数	@成都发布	@公安部打黑除四害	@王于京	@华西都市报	@人民日报	@南方都市报	@满天的繁星敌不过你的眼睛	@Moeru_千猫	@作家崔成浩
5月3日	0	0	0	0	0	0	0	0	0
5月4日	3	1	2	1	1	0	0	0	0
5月5日	0	1	2	0	2	1	0	0	0
5月6日	0	0	0	0	1	2	3	1	2
5月7日	0	1	0	0	2	0	0	0	0
5月8日	1	4	0	0	0	0	0	0	0
5月9日	0	1	0	0	0	0	0	0	0
5月10日	0	1	0	0	0	0	0	0	0
5月11日	0	1	0	0	2	0	0	0	0

四、研究发现

根据本节的研究对象9个微博客9天内所发布的与"女司机被打"有关的微博进行内容分析，研究发现：

（一）本次事件在微博上引发强烈关注的时间段是5月4日至6日

这可以从9个微博客发布微博的数量中得到证实。

日　期	5月3日	5月4日	5月5日	5月6日	5月7日	5月8日	5月9日	5月10日	5月11日
发布微博数	6	23	24	23	5	7	1	1	8

（二）本次事件存在着五个时间节点，每个时间节点的出现都与“新闻”的出现密切相关

1. 时间节点一：3日晚至4日下午，谴责男司机，同情女司机。

影响舆论的是：

（1）女司机被暴打的视频和新闻。

（2）《华西都市报》从“@成都同城会”获悉新闻线索后，跟进采访被打女司机。生产出来的独家新闻是：1. “打人男子试图逃走，被周围群众拦住”。2. 当事人卢小姐称，自己驾车出航天立交后，可能挡后方车的路，“他跟到娇子立交把我别停了”。围观群众阻止男子离开，他又持螺丝刀戳伤一人。

《华西都市报》此时的态度是，同情女司机，痛恨男司机。

受视频内容和《华西都市报》态度影响的政务微博，例如：“@公安部打黑除四害”——3日22：36和4日6：53转载《华西都市报》消息的“@公安部打黑除四害”的态度：同情女司机，痛恨男司机，并将此问题与“路怒症”建立关联。

受视频内容和华西都市报态度影响的网民微博，例如：“@作家崔成浩”的微博：

3日20：24	转发女司机被打视频 因为一点小刮擦，无良司机暴打女司机。打女人真下得去手啊！
3日20：24	转发“打人男子试图逃走，被周围群众拦住” 冲动必须付出代价！

与上述两个“新闻产品”属于同一类的是“@平安锦江”发布于5月4日凌晨的警情通报：

4日3：33	【情况通报】：2015年5月3日14时20分许，在成都市三环路娇子立交桥下，一辆“大众”轿车上的驾驶员张某（男，33岁，本市人），因行车纠纷，对另一辆“现代”轿车上的驾驶员卢某（女，28岁，营山县人）进行殴打，性质恶劣。经审查，张某因涉嫌寻衅滋事，锦江公安分局依法对其进行刑事拘留。@平安成都

这一“情况通报”被其他微博主转载的时间是：

“@华西都市报”，4 日 6：46。

“@公安部打黑除四害”，4 日 7：55。

“@人民日报”，4 日 9：24。

“@南方都市报”，4 日，16：33。

行为主体：主流媒体和政务微博。

2. 时间节点二：4 日下午至晚上，舆论开始同情男司机，责怪女司机。

影响舆论的是：

（1）男司机行车记录仪视频内容公布。

（2）打人男司机道歉。

“@华西都市报”于4 日 21：02 发微博：“关于卢女士被打的原因，一时众说纷纭。对比两段视频可看清新闻事实”。

行为主体：对此事件进行追踪采访的主流媒体。

3. 时间节点三：5 日至6 日，舆论责怪女司机达到峰值。

影响舆论的是：

（1）女司机为在男司机行车记录仪内容公布后继续为自己辩解，不相信全国人民都认为自己错了。

（2）女司机的父亲“绝不接受道歉，必走法律途径”。

（3）网友人肉搜索出关于女司机以前的多次违章及其他负面信息。

行为主体：跟进采访当事人的主流媒体，网民。

4. 时间节点四：6 日至 11 日，微博客重点讨论“路怒症”。

影响舆论的是：

（1）男女司机都有错。

（2）媒体和政务微博开始进行议程设置。

（3）《新京报》的“来论”，《南方都市报》的评论和《人民日报》的评论。

行为主体：政务微博和主流媒体。

5. 时间节点五：11 日，微博客转发（包括评论）女司机的道歉信

影响舆论的是：

（1）女司机发表公开道歉信，请求到此为止。

（2）政务微博和媒体微博转发女司机的道歉信，对于此事的播报“到此为止”。

(3) 人民日报发表评论：《“路怒”是种病》。

行为主体：主流媒体和政务微博。

(三) 三类微博主体存在共识：“路怒”是不对的

就此事，9个微博客都发布了关于“路怒是不对的”的微博。正如“@满天的繁星敌不过你的眼睛”在5月6日8：05的微博中所言：“双方都有错，这个你不得不承认”。

(四) 与突发公共事件密切相关的全国性政务微博和党报是进行舆论引导的主要力量

就三类微博主体而言，在政务微博中，@公安部打黑除四害，就此事件，发布的关于“路怒”的微博最多，为10条。在媒体微博中，@人民日报，就此事件，发布的关于“路怒”的微博最多，为8条。在网民微博中，就此事件，发布的关于“路怒”的微博在数量上相差不多，少则1条，多则3条。

本次事件表明，与突发公共事件相关的全国性政务微博，和党报有着自觉的舆论引导意识，并发布了包括整合旧闻、转发新闻、撰写和转发评论等方式进行着舆论引导。而地方性政务微博、都市报和网民微博，则对于“舆论引导”并没有表现出太高的热情。

虽然此次突发公共事件发生在“成都”，但作为省会城市政务微博的“成都发布”在此次突发公共事件中，与其他政务微博、媒体微博和个人微博相比较而言，并没有在舆论引导方面有突出的表现，这也表明作为“理性人”的成都发布——其“理性”的“有限”。

五、结论与讨论

从经济学“外部性”的视野出发，本节以“成都女司机被打”事件为例，探讨了突发公共事件中政务微博意见领袖、主流媒体微博意见领袖和个人微博意见领袖的舆论引导机理。

研究发现，与政务微博和个人微博相比，主流媒体仍然是突发公共事件中最重要的意见领袖。在突发公共事件的“初始阶段”，主流媒体在舆论引导上发挥作用的大小与其所处空间有关，但随着事件的进展，影响舆论的主流媒体便可以超越地域和空间限制。研究表明，虽然同为“主流媒体”，但地方性都市报与中央级党报在舆论引导上的作用大不相同；虽然同为政务微博，但与所发生的突发事件紧密相关的全国性政务微博与地方性政务微博在舆论引导上的表现也大不相同。

研究表明，虽然主流媒体具有公信力，但如果在没有全面掌握事件的真相之前，就发布新闻，那么，受众被其误导的危险是存在着的。而无论主流媒体还是受众，从这一事件的舆论变化中都应吸取教训，提升自己的媒介素养。

研究也发现，主流媒体引导舆论的关键是发布“新的”新闻信息，和设置新的议程。正如有学者所言，“在微博舆论场，话题是舆论的引线”。① 在本次突发公共事件的“初始阶段”，主流媒体在舆论引导上发挥作用的大小与其所处空间有关，距事发地越近的主流媒体，越有条件和可能进一步发掘关于突发事件的新闻，从而左右舆论的走向。但随着事件的进展，影响舆论的主流媒体便可以超越地域和空间限制。能够提供“新的”信息的媒体影响和引导舆论这一点没有发生变化。换言之，“谁掌握了第一手有价值的信息谁就有可能在信息海洋中获得关注、引导舆论”。②

研究还表明，在“是非”易判的突发公共事件中，舆论引导的实质是在满足受众知情权的同时，适时地“放大”部分理性的网民的声音，而绝非完全是让受众跟着主流媒体走，对于是非易判的突发公共事件，个人微博意见领袖对于“舆论引导”并不积极。

作为个案研究，本研究并非没有局限。首先是受所选取的三类微博样本数的限制。其次则应注意到“女司机被打”这一突发公共事件有其自身的特殊性，例如，本事件作为“路怒症”的一个缩影，事件当事人双方都有过错，并且这一过错在事件的真相公布之后是显而易见的。

尽管如此，本研究至少可以为从经济学“外部性”理论的视野来观测突发公共事件中——各种不同类型的微博参与舆论建构和引导提供一个窗口，由此，不但可以为今后的相关研究提供一个比较的参照个案，而且还提醒研究者们，关于突发公共事件微博舆论引导的作用机理是一个复杂的课题，我们必须依据突发公共事件的不同类型和发生语境对其进行具体分析。

---

① 张涛甫，项一嵚：《中国微博意见领袖的行动特征——基于对其行动空间多重不确定性的分析》，《新闻记者》2012 年第 9 期，第 16 页。

② 生奇志、高森宇：《中国微博意见领袖：特征、类型与发展趋势》，《东北大学学报（社会科学版）》2013 年第 4 期，第 384 页。

第四章　作为"理性人"的政务微博影响力效用最优化的可能路径：筹划与行动的弹性

如果将政务微博视为"理性人"，那么，对于"理性人"而言，"'优化'意味着使用者最大限度地从资源中获取他想要的东西"。①

具体到政务微博影响力效用最优化的问题上来，政务微博运营者首先需要以"参与"的姿态进入到网络空间中来——在曼纽尔·卡斯特（Manuel Castells）看来，如今"网络社会"最迫切的事情不是关于人们说了些什么，而是人们可以接触到网络的事实本身。如果你不置身于网络之中，你就无法在"网络社会"中扮演一个完整的角色。由于计算机网络允许互动，并且使互动个性化，"所以，最重要的文化影响是'进入网络'（being networked）的问题。"②政务微博运营者"进入网络"之后，在日常生活中以"朋友"的角色来陪伴政务微博用户，通过建构和积累"日常影响力效用"，来追求"事件影响力效用"。

一天中的具体"时间"，是影响人注意力分配的决定性因素。作为"理性人"的政务微博，如果要实现影响力效用的最优化，离不开细致地思考如何将发布微博的"时间因素"用到极致。本研究抽取并统计分析上海发布、南京发布和成都发布2016年各4个月的微博发布时段，聚焦高影响力微博的百分比出现较高的时段，以此来审视上海发布、南京发布以及成都发布每天具体的微博发布时间如何调整——以实现其影响力效用的最优化。

"舆论引导"是政务微博的重要任务，属于政务微博的"社会效益"的范畴。但是，如果从经济学的"理性人"最大限度地从资源中获取他想要的东西

---

① （美）保罗·海恩，彼得·勃特克，大卫·普雷契特科：《经济学的思维方式》，史晨，马昕，陈宇译，北京：世界图书出版公司，2012年版，第6页。

② （英）弗兰克·韦伯斯特：《信息社会理论》，曹晋，梁静，李哲，曹茂译，北京：北京大学出版社，2011年版，第133页。

的"优化"目标出发，政务微博在"舆论引导"实践中，不仅要追求"社会效益"，也不宜忽视"经济效益"——为了实现作为"理性人"的政务微博的影响力效用的最优化，可以借助"出版学"的视阈来将政务微博的舆论引导实践视为一种"出版活动"。

政务微博的影响力归根结底是由"事实性信息"和"意见性信息"所共同建构的。若想最大限度地实现政务微博的影响力效用——在发布微博时，政务微博运营者既要重视发布"事实性信息"，也要重视发布以"评论"为表征的"意见性信息"。而我国省会城市政务微博迄今的运营呈现出"评论缺位"，急需改进。

第一节 追求事件影响力效用始自重视日常影响力效用①

截至 2017 年 3 月 31 日，经新浪平台认证的政务微博已达到 168839 个。②各类政务微博"已经成为党政机构用以发布信息、应对网络突发事件、引导网络舆论、提升党政机构的公信力的全新渠道"。③ 其中，"舆论引导"被认为是政务微博所应承担和发挥的四项基本职能之一。④ 但有论者指出，政务微博"在引导网络舆论方面存在着诸如思想意识不高、互动性差、管理不及时、公信力不高、说服力低下、官腔语言严重等问题"。⑤

那么，政务微博能否"引导"网络舆论？如果能，那么"引导"的含义具体是指什么？在政务微博运营的实践层面又宜与怎样的目标定位和行为方略建立关联？作为"理性人"的政务微博影响力效用最优化的实现路径具体有哪些？

---

① 本节的部分内容曾以《论政务微博与风险社会官民协商空间的建构》为题，发表于《南京晓庄学院学报》2015 年第 4 期。

② 据《2017 年一季度人民日报·政务指数微博影响力报告》。https：//weibo. com/p/2304186241925d0102x8a4

③ 刘宗义：《2012 年我国微博发展综述》，《重庆社会科学》2013 年第 1 期，第 47 页。

④ "信息发布、舆论引导、突发事件应对与构建政府形象是政务微博的四项基本职能"。谢新洲，安静：《当前政务微博的发展研究》，《新闻与写作》2013 年第 10 期，第 37 页。

⑤ 徐敬宏、蒋秋兰：《党政机构微博在网络舆情引导中的问题与对策》，《当代传播》2012 年第 4 期，第 82 页。

一、舆论“引导”：从“经验事实”到“意识形态”①

中华人民共和国建立后，“舆论”引导与“宣传”目标曾长期紧密结合在一起。而“宣传”，在亨特（Elgin Hunt）和柯兰德（David Colander）看来，实质上“是政府控制媒体的产物，通过构建流向大众的信息，营造国家看上去运作良好的表象”。② 在网络媒体出现前，传统四大媒体（报纸、杂志、广播、电视）都掌握在党的手中，媒体上的声音（舆论）与党的宣传目标是一致的，因而，媒体的舆论引导或舆论导向即是党的宣传工作以大众传播为中介的落实。

在此种情况下，当某一引起社会关注的重要事件发生时，党对于此事的意见或者观点，即建构了媒体上的“舆论”，包括怎样报道此事、选择性地呈现哪些信息——实质上都是舆论建构与舆论引导的有机构成部分。在传统媒体环境下，“民”并非没有发声的欲望和能力，但在传播手段上一般只限于人际传播层面，而大众传播媒体上呈现的则往往只是“官”的态度与意见，因此，所谓的舆论引导其实只是“官”传播自己的声音给自己听，尽管在信息源有限的情况下，其对“民”的实际影响也产生了“强效果”，亦即舆论引导成为一种经验事实。

更加重要的是，在“官”传与“官”看之间产生了协同一致的共鸣传播效果。这种（在传统媒体上）看到的言论就是自己所希望看到的言论，使“官”们渐渐将舆论引导混同于舆论控制——即，“官”对发生的重要事件希望“民”怎样看，“民”就应该怎样看，即使“民”不这样看，但由于“民”的意见与观点不可能通过大众传播媒介得到传播，因此“官”并不知道或者不愿意知道或者即使知道了也装作不知道“民”的看法，成为一种虽乏道理但却存在的客观事实。这种客观事实的累积与叠加，使得“官”对于传统媒体环境下舆论引导所呈现出的“所传即所欲”的协同一致的共鸣的声音和观点，渐渐内化为自己对于舆论引导理想效果的刻板印象，这种刻板印象在官员群体中的广泛存在，使其生成为一种隐性的意识形态。

在传统媒体环境下，舆论的生产与传播，主要有两种模式，一是“官”对“官”；一是“官”对“民”。其中“官”对“官”可视为政府的“内在传播”，而“官”对“民”则是单向的线性传播，缺乏反馈环节。在此种情况下，舆论

---

① 本目的内容经审稿专家评审通过，在学术期刊上公开发表过。

② （美）亨特等：《社会科学导论》，康敏等译，北京：世界图书出版公司，2012 年版，第 298 页。

场事实上只有一个，即传统媒体环境下由“官”掌控的舆论场（本研究称其为“舆论场 A”）。

在新媒体环境下，舆论的生产与传播模式则发生了根本性的变化。如果我们将舆论的生产和传播主体抽象为“官”和“民”，则传播模式有：“官”对“官”，“官”对“民”，“民”对“官”，“民”对“民”四种。舆论场由原来的一个变成了三个。增加了“民”对“官”的舆论场（“舆论场 B”）和“民”对“民”的舆论场（“舆论场 C”）。所谓的舆论引导，其实质就是以“舆论场 A”的观点为标准和参照，追求“舆论场 B”和“舆论场 C”与“舆论场 A”的交集或者同质性的最大化。

如果“舆论场 B”“舆论场 C”，与“舆论场 A”完全重合，则并不需要舆论引导。这可推论出，在新媒体环境下，舆论引导之所以必要，就在于“舆论场 B”“舆论场 C”，与“舆论场 A”的异质性。

而“舆论场 B”“舆论场 C”与“舆论场 A”之所以存在异质性，乃在于对某一社会事件，“官”与“民”的立场以及价值标准并不相同。

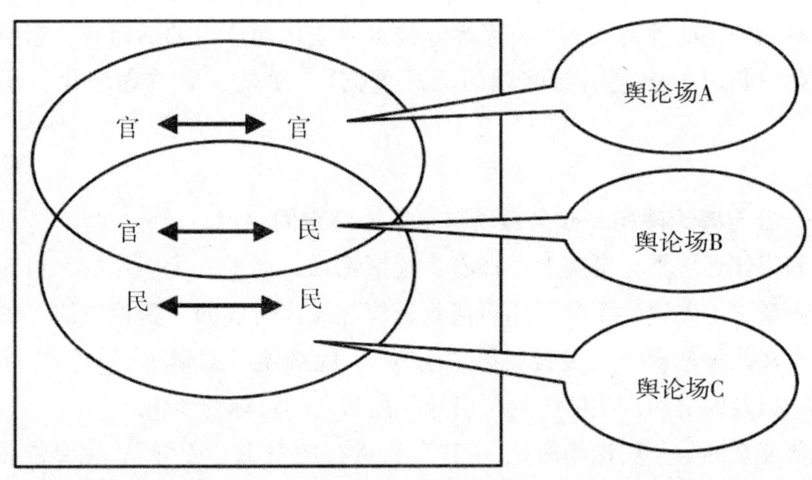

就实践层面而论，“民”作为个体理性的代表，不可能站在“官”的集体理性的立场上。个体理性的价值标准与集体理性的价值标准也不相同。因此，就舆论引导而言，唯一可能的进路是“官”调整自己的立场，以换位思考的方式去站在“民”的立场上。但现实的情况却恰恰相反，“官”的舆论引导的目标似乎并不是以换位思考的方式去站在“民”的立场上，了解“民”意，而是希望通过舆论宣传，使“民”能够站在“官”的立场上。此种“不知其不可而为之”的做法，是新媒体环境下，我国舆论“引导”问题长期以来一直成为无法破解的难题的重要原因。

在新媒体环境下，由于“舆论场B”和“舆论场C”的出现，事实打破了传统媒体环境下“舆论场A”一统天下的局面，如前所论，存在于“官”的头脑中关于舆论引导的由经验事实而生长成的意识形态——要求（通过舆论引导使）舆论场重返原来的大一统局面，这种意识形态的内在惯性与客观事实的外在紧张，使得舆论引导问题在某种意义上被“严重化”了。

在麦克卢汉眼中，“媒介即信息”。而信息包括“事实信息”和“意见信息”,① 一种新的媒介产生之后，一种新的形式的意见信息也必将随之而来，“从媒体技术自身发展的历史而言，每一次新媒体形式的出现都对已有的权力体系和话语秩序产生挑战”,② 换言之，即新的媒介催生了新的舆论形态，而新的舆论形态与旧的舆论形态共同消费了受众的注意力，这等于说，新的舆论形态稀释了旧的舆论形态的影响力，只要新的媒介诞生，这种“稀释”就不可避免。

更为重要的是，新的媒介形态稀释旧的媒介形态的影响力的结果，乃是使得“民”的话语权和影响力相对提升，而“官”的话语权和影响力则相比较而言有所减弱，在此种情况下，将因媒介技术的变化而产生的话语权和影响力的客观变化，归因为舆论引导问题的“严重化”，便是一个“虚假化”了的伪命题。

二、参与舆论建构：政务微博与官民协商空间生产

在新媒体环境下，事实上存在着三个舆论场，如果三个舆论场不可能完全重合，则意味着舆论“引导”不可能重返传统媒体时代的“舆论一律”的大一统局面。在此种情况下，进行舆论“引导”，就必须注意到“引导”二字内涵的变化，以及因之而产生的舆论“引导”所指向的目标的变化。

就所存在的三个舆论场而论，“官”所进行的舆论“引导”，主要依靠的是“舆论场A”，通过“舆论场A”与“舆论场B”的互动，既影响“舆论场B”，也影响“舆论场C”。这意味着在舆论“引导”这一过程之中，“舆论场A”与“舆论场B”的互动是问题的关键。而微博的特性和政务微博的出现，则使得政

① 喻国明：《规则改变、系统协同、构建信任 微博有效传播的三个关键词》，《新闻与写作》2013年第9期，第83页。

② 刘小燕、崔远航：《作为政府与公众间距离协调机制的网络政治沟通研究》，《新闻大学》2013年第2期，第111页。

务微博可以（而不仅仅是可能）成为“舆论场A”与“舆论场B”互动（亦即“官”与“民”互动）的媒介平台。

在新媒体环境下，由于不可能实现“舆论一律”的大一统局面，因此，就舆论“引导”而言，“引导”所指向的目标在可实现层面，便只能是“官”与“民”在互动协商过程中产生的一种妥协的结果，在通常情况下（不排除有例外），此种“协商”的结果既不会完全如“官”所愿，也不会完全如“民”所期。因为协商的前提是存在利益冲突，而协商所要讨论的问题是“在利益冲突中寻找最优或有效，有时甚至是满意的方案，它应遵循像利益互惠这样的原则，是一种解决冲突的方法”。① 换言之，“官”与“民”互动协商的目标是寻找双方都能够接受的最大公约数。

若以寻找“官”与“民”都能够接受的最大公约数为舆论“引导”的目标，则在新媒体环境下的舆论“引导”，其实质是“官”与“民”以对话协商的方式共同“参与”舆论建构。这要求“官”“只有转变控制为主的传播思维，直面问题并且向民意靠拢，才能够实现官方话语空间与非官方话语空间的良性互动，缓和政府与社会公众的关系”。②

政务微博如果将舆论“引导”的目标明确为——以与“民”对话协商的方式“参与”舆论建构，则其便有可能成为风险社会中“官”与“民”减少或者缩小分歧的对话空间和“官”“民”矛盾的缓冲场域。

就“协商”与“对话”而言，有效的“协商”与“对话”除了预先需做好妥协的心理准备之外，还需考量对方的利益诉求，就对方所关心的问题适时给出自己的回馈和观点。具体到政务微博运营上，无论是发布“事实信息”还是“意见信息”，都需将与“民”对话协商视为目的，而不宜做无的之矢的孤芳自赏、自说自话或自娱自乐。

而无论政务微博发布何种信息，获取“民”的关注（甚至转发和评论）都是政务微博信息发布产生影响（包括实现参与舆论建构）的前提。在信息爆炸时代，“民”的注意力事实上已成为稀缺资源，从战略竞争的角度而论，政务微博在内容生产层面必须能够提供其他微博所无法提供的内容，因这直接影响到“民”关注政务微博能否获得不可替代的收益。

在“舆论场A”与“舆论场B”的互动过程中，或者说“官”与“民”互

---

① 罗晓、李敉安：《协商理论简介》，《系统工程与电子技术》1992年第4期，第35页。

② 张宁：《对政务微博公共关系功能的考察与分析——以“广州公安”为例》，《新闻记者》2013年第5期，第80页。

动的过程中，“官”的声音的独特价值在于其代表政府可能的行为，而政府的可能行为不但与“民”的可能收益密切相关，而且影响到“民”可能支出的成本。

在此意义上，政务微博参与舆论建构，代表“官”在与“民”对话的过程中，其言论的影响力实质上并不在于与“民”“讲理”的逻辑论辩层面，而在于其“言”与政府可能的“行”所具有的“言行一致”的内在关联。

因此，新媒体环境下，政务微博的舆论“引导”问题并不是一个理论问题，而是一个政府“言行一致”的实践问题。

政府是否“言行一致”？在经验层面，属于“民”的历史记忆问题，我国一些地方的官员基于个人或者地方利益的考量，通过新闻媒体（包括政务微博）瞒报、谎报许多虚假的信息，使“民”对于一些“官”产生了“言行不一致”“说话不可信”的负面印象，这种“民”对“官”缺乏信任，已成为舆论“引导”亦即“官”与“民”协商对话以求得最大公约数的现实心理障碍。毕竟，“任何一个官方微博也好，个人微博也好，其实它能否发挥影响力，就是跟它的信任资源的多和少关联在一起的”。①

政府是否“言行一致”？在利益层面，则涉及“官”与“民”之间所存在的集体理性与个体理性的冲突问题，即政府是否“言行一致”，不仅牵涉到政府的“行”是否与政府的“言”相一致，而且涉及政府的“言行”所产生的结果是否与“民”的利益或者预期相一致。② 这可推论出，政府无论是在政策制定抑或在政策施行过程中，都需高度重视“民”的利益诉求，如果政府的社会治理的“行”与“为人民服务”的“言”并不一致，则舆论“引导”不可能产生政府所期望的理想效果。

三、以“朋友”的“陪伴”替代“他者”的“引导”

政务微博存在的价值在于其所发挥的功能。其中包括舆论引导。而舆论是众人的意见。政务微博影响众人意见（舆论）的前提是，作为众人之一参与对话。因此，参与网络舆论建构，而非控制网络舆论，既是政务微博发挥舆论引

① 喻国明：《规则改变、系统协同、构建信任 微博有效传播的三个关键词》，《新闻与写作》2013 年第 9 期，第 85 页。

② “例如有时政府官微出于进一步维护公共秩序考量，提出一些新规新政，可能触动了某些个体的惯习或有损他们的利益，作为个体存在的网民对新政新规就可能出现误读和误传”。闵学勤、郑丽勇：《微博、人性与社会治理》，《新闻大学》2013 年第 4 期，第 115 页。

导功能的目标定位，也是其实践路径。在此过程中，评判政务微博是否发挥了舆论引导功能的参照系——应是政务微博如果不参与舆论建构所可能出现的网络舆论后果。

将政务微博定位为风险社会官民协商的对话空间，更为重要的意义在于促进我国的政治改革。而“渐进改革是中国公共管理改革的基本路径”,① 在此过程中，作为“为政务服务是其唯一的功能属性”的政务微博,② 其所从事的舆论引导工作应纳入中国公共管理渐进式改革的整体视野中来，使政务微博这一媒介平台成为风险社会的官民协商空间。

舆论引导针对的通常是特定事件。政务微博如果要追求舆论引导的事件影响力效用，则必须重视日常影响力效用。这种日常影响力效用建立在政务微博运营者与政务微博用户是“朋友”的基础之上。

“朋友”意味着是“自己人”,“他者”则意味着“不是自己人”。政务微博运营者若想被政务微博用户视为“自己人”，则必须在想法与做法与政务微博用户具有尽可能多的“交集”。在日常生活中，成为“朋友”是建立在 A 与 B 双方一次又一次具体的交往实践中。当 A 与 B 在交往中发现彼此“志同道合”，存在较多的“交集”，在许多事情上有“共鸣”，据社会心理学中的“相似吸引”，A 与 B 易成为“朋友”。

政务微博运营者与政务微博用户之间的“朋友”关系，如果用南京发布主编黄伟清的话来说，便体现在“陪伴”上——

南京发布和其他省会城市政务微博，所谓的差异呀，南京发布强调的更多的是陪伴。陪伴不仅是理念，在很多案例上，可能跟其他账号不一样。你可能已经观察到了，像上海发布，更多的是属于信息来源，信息发布，有标题，有栏目。南京发布不太喜欢栏目。因为我觉得栏目——有点过于传统媒体化。固定的，给人的面孔就觉得你在发布。南京发布显得比较乱，因为我们强调的是陪伴和对话。所以，看起来，南京发布内容有点不正经——相对于上海发布和杭州发布来说，这个陪伴的理念相对会浓一些。

2016 年评的，也是全国的一个政务新媒体的鲜活案例，（2015 年）南京江北新区的爆炸，我们第一条回应点回应的是什么？当时很多人在网上问，江北新区听到巨响了，怎么回事？我们发的第一条微博，早晨 6：23 分发出的，发

---

① 敬义嘉：《治理的中国品格和版图》，敬义嘉主编：《网络时代的公共管理》，上海：上海人民出版社，2011 年版，第 35 页。

② 毕晟：《政务微博可信度研究综述》，《新闻记者》2013 年第 3 期，第 77 页。

了一个问句，说很多人问，江北新区发生巨响，怎么回事？

南京发布 V
2015-4-21 06:23 来自 iPhone 5s
好多网友说，大厂地区听到巨响。咋回事？
☆ 收藏 | 217 | 317 | 186

有人就问我，说你不觉得这是一条最差的新媒体突发事件回应?！全国人民都在问你市委市政府——怎么回事？你自己居然也在问怎么回事？后来我就跟他说了：陪伴。这么多人问你的时候，你得表明你的姿态，老百姓不在意你的回话，但是在意你是否在，你也在和我们一样关注这件事情。那个效果，真的非常好。在舆情回应里面，我们往往有一个最大的理由是什么呢？我还不清楚情况，但是，刚才已经说了，网络上很多时候是情绪。你不出来陪伴，这个时候没有你，我们好多舆情案例，结果都没人管，你说什么都没人理你，因为觉得你不是自己人。①

因此，对于政务微博的舆论引导而言，最为重要的问题也许还不是出在特定事件的舆论引导策略，而是出在日常生活中，政务微博运营者是否将政务微博用户视为自己的“朋友”，以此来建构日常影响力效用。只有在平时有意建构“朋友”关系的日常影响力效用，特定事件发生后，政务微博用户才会因政务微博运营者是自己的“朋友”，而受“朋友”的影响，舆论引导在此种意义上也才能够真正地取得实效。

政务微博作为官民的协商空间，其协商的逻辑起点是“官”与“民”意见不一致，协商的逻辑过程是说服与反说服的博弈，而协商的逻辑终点则是追求“官”与“民”意见相同或相近的最大公约数。为此，无论“官”或“民”都需要合作精神，在实践层面“表现为在争取对诸方都有利的结局时需要各方做出适当让步和对自己承诺负责”。② 若此，不但对于政府有利、对于公民有益，更重要的是对于政治民主和公共利益有助——以使中国社会在多元舆论的冲突和碰撞中，行走在渐进式的改良之轨上，通过化解社会矛盾激化所可能产生的巨大破坏性，最大限度地保障每个生活在这片土地上的人的尊严和福祉。

---

① 据2017年7月10日笔者采访南京发布主编黄伟清的录音资料整理。

② 王先甲、陈珽：《协商理论方法的综述》，《管理科学学报》1998年第1期，第80页。

第二节　减少叙述性信息偏好与显示性信息偏好的错位

我国省会城市政务微博的运营，由于设有专门的运营人员，例如，2017 年上海发布的运营人员为 13 人，南京发布的运营人员为 7 人①，运营人员的工作时间是制度化的，因而是相对固定的，例如，上海发布运营人员的工作时间是 6 点至 23 点，② 专门的运营人员在相对固定的工作时间，每个时段发布微博的数量是相对稳定的。这种相对稳定的微博发布数量，并不随着月份的变化而变化。

而政务微博用户的作息时间却并非是一成不变的，夏天由于天明的时间相对较早，人们起床时间相对较早；夏天由于天黑的时间相对较晚，人们入睡时间相对较晚。冬天则相反，由于天明的时间相对较晚，人们起床的时间相对较晚；冬天由于天黑的时间相对较早，人们入睡的时间相对较早。我国也曾在 1986 年至 1991 年间，实行了长达 6 年的“夏令时”，实行“夏令时”期间（4 月中旬至 9 月中旬），将时间向后调快一小时。③

我国省会城市政务微博运营人员相对稳定的工作时间，与政务微博用户随季节而变动的作息时间之间的错位，是否会导致省会城市政务微博运营人员的“叙述性信息偏好”与政务微博用户的“显示性信息偏好”之间也存在错位呢？

一、叙述性信息偏好与显示性信息偏好存在错位的发现

（一）研究方法

由于 2016 年上海发布、南京发布，以及成都发布是我国 31 个省会城市政务微博中，年发布“高影响力微博”均超过 1000 条的三家政务微博，因此，本节采用抽样的方法，分别抽取上海发布 2016 年 1 月、4 月、7 月、10 月，抽取南京发布 2016 年 2 月、5 月、8 月、11 月，抽取成都发布 2016 年 3 月、6 月、9 月、12 月，作为研究 2016 年全年 12 个月政务微博发布情况的样本。

（1）将 1 天的 24 小时，从早上 6 点开始，每 1 小时作为一个研究时段，划分为 24 个时段。分别统计上海发布、南京发布和成都发布，在 24 个时段内的

① 据 2017 年 7 月 13 日笔者采访上海发布主编周凯和 2017 年 7 月 10 日笔者采访南京发布主编黄伟清的录音资料。

② 据 2017 年 7 月 13 日笔者采访上海发布主编周凯的录音资料。

③ 王海平：《夏时制，回来吧！把时钟向前拨快一小时》，《科技创业家》2011 年第 4 期。

微博发布数量、高影响力微博数量。

（2）得出上海发布、南京发布和成都发布在每个时段的高影响力微博百分比。

（3）分别观察比较上海发布、南京发布和成都发布在各自所选取的4个月、各个时段的微博发布数量、高影响力微博数量、高影响力微博百分比的变化。

（二）关于上海发布的研究发现

（1）上海发布在所抽取的1月、4月、7月和10月，每月所发布的微博总数相对稳定。其中，1月份发微博总数为700，4月份发微博总数为617，7月份发微博总数为683，10月份发微博总数为593。

（2）上海发布在所抽取的1月、4月、7月和10月，在一天的24个时段中，存在着微博发布的高峰期。

早上7：00－7：59是第一个微博发布的高峰期。

上午9：00－10：59是第二个微博发布的高峰期。

下午14：00－17：59是第三个微博发布的高峰期。

晚上18：00－18：59是最后一个微博发布的高峰期。

2016年（1月、4月、7月、10月）上海发布24小时的微博发布数量与高影响力微博发布数量的统计分析

		1月	4月	7月	10月			1月	4月	7月	10月
6：00－6：59	高影响力微博数量	21	6	3	3	18：00－18：59	高影响力微博数量	3	12	3	2
	微博发布数量	30	18	9	17		微博发布数量	52	48	38	30
7：00－7：59	高影响力微博数量	3	2	12	6	19：00－19：59	高影响力微博数量	2	3	4	7
	微博发布数量	58	66	78	68		微博发布数量	28	19	30	31
8：00－8：59	高影响力微博数量	7	2	6	3	20：00－20：59	高影响力微博数量	0	3	4	4
	微博发布数量	25	20	21	10		微博发布数量	5	12	14	18

续表

		1月	4月	7月	10月			1月	4月	7月	10月
9：00－9：59	高影响力微博数量	1	6	4	1	21：00－21：59	高影响力微博数量	1	5	11	6
	微博发布数量	67	55	57	50		微博发布数量	35	34	50	42
10：00－10：59	高影响力微博数量	5	8	6	2	22：00－22：59	高影响力微博数量	1	1	2	1
	微博发布数量	64	61	62	46		微博发布数量	7	3	5	3
11：00－11：59	高影响力微博数量	9	8	4	3	23：00－23：59	高影响力微博数量	1	0	1	0
	微博发布数量	36	30	36	36		微博发布数量	4	0	2	0
12：00－12：59	高影响力微博数量	2	3	1	0	00：00－00：59	高影响力微博数量	0	0	0	0
	微博发布数量	34	25	24	21		微博发布数量	1	0	0	0
13：00－13：59	高影响力微博数量	5	4	8	1	1：00－1：59	高影响力微博数量	0	0	0	0
	微博发布数量	32	39	48	33		微博发布数量	0	0	0	0
14：00－14：59	高影响力微博数量	8	9	18	5	2：00－2：59	高影响力微博数量	0	0	0	0
	微博发布数量	72	45	69	54		微博发布数量	0	0	1	0
15：00－15：59	高影响力微博数量	8	10	11	10	3：00－3：59	高影响力微博数量	0	0	0	0
	微博发布数量	51	48	57	48		微博发布数量	0	0	0	0

续表

		1月	4月	7月	10月			1月	4月	7月	10月
16：00－16：59	高影响力微博数量	5	9	5	7	4：00－4：59	高影响力微博数量	0	0	0	0
	微博发布数量	45	41	39	43		微博发布数量	0	0	1	0
17：00－17：59	高影响力微博数量	9	9	3	2	5：00－5：59	高影响力微博数量	0	0	0	0
	微博发布数量	54	53	42	43		微博发布数量	0	0	0	0

上海发布的四个微博发布高峰期，大致对应着政务微博用户早晨上班的路上、上午的工作时间、下午的工作时间和晚上下班的路上这样四个时段。具有相对的稳定性，并未随月份与季节的变化而呈现出明显的变化。

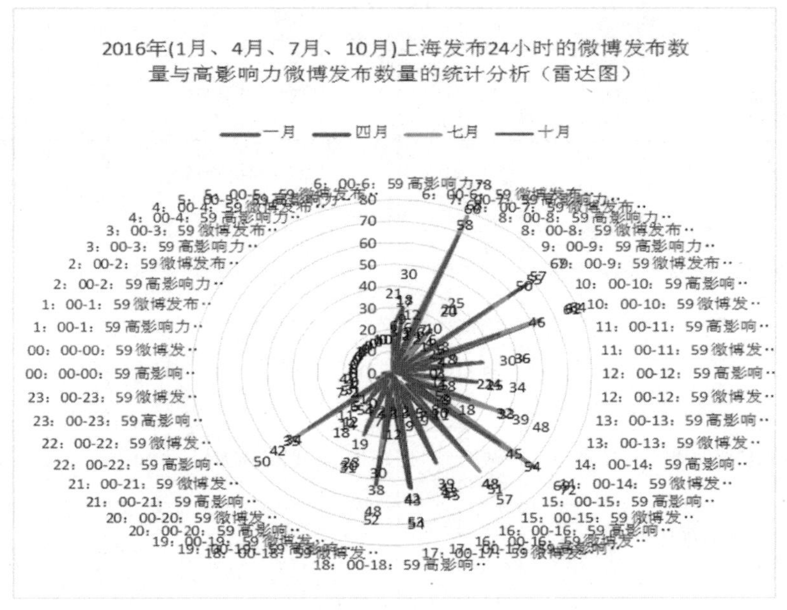

（3）上海发布在所抽取的1月、4月、7月和10月，在一天的24个时段中，存在着高影响力微博百分比较高的稳定时段。

		1月	4月	7月	10月	平均			1月	4月	7月	10月	平均
6：00－6：59	高影响力微博百分比	70%	33%	33%	18%	39%	18：00－18：59	高影响力微博百分比	6%	25%	8%	7%	12%
7：00－7：59	高影响力微博百分比	5%	3%	15%	9%	8%	19：00－19：59	高影响力微博百分比	7%	16%	13%	23%	15%
8：00－8：59	高影响力微博百分比	28%	10%	29%	30%	24%	20：00－20：59	高影响力微博百分比	0	25%	29%	22%	19%
9：00－9：59	高影响力微博百分比	1%	11%	7%	2%	5%	21：00－21：59	高影响力微博百分比	3%	15%	22%	14%	14%
10：00－10：59	高影响力微博百分比	8%	13%	10%	4%	9%	22：00－22：59	高影响力微博百分比	14%	33%	40%	33%	30%
11：00－11：59	高影响力微博百分比	25%	27%	11%	8%	18%	23：00－23：59	高影响力微博百分比	25%	0	50%	0	19%
12：00－12：59	高影响力微博百分比	6%	12%	4%	0	6%	00：00－00：59	高影响力微博百分比	0	0	0	0	0
13：00－13：59	高影响力微博百分比	14%	10%	17%	3%	11%	1：00－1：59	高影响力微博百分比	0	0	0	0	0
14：00－14：59	高影响力微博百分比	11%	2%	26%	9%	12%	2：00－2：59	高影响力微博百分比	0	0	0	0	0
15：00－15：59	高影响力微博百分比	16%	21%	19%	21%	19%	3：00－3：59	高影响力微博百分比	0	0	0	0	0
16：00－16：59	高影响力微博百分比	11%	22%	13%	16%	16%	4：00－4：59	高影响力微博百分比	0	0	0	0	0
17：00－17：59	高影响力微博百分比	17%	17%	7%	5%	12%	5：00－5：59	高影响力微博百分比	0	0	0	0	0

如果同样将一天划分为"早上""上午""下午""晚上"四个时段，则高影响力微博百分比较高的时段为：

早上6：00－6：59是第一个高影响力微博百分比最高的时段（均值为39%）。

上午8：00－8：59是第二个高影响力微博百分比最高的时段（均值为24%）。

下午 15：00－15：59 是第三个高影响力微博百分比最高的时段（均值为 19%）。

晚上 20：00－20：59 是第四个高影响力微博百分比高的时段（均值为 19%）。22：00－22：59 是最后一个高影响力微博百分比最高的时段（均值为 30%）。

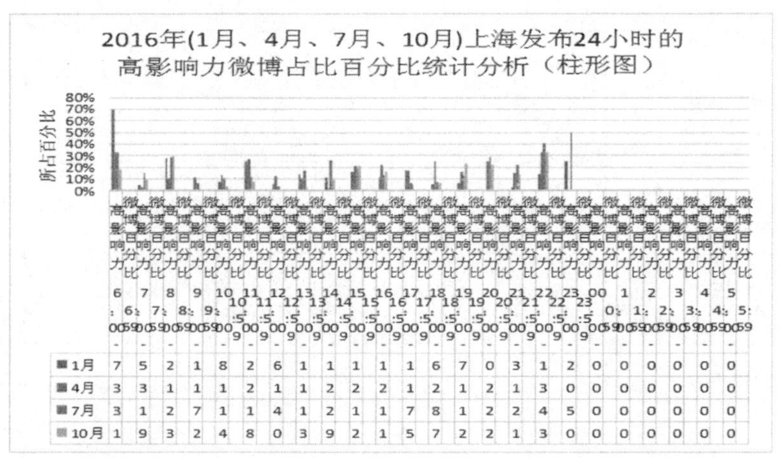

（4）比较上海发布在所抽取的 1 月、4 月、7 月和 10 月，在一天的 24 个时段中，所存在着的微博发布的高峰期，与其所出现的高影响力微博百分比最高的时段，显然存在着错位。

（三）关于南京发布的研究发现

（1）南京发布在所抽取的 2 月、5 月、8 月和 11 月，每月所发布的微博总数较为稳定。其中，2 月份（因为天数少于其他月份）发微博总数为 370，5 月份发微博总数为 490，8 月份发微博总数为 404，11 月份发微博总数为 423。

（2）南京发布在所抽取的 2 月、5 月、8 月和 11 月，在一天的 24 个时段中，存在着微博发布的高峰期。

早上 7：00－7：59 是第一个微博发布的高峰期。

上午 9：00－11：59 是第二个微博发布的高峰期。

下午 14：00－17：59 是第三个微博发布的高峰期。

晚上 19：00－21：59 是第四个微博发布的高峰期。

2016 年（2 月、5 月、8 月、11 月）南京发布 24 小时的微博发布数量与高影响力微博发布数量的统计分析

		2 月	5 月	8 月	11 月			2 月	5 月	8 月	11 月
6：00－6：59	高影响力微博数量	3	6	1	4	18：00－18：59	高影响力微博数量	4	2	8	4
	微博发布数量	8	10	1	7		微博发布数量	13	31	25	17
7：00－7：59	高影响力微博数量	7	11	10	12	19：00－19：59	高影响力微博数量	8	3	5	5
	微博发布数量	23	28	18	22		微博发布数量	20	28	29	23
8：00－8：59	高影响力微博数量	3	13	8	11	20：00－20：59	高影响力微博数量	10	9	9	5
	微博发布数量	14	30	24	23		微博发布数量	23	31	31	21
9：00－9：59	高影响力微博数量	10	7	13	9	21：00－21：59	高影响力微博数量	8	20	12	14
	微博发布数量	31	34	45	37		微博发布数量	26	32	28	26
10：00－10：59	高影响力微博数量	10	4	6	15	22：00－22：59	高影响力微博数量	8	6	4	5
	微博发布数量	35	29	26	33		微博发布数量	12	18	16	16
11：00－11：59	高影响力微博数量	5	8	9	8	23：00－23：59	高影响力微博数量	2	5	1	4
	微博发布数量	22	35	29	32		微博发布数量	3	8	6	8
12：00－12：59	高影响力微博数量	5	10	12	12	00：00－00：59	高影响力微博数量	3	3	0	0
	微博发布数量	18	24	20	21		微博发布数量	3	3	0	2

续表

		2月	5月	8月	11月			2月	5月	8月	11月
13：00－13：59	高影响力微博数量	6	8	6	3	1：00－1：59	高影响力微博数量	2	0	0	0
	微博发布数量	17	19	20	11		微博发布数量	3	1	0	1
14：00－14：59	高影响力微博数量	5	10	8	10	2：00－2：59	高影响力微博数量	0	0	0	0
	微博发布数量	21	26	19	31		微博发布数量	0	0	0	0
15：00－15：59	高影响力微博数量	8	17	8	17	3：00－3：59	高影响力微博数量	0	0	0	0
	微博发布数量	26	37	24	34		微博发布数量	0	1	0	0
16：00－16：59	高影响力微博数量	10	12	7	5	4：00－4：59	高影响力微博数量	0	0	0	0
	微博发布数量	21	33	20	23		微博发布数量	0	1	0	0
17：00－17：59	高影响力微博数量	12	10	6	9	5：00－5：59	高影响力微博数量	0	0	0	3
	微博发布数量	30	30	22	32		微博发布数量	1	2	1	3

需要注意的是，与上海发布不同，南京发布的四个微博发布高峰期，大致对应着政务微博用户早晨上班前的时间，上午的工作时间、下午的工作时间和晚饭以后的时间这样四个时段。与上海发布相同的是，南京发布的四个微博发布高峰期也具有相对的稳定性，并未随月份与季节的变化而呈现出明显的变化。

（3）南京发布在所抽取的2月、5月、8月和11月，在一天的24个时段中，存在着高影响力微博百分比较高的稳定时段。

早晨6：00－6：59是第一个高影响力微博百分比最高的时段（均值为64%）。

上午7：00－7：59是第二个高影响力微博百分比最高的时段（均值为45%）。

中午 12：00－12：59 是第三个高影响力微博百分比最高的时段（均值为 47%）。

下午 15：00－15：59 是第四个高影响力微博百分比最高的时段（均值为 40%）。

晚上 21：00－21：59 是第五个高影响力微博百分比最高的时段（均值为 48%）。

晚上 23：00－23：59 是最后一个高影响力微博百分比最高的时段（均值为 49%）。

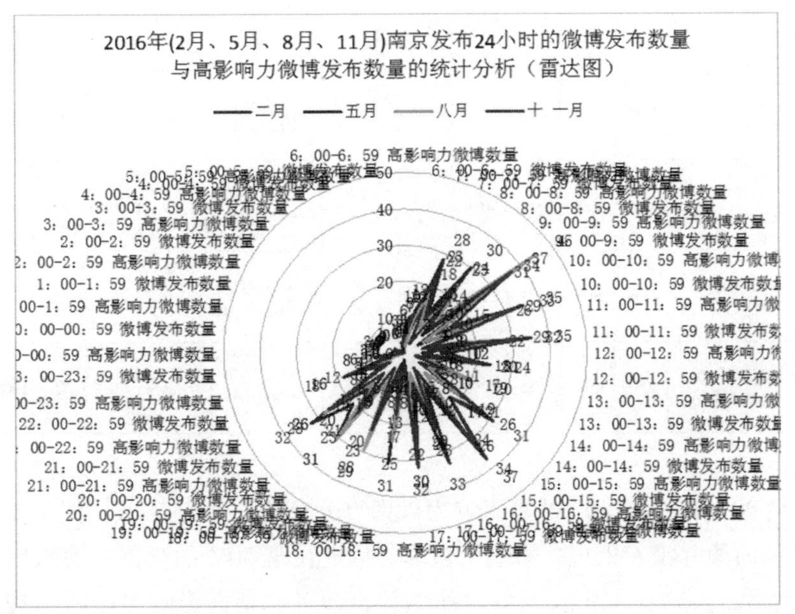

		2月	5月	8月	11月	平均			2月	5月	8月	11月	平均
6：00－6：59	高影响力微博百分比	38%	60%	100%	57%	64%	18：00－18：59	高影响力微博百分比	31%	6%	32%	24%	23%
7：00－7：59	高影响力微博百分比	30%	39%	56%	55%	45%	19：00－19：59	高影响力微博百分比	4%	11%	17%	22%	14%
8：00－8：59	高影响力微博百分比	21%	43%	33%	48%	36%	20：00－20：59	高影响力微博百分比	43%	29%	29%	24%	31%
9：00－9：59	高影响力微博百分比	32%	21%	29%	24%	27%	21：00－21：59	高影响力微博百分比	31%	63%	43%	54%	48%

续表

		2月	5月	8月	11月	平均			2月	5月	8月	11月	平均
10:00-10:59	高影响力微博百分比	29%	24%	23%	45%	30%	22:00-22:59	高影响力微博百分比	67%	33%	25%	31%	39%
11:00-11:59	高影响力微博百分比	23%	23%	31%	25%	26%	23:00-23:59	高影响力微博百分比	67%	63%	17%	50%	49%
12:00-12:59	高影响力微博百分比	28%	42%	60%	57%	47%	00:00-00:59	高影响力微博百分比	100%	100%	0	0	50%
13:00-13:59	高影响力微博百分比	35%	42%	30%	27%	34%	1:00-1:59	高影响力微博百分比	67%	0	0	0	17%
14:00-14:59	高影响力微博百分比	24%	38%	42%	32%	34%	2:00-2:59	高影响力微博百分比	0	0	0	0	0
15:00-15:59	高影响力微博百分比	31%	46%	33%	50%	40%	3:00-3:59	高影响力微博百分比	0	0	0	0	0
16:00-16:59	高影响力微博百分比	48%	36%	35%	22%	35%	4:00-4:59	高影响力微博百分比	0	0	0	0	0
17:00-17:59	高影响力微博百分比	40%	33%	27%	28%	32%	5:00-5:59	高影响力微博百分比	0	0	0	100%	25%

虽然00:00-00:59的高影响力微博百分比的均值为50%，但由于8月与11月这一时段并没有出现高影响力微博，因此出现50%的高影响力微博的均值具有偶然性，在本研究中，不将其作为评价政务微博高影响力微博出现时段的依据。

由下图可见，南京发布在上述6个时间段，出现了高影响力微博集中的情形。

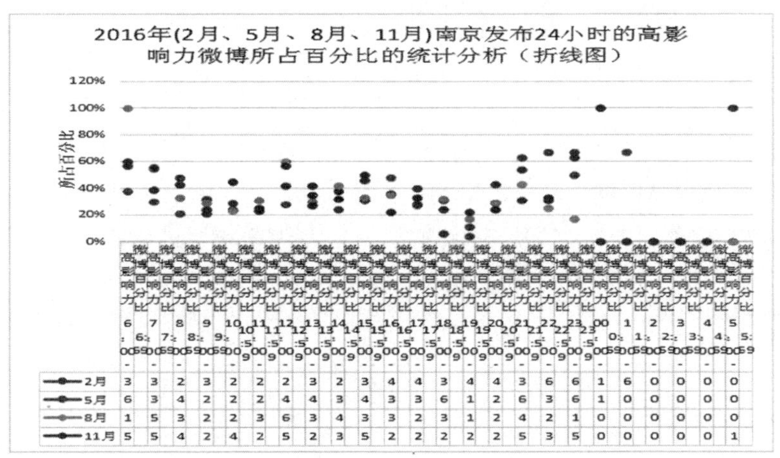

（4）比较南京发布在所抽取的2月、5月、8月和11月，在一天的24个时段中，所存在着的微博发布的高峰期，与其所出现的高影响力微博百分比最高的时段，存在着时间上的错位。

（四）关于成都发布的研究发现

（1）成都发布在所抽取的3月、6月、9月和12月，每月所发布的微博总数相对稳定。其中，3月份发微博总数为998，6月份发微博总数为950，9月份发微博总数为1002，12月份发微博总数为1089。

（2）成都发布在所抽取的3月、6月、9月和12月，在一天的24个时段中，存在着微博发布的高峰期。

早上7：00－7：59是第一个微博发布的高峰期。

上午8：00－12：59是第二个微博发布的高峰期。

下午14：00－17：59是第三个微博发布的高峰期。

晚上19：00－23：59是第四个微博发布的高峰期。

2016年（3月、6月、9月、12月）成都发布24小时的微博发布数量与高影响力微博发布数量的统计分析

		3月	6月	9月	12月			3月	6月	9月	12月
6：00－6：59	高影响力微博数量	0	0	0	0	18：00－18：59	高影响力微博数量	11	9	2	8
	微博发布数量	0	0	0	0		微博发布数量	42	39	43	47

续表

		3月	6月	9月	12月			3月	6月	9月	12月
7：00－7：59	高影响力微博数量	0	0	0	1	19：00－19：59	高影响力微博数量	6	2	8	13
	微博发布数量	32	31	30	37		微博发布数量	53	58	68	75
8：00－8：59	高影响力微博数量	3	3	3	3	20：00－20：59	高影响力微博数量	13	9	12	16
	微博发布数量	69	65	70	64		微博发布数量	61	67	67	63
9：00－9：59	高影响力微博数量	6	8	5	3	21：00－21：59	高影响力微博数量	20	15	13	22
	微博发布数量	61	55	60	72		微博发布数量	63	59	57	71
10：00－10：59	高影响力微博数量	1	2	16	2	22：00－22：59	高影响力微博数量	22	24	24	18
	微博发布数量	70	66	76	60		微博发布数量	59	55	61	69
11：00－11：59	高影响力微博数量	5	11	2	5	23：00－23：59	高影响力微博数量	7	8	5	11
	微博发布数量	81	68	76	77		微博发布数量	42	40	42	49
12：00－12：59	高影响力微博数量	2	3	3	2	00：00－00：59	高影响力微博数量	0	0	0	1
	微博发布数量	65	59	59	61		微博发布数量	1	0	0	6
13：00－13：59	高影响力微博数量	2	4	3	6	1：00－1：59	高影响力微博数量	0	0	0	0
	微博发布数量	46	46	43	57		微博发布数量	0	0	0	0

续表

		3月	6月	9月	12月			3月	6月	9月	12月
14:00－14:59	高影响力微博数量	8	10	6	5	2:00－2:59	高影响力微博数量	0	0	0	0
	微博发布数量	62	59	66	67		微博发布数量	0	0	0	0
15:00－15:59	高影响力微博数量	3	9	3	2	3:00－3:59	高影响力微博数量	0	0	0	0
	微博发布数量	63	72	60	68		微博发布数量	0	0	0	0
16:00－16:59	高影响力微博数量	3	8	11	9	4:00－4:59	高影响力微博数量	0	0	0	0
	微博发布数量	68	54	66	72		微博发布数量	0	0	0	0
17:00－17:59	高影响力微博数量	12	16	10	13	5:00－5:59	高影响力微博数量	0	0	0	0
	微博发布数量	60	57	58	74		微博发布数量	0	0	0	0

与上海发布、南京发布不同，成都发布的四个微博发布高峰期，大致对应着政务微博用户早晨上班时的时间，上午的工作时间和午休时间、下午的工作时间和晚饭以后的时间这样四个时段。与上海发布以及南京发布相同的是，成都发布的四个微博发布高峰期也具有相对的稳定性，并未随月份与季节的变化而呈现出明显的变化。

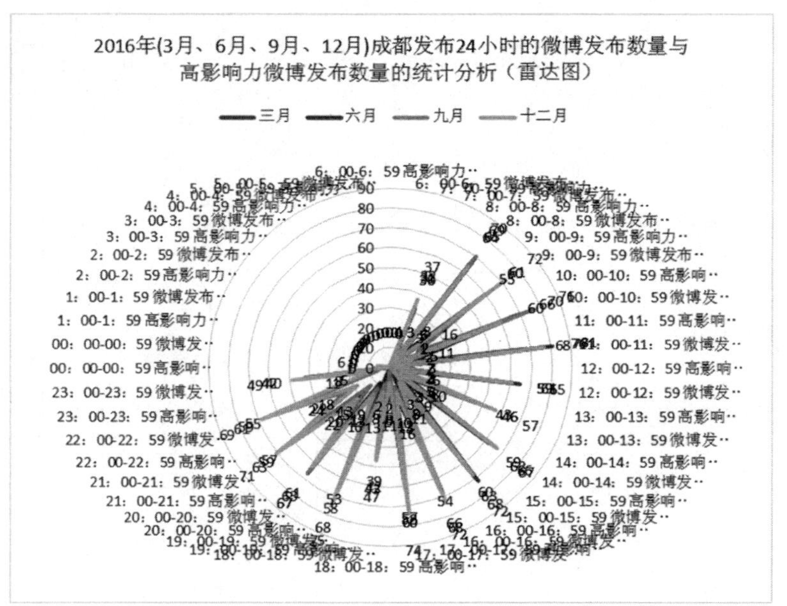

（3）成都发布在所抽取的 3 月、6 月、9 月和 12 月，在一天的 24 个时段中，存在着高影响力微博百分比较高的稳定时段。

上午 9：00－9：59 是第一个高影响力微博百分比最高的时段（均值为 9%）。

下午 14：00－14：59 是第二个高影响力微博百分比最高的时段（均值为 12%）。

下午 16：00－16：59 是第三个高影响力微博百分比最高的时段（均值为 12%）。

下午 17：00－17：59 是第四个高影响力微博百分比最高的时段（均值为 21%）。

晚上 21：00－21：59 是第五个高影响力微博百分比最高的时段（均值为 28%）。

晚上 22：00－22：59 是第六个高影响力微博百分比最高的时段（均值为 37%）。

晚上 23：00－23：59 是最后一个高影响力微博百分比最高的时段（均值为 18%）。

2016年（3月、6月、9月、12月）成都发布24小时的微博发布数量与高影响力微博发布数量的统计分析

		3月	6月	9月	12月	平均			3月	6月	9月	12月	平均
6：00－6：59	高影响力微博百分比	0	0	0	0	0	18：00－18：59	高影响力微博百分比	26%	23%	5%	17%	18%
7：00－7：59	高影响力微博百分比	0	0	0	3%	0.8%	19：00－19：59	高影响力微博百分比	11%	3%	12%	17%	11%
8：00－8：59	高影响力微博百分比	4%	5%	4%	5%	4.5%	20：00－20：59	高影响力微博百分比	21%	13%	18%	25%	19%
9：00－9：59	高影响力微博百分比	10%	15%	8%	4%	9%	21：00－21：59	高影响力微博百分比	32%	25%	23%	31%	28%
10：00－10：59	高影响力微博百分比	1%	3%	21%	3%	7%	22：00－22：59	高影响力微博百分比	37%	44%	39%	26%	37%
11：00－11：59	高影响力微博百分比	6%	16%	3%	7%	8%	23：00－23：59	高影响力微博百分比	17%	20%	12%	22%	18%
12：00－12：59	高影响力微博百分比	3%	5%	5%	3%	4%	00：00－00：59	高影响力微博百分比	0	0	0	17%	4%
13：00－13：59	高影响力微博百分比	4%	9%	7%	11%	8%	1：00－1：59	高影响力微博百分比	0	0	0	0	0
14：00－14：59	高影响力微博百分比	13%	17%	9%	8%	12%	2：00－2：59	高影响力微博百分比	0	0	0	0	0
15：00－15：59	高影响力微博百分比	5%	13%	5%	3%	6%	3：00－3：59	高影响力微博百分比	0	0	0	0	0
16：00－16：59	高影响力微博百分比	4%	15%	17%	13%	12%	4：00－4：59	高影响力微博百分比	0	0	0	0	0
17：00－17：59	高影响力微博百分比	20%	28%	17%	18%	21%	5：00－5：59	高影响力微博百分比	0	0	0	0	0

由下图可见，成都发布在上述的7个时间段，出现了高影响力微博集中的情形。

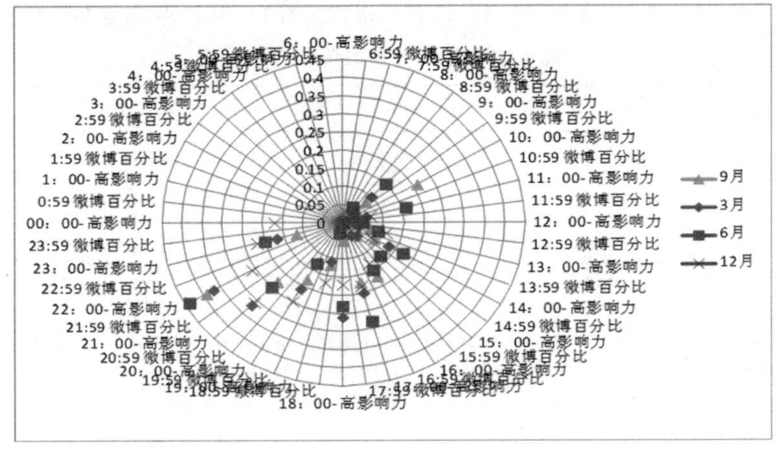

（4）比较成都发布在所抽取的3月、6月、9月和12月，在一天的24个时段中，所存在着的微博发布的高峰期，与其所出现的高影响力微博百分比最高的时段，存在着时间上的错位。

二、减少叙述性信息偏好与显示性信息偏好错位的路径

据笔者统计，2016年，全国31个省会城市政务微博共发布174935条微博，其中，“转发数”“评论数”“点赞数”三者之一超过100（包括100在内）的“高影响力微博”只有6920条，高影响力微博占比只有4%左右。① 相当于省会城市政务微博2016年每发布100条微博，平均只有4条微博的“转发数”“评论数”“点赞数”三者之一超过100（包括100在内）。

如果将提高“高影响力微博的百分比”作为扩大省会城市政务微博影响力的切入点，那么，就有必要研究”高影响力微博”在每天不同时段出现的百分比，这也是为什么本节的第一部分系统地研究“上海发布”“南京发布”和“成都发布”的高影响力微博在每天不同时段出现的百分比。

由于高影响力微博在每天的不同时段出现的百分比具有一定的规律性，因此，高影响力微博出现的百分比与省会城市政务微博具体发布微博的“时间”具有内在的关联。于是，调整政务微博运营时间——便可以作为减少政务微博运营者的“叙述性信息偏好”与政务微博用户的“显示性信息偏好”错位的实践路径。

① 2016年全国31个省会城市政务微博所发布的微博数量以及高影响力微博数量，详见本书第一章。

（一）将政务微博运营时间划分为“正常运营时间”与“事件运营时间”

首先，政务微博运营者在意识上，要意识到——政务微博运营时间可以划分为“正常运营时间”与“事件运营时间”。

由于我国31个省会城市政务微博在运营时间上，绝大多数都采用了与所在省会城市上班族作息时间相近的“运营时间”，也就是说，政务微博运营者每天发布微博的时间——类似于上班族的“上班时间”——基本上都是固定的。

这也可以由本节第一部分的研究结论得到证实。无论是上海发布、南京发布还是成都发布，在每天的24个时段中，都存在着较为稳定的微博发布的高峰期，例如，7：00－7：59，是上海发布、南京发布和成都发布三者共同的微博发布的高峰期。而2：00－2：59三者都鲜有微博发布。这种基本固定的政务微博发布时间可以称之为“正常运营时间”。

然而，除了基本固定的“正常运营时间”之外，政务微博运营还可以有“事件运营时间”，也就是说，当出现特定事件的时候，政务微博运营的时间要由“正常运营时间”切换到“事件运营时间”上来，随着“事件”的时间而发布微博——例如，本书第三章所解析的上海发布在2016年奥运会期间的微博发布，由于奥运会许多奖牌的产生都是在北京时间的夜里，因此，上海发布专门安排人值夜班，这种由“正常运营时间”切换到“事件运营时间”的做法，提升了上海发布的影响力（由于在本书第三章已详细论述，此不赘述）。

（二）以高影响力微博出现百分比高的时段作为“正常运营时间”的依据

由本节第一部分的研究可见，无论是上海发布、南京发布还是成都发布，其高影响力微博百分比——在每天有几个时段要比其他时段高。

例如，对于上海发布而言，早上6：00－6：59是第一个高影响力微博百分比最高的时段（均值为39%）。

上午8：00－8：59是第二个高影响力微博百分比最高的时段（均值为24%）。

下午15：00－15：59是第三个高影响力微博百分比最高的时段（均值为19%）。

晚上20：00－20：59是第四个高影响力微博百分比最高的时段（均值为19%）。22：00－22：59是最后一个高影响力微博百分比最高的时段（均值为30%）。

如果省会城市政务微博希望提高所发布的微博的影响力，那么，就不能以政务微博运营者习惯于发微博的时间作为微博发布时间的最重要依据，而应该以高影响力微博出现百分比高的时段作为政务微博“正常运营时间”的依据。

也就是说，重点在高影响力微博出现百分比高的时段发布微博，而不是像过去一样——在高影响力微博出现百分比不高的时段也“接部就班”地发布微博。只有这样才能有效地减少政务微博运营者的“叙述性信息偏好”与政务微博用户的“显示性信息偏好”的错位。

仍以上海发布为例，这种错位可以由2016年1月、4月、7月和10月的微博发布的平均数量与高影响力微博的平均数量之间在曲线上并不是一一对应而得到直观的呈现。

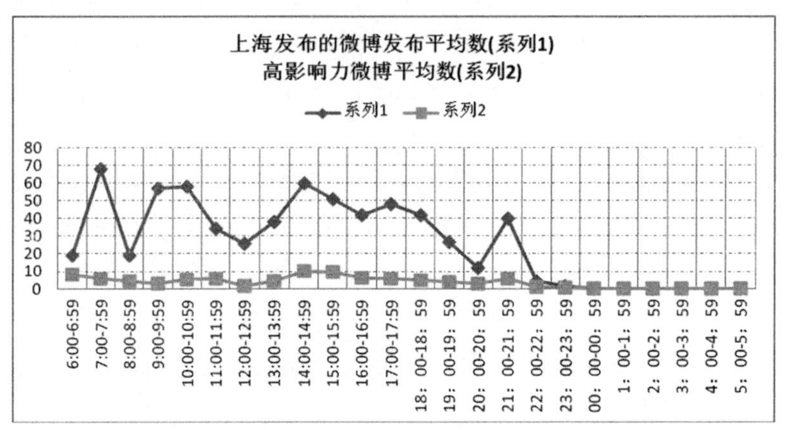

（三）不同省会城市政务微博的“正常运营时间”不必相同

对于每一个省会城市政务微博而言，由于“一方水土一方人”，不同省会城市政务微博用户的作息习惯并不完全相同，因此，不同省会城市政务微博的“正常运营时间”不但不必相同，而且必须根据特定省会城市政务微博用户的作息习惯来相应地设置政务微博的“正常运营时间”，因为“只有通过时间，我们才能理解和掌控日常生活的实际进程”。①

由本节第一部分的研究发现可知，上海发布的早上6：00－6：59是一天中高影响力微博百分比最高的时段（均值为39%）。南京发布也是早上6：00－6：59是一天中高影响力微博百分比最高的时段（均值为64%）。而成都发布一天中高影响力微博百分比最高的时段则是晚上22：00－22：59（均值为37%）。

① Couldry，N. & Hepp，A. （2017）. *The Mediated Construction of Reality*：*Society*，*culture*，*mediatization*，Cambridge：Polity Press，p. 101.

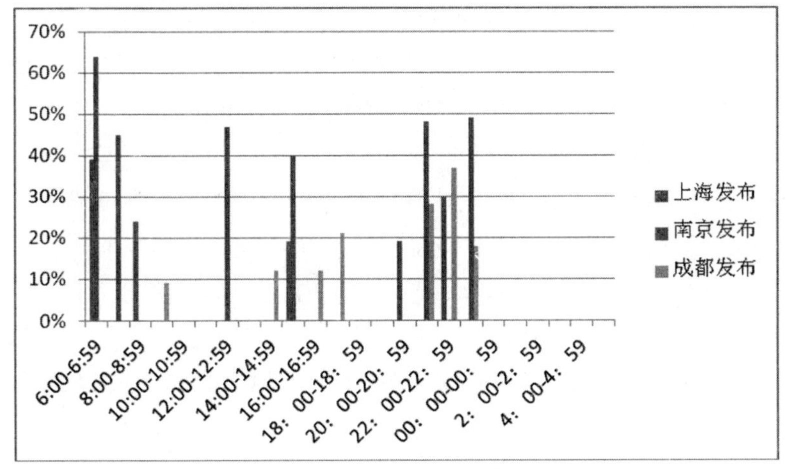

由上图可见，上海发布和南京发布由于所处区位相邻，其高影响力微博出现的时段较为接近，早上即出现高影响力微博百分比高的时段（6：00－6：59），而成都，与上海和南京相距较远，成都发布高影响力微博百分比高的时段出现在上午9点以后（9：00－9：59）。并且到了晚上才出现一天中高影响力微博百分比的峰值。

如果根据高影响力微博百分比出现时段来设置政务微博的“正常运营时间”，则与上海发布不同的是，南京发布应将中午12：00－12：59设置为政务微博的“正常运营时间”，而与上海发布和南京发布都不同的是，成都发布的“正常运营时间”应该偏向于下午和晚上，尤其是晚上。

第三节 用“出版”来实现政务微博舆论引导效用最优化①

微信勃兴以来，微博的用户，虽然从2013年起整体上出现了数量减少的情况②，但是，作为“推动社会管理创新的有效方式”的政务微博，由于受到各级政府和官员的重视，不但在数量上有增无减，而且开通的级别越来越高——

① 本节的部分内容曾以《论出版学视域下政务微博舆论引导的优化逻辑》为题，发表于《南京晓庄学院学报》2018年第4期。

② 北京市互联网信息办公室，首都互联网协会编：《中国微博发展报告（2013－2014）》，北京：人民出版社，2014年版，第4页。

2013年10月11日，中华人民共和国中央人民政府官方微博正式开通①。政务微博存在的价值在于其所发挥的功能，其中包括舆论引导。那么，各级政务微博在实践中如何运营——才能够更好地发挥舆论引导的功能？

众所周知，没有理论指导的实践是盲目的实践。由于实践只能是基于某种价值判断而展开的具体行动，因此，检视政务微博的舆论引导实践时，我们也须明确：究竟是从何种理论视阈出发的。由于出版学，不但“是一门独立的学科”②，而且也是一种独特的视阈③，基于政务微博的舆论引导实践与出版活动之间的内在关联，本节在逻辑进路上——拟从出版学的视阈审思政务微博的舆论引导实践，探研其在经验研究意义上的“实然层面”具有什么特征？更为重要的是，在此基础之上，求解其在规范研究意义上的“应然层面”所可能谱就的理想图景。

一、为什么说政务微博的舆论引导实践是一种出版活动

政务微博的舆论引导实践是通过“发布微博”来展开的。如果“发布微博”是出版活动，那么，政务微博的舆论引导实践自然是出版活动。

（一）从理论层面来看，发布微博已被视为出版活动

首先，发布微博是一种“网络表现”。而“当我们展望网络出版未来发展的时候，我们不妨认为一切的网络表现都是不同表现形式的‘出版’……网络出版可以将人类一切的文化成果、社会生活转换成为不同表现形式的电子文本，它可以通过网络本身向我们提供视频、声音、文字阅读等等功能”。④

其次，发布微博既是一种“出版方式”，也是一种“网络出版物”。微博最根本的功能是“通过对信息或作品的编辑、加工、通过复制向公众传播”，它不但是一种“出版方式”，而且也是一种“网络出版物”——能够“将自己创作或他人创作的作品经过选择和编辑加工，登载在互联网上或者通过互联网发送到用户端，供公众浏览、阅读、使用或者下载的在线传播行为”。⑤

---

① 唐绪军主编：《中国新媒体发展报告.5，2014》，北京：社会科学文献出版社，2014年版，第63-65页。

② 辰目：《出版学是一门独立的学科》，《出版发行研究》2006年第12期。

③ 何姣、胡清芬：《出版视阈中的民国时期中国心理学发展史考察》，《心理学探新》2014年第2期。

④ 赵东晓：《网络出版及其影响》，北京：中国人民大学出版社，2008年版，第263-264页。

⑤ 刘灿姣、高楠：《从出版角度审视国内微博发展障碍》，《科技与出版》2011年第6期，第69页。

(二)从实践层面来看，发布微博已可化为出版产品

首先，微博图书已经出现。据不完全统计，自2010年以来，已出版的微博图书约有百种，其中的"选编式"微博图书便是精选已发布的微博结集成书——例如"《微思录》《微语者：胡坚微博》《和尚微博：北京龙泉寺的365天》"，等等。①

其次，微印业务已经产生。所谓微印业务是指，按照相应流程操作，直接由已发布的微博生成可供在线阅览的电子书刊，既可下载存储、阅读，也可纸质打印。②

综上可见，无论从理论层面思量，还是从实践层面考量，"发布微博"都是一种出版活动。既然"发布微博"是一种出版活动，那么，政务微博的舆论引导实践自然是一种出版活动。这，为我们从出版学的视阈思考政务微博的舆论引导实践提供了合法性理据。

二、政务微博舆论引导实践作为出版活动具有什么特征

政务微博的舆论引导实践，作为出版活动，在经验研究意义上的"实然层面"——具有什么特征呢?

(一)出版的目标是获取社会效益——引导舆论

在我国的媒介管理体制下，"把社会效益摆在第一位，或者说追求社会效益最大化是大众媒体的使命与职责"，而"舆论引导力"就是决定大众传媒社会效益的关键因素之一。③ 就大众传媒中的政务微博而言，政务微博的信息发布不仅仅是一个数量效益，管理主体更应该考虑其社会效益和社会价值，进行舆论引导便是政务微博实现社会效益的重要路径④。

舆论引导，既是一个实践意义上的行为过程，也是一个结果意义上的预期目标。审视自2011年政务微博元年迄今的舆论引导实践，作为一种行为的过程，其追求的结果就是实现舆论引导的预期目标——这种舆论引导的预期目标实质上是获取社会效益。换言之，即是"积极发挥舆论导向作用，坚持把社会

---

① 刘火雄：《微博图书：当代出版新宠儿》，《光明日报》2013-7-20(6)。

② 刘火雄：《微博图书：当代出版新宠儿》，《光明日报》2013-7-20(6)。

③ 邓年生、余欢欢：《大众传媒社会效益的基本内涵》，《新闻知识》2007年第11期，第13-15页。

④ 杭孝平、李彦冰：《政务微博的内容特征与发布标准》，《当代传播》2014年第6期，第75页。

效益放在首位”。①

（二）出版的形式是碎片化的呈现——发布微博

“碎片化”，在时间层面，意味着由整体到部分的分解过程。如果我们将政务微博一次舆论引导实践所发布的全部微博视为一个整体的话，那么，发布每一条微博时，实际上都是在将“整体”分解为“部分”，亦即“碎片”。“碎片”——既意味着构成共同体的两个以上的片断的同时在场，也意味着“间隙”的存在。

“碎片化”，在空间层面，既是指上一条微博与下一条微博在发布时因为时间间隔而出现的“间隙”，也是指上一条引导舆论的微博与下一条引导舆论的微博之间插入了其他主题的微博而出现的“间隙”。

正是这种“间隙”的产生和存在使得政务微博的舆论引导实践作为出版活动——在形式上是碎片化的呈现（发布微博）。

（三）出版的内容是变化着的编码——建构意义

首先，编码的形式是变化着的。按照斯图亚特·霍尔（Stuart Hall）的观点，信息的传播需要采用多种类型的符号载体来“编码”（encode）——没有编成代码的符号的运作，“就没有可理解的话语”。② 政务微博在进行舆论引导时，每一次具体的信息发布采用何种类型的符号载体来“编码”是不确定的，既可以选择文字、图片、表情、动画、声音，视频中的一种，也可以几种符号载体兼用，换言之，即编码的形式是变化着的。

其次，编码的内容是变化着的。借用编辑学的术语，政务微博的信息发布有时是“著”——例如，发布原创微博；有时是“编著”——例如，按照某种价值取向改编或摘编微博；而有时则是“编”——例如，转发微博。同时，在政务微博的每一次舆论引导实践中，除非最后一条微博信息发布完毕，否则编码的内容始终处于“未完成状态”的变化之中。

三、作为出版活动的政务微博舆论引导实践如何最优化

“最优化”（optimal）既是经济学的核心概念，也是经济学的思维方式。所谓“最优化”，是指在条件约束的环境下，充分利用已有的资源来实现最理想的

---

① 曲冬：《坚持把社会效益放在首位：蒋以任调研要求发挥舆论导向作用》，《解放日报》2007－8－10（1）。

② 张国良主编：《20世纪传播学经典文本》，上海：复旦大学出版社，2003年版，第428页。

目标。①

我们既然已经分析了政务微博的舆论引导实践作为出版活动在“实然层面”的特征，那么，其在规范研究意义上的“应然层面”——如何才能实现最优化呢？

（一）“效益最优化”：提示政务微博的舆论引导兼顾经济效益

政务微博的舆论引导实践既然是一种出版活动，而出版活动的理想境界是实现“社会效益”与“经济效益”的“双丰收”，那么，政务微博的舆论引导实践，在追求社会效益的同时，如何做才可能获得经济效益呢？

由于“不存在一种预定的正确的实践模式可供选择”，② 所以，对此问题——在具体的对策层面，我们便不妨“仁者见仁智者见智”，以开放的态度来替代定于一尊的思维。

限于本书的篇幅，在此仅举一例：将微博内容结集出版进行售卖——例如，关于政务微博针对网络谣言的舆论引导而发布的系列微博，就可以结集出版进行销售。这种类型的书，在内容上，因为是由破解网络谣言的鲜活案例所构成，利于读者提高对于网络谣言的免疫力，提升读者的媒介素养；在形式上，由于是微博体，便于读者“浅阅读”，形成“悦读感”，因而具有市场。事实上，目前已经出现了关于“新闻发布”的内容结集为书，例如，国务院台湾事务办公室就将2013年的召开的18次新闻发布会的内容出版成书——售价38元。③

（二）“系统最优化”：昭示政务微博的舆论引导注明主题标签

“系统最优化”要求我们“把系统如实地作为一个整体来对待”，因为“整体大于各孤立部分的总和（1+1>2）”。④ 由于作为出版活动的政务微博舆论引导实践，其在时间层面是不连续的信息“发布”，其在空间层面是碎片化的信息“分布”，因此，便与“系统最优化”的“整体”的要求产生了张力。那么，如何解决这一难题？

笔者认为，在政务微博的舆论引导实践中，采用“【……】”为所发布的信息标注“主题标签”，不失为一种可行的策略。例如，非机动车和行人的交通违法行为向来是城市治理中的难题，如何通过舆论引导来助力治理非机动车和行

① 郭亚军：《基于用户信息需求的数字出版模式》，上海：世界图书出版公司，2010年版，第115－116页。

② （美）艾莉森·利·布朗：《福柯》，聂保平译，北京：中华书局，2014年版，第52页。

③ 国务院台湾事务办公室编：《新闻发布会集.2013》，北京：九州出版社，2014年版。

④ 郭亚军：《基于用户信息需求的数字出版模式》，世界图书出版公司2010年版，第115－116页。

人的交通违法行为?“@上海发布”曾以“【……】”标明微博的“主题”，发布系列微博进行舆论引导。例如，2018年3月23日14:21发布的微博【沪试点利用“电子警察”查处非机动车和行人交通违法，已处罚1432起!】。

再如2018年5月2日17:11发布的微博【上海“电子警察”查获非机动车和行人交通违法13127起!】#交通资讯#@上海交警已开始试点利用“电子警察”查处非机动车和行人交通违法行为。今年1月至4月，本市“电子警察”已累计有效抓拍非机动车和行人交通违法13127起。其中，非机动车闯红灯1527起、逆向行驶6157起；行人闯红灯5443起……

如果我们不从出版学的视阈出发，也许根本就看不出“@上海发布”这种做法的重要意义和推广价值。这种为发布的信息而标注“主题标签”的做法，也相当于信息传播中的意义框架，借助它，我们将政务微博“装框（framing)”①，从而使得碎片化的微博信息由“纷杂的事实”——提升为有着外在秩序和内在意义的“论说性”或“可营销”（marketable）的知识。②

（三）“动态最优化”：揭示政务微博的舆论引导抱持开放思维

政务微博的舆论引导实践，由于其出版的内容是变化着的编码——不但每一次具体的信息发布采用何种类型的符号载体是不确定的，而且每一次具体的信息发布是“著”或“编著”还是“编”，也是可以选择的。加之，政务微博在每一次舆论引导实践中，除非最后一条微博信息发布完毕，否则编码的内容始终处于“未完成状态”的变化之中。因此，在建构意义的内容生产层面所能够追求的“最优化”实质上只能是动态的最优化。

认识到这一事实之后，政务微博在进行舆论引导的过程中，就需要抱持开放的思维——在发布微博时，不但对于可以选择的各种符号载体以及“原创”“改编”和“转发”一视同仁，而且要根据舆论引导的具体情况，随时调整“出版的电子书页”。正如美国学者詹姆斯·格雷克（James Gleick）的洞见，这部新的“电子书”——“将不再以印刷成卷的静态形式呈现，而会是在一帮睿智的专业人员指导下持续更新。”③ 什么时候一次舆论引导的任务完成（亦即，一次出版的活动结束），什么时候由一条条的政务微博所构成的这本“电子书”——才会停止“更新”。

---

① （英）斯各特·拉什著；杨德睿译：《信息批判》，北京大学出版社2009年版，第231-237页。

② （英）斯各特·拉什著；杨德睿译：《信息批判》，第231-237页。

③ （美）格雷克：《信息简史》，高博译，北京：人民邮电出版社，2013年版，第411页。

第四节　做事实性信息商品与观点性信息商品的供应者①

我国政务微博自诞生迄今，不但在提升政府部门的执政能力方面发挥了积极作用，而且日益成为党员和干部密切联系群众的重要通道。然而，这并不等于说政务微博的功能已然得到充分发挥——"一些政务微博信息不足、缺乏互动、反应滞后等现象日渐突出，被公众喻为'痴呆症'"。②

如何充分发挥政务微博的功能？学术界多将视线聚焦在政务微博如何通过发布精彩的内容或者回应网友提问而获得"被转发"以及"被评论"上③，这反而造成了政务微博功能发挥的一大"盲区"——亦即当前以及今后一个时期亟待解决的突出问题："评论缺位"。

一、突出问题：我国政务微博的评论"缺位"

我国政务微博的评论"缺位"——不但是指政务微博不发布评论（即"评论不在位"），而且也指所发布的评论质量欠佳（即"评论不到位"）。

（一）政务微博的评论"不在位"

政务微博是新媒体在发展进程中的一个阶段性的产物，我国各级政府运营政务微博的实践即是在新媒体环境下体现和提升政府施政能力的过程，自2011年政务微博元年迄今，各级政府已经开通数以十万计的政务微博，许多政府部门组建了专门的团队进行政务微博的运营，一些由专门团队负责运营的政务微博，每天发布微博的数量稳定在20余条④，但在每天所发布的20余条政务微博

① 本节的部分内容曾以《评论缺位：政务微博的问题及对策》为题，发表于《中国记者》2015年第1期。

② 徐元善、李倩倩：《论政务微博"痴呆症"的成因与消除对策》，《江苏行政学院学报》2014年第5期，第109页。

③ 孙荣欣：《政务微博如何成为沟通政府与群众的桥梁》，《中国报业》2012年第18期，第84－86页；邱源子：《政务微博存在的问题及发展路径》，《传媒观察》2013年第4期，第20－21页。

④ 如"南京发布"2014年10月24日发布政务微博（含转发）共27条，2014年10月23日发布政务微博（含转发）共25条，2014年10月22日发布政务微博（含转发）共26条。

中，绝大多数政务微博目前所发布的都是“事实性信息”，而缺少表达意见的“评论性信息”。

这种现象即是政务微博的评论“不在位”。

本研究在这里随机抽取“上海发布”2016年的12天的微博。每个月抽取一天，1月份抽取1月1日，2月份抽取2月2日，以此类推，12月份抽取12月12日。

“上海发布”所发布的“事实性信息”与“评论性信息”数量，统计结果如下表所示。

日期	日发微博数量	事实性信息数量	评论性信息数量
2016年1月1日	16	16	0
2016年2月2日	21	21	0
2016年3月3日	28	28	0
2016年4月4日	15	15	0
2016年5月5日	22	22	0
2016年6月6日	22	22	0
2016年7月7日	24	23	1
2016年8月8日	23	21	2
2016年9月9日	21	21	0
2016年10月10日	19	19	0
2016年11月11日	20	19	1
2016年12月12日	19	19	0

上表中的信息可以图示如下：

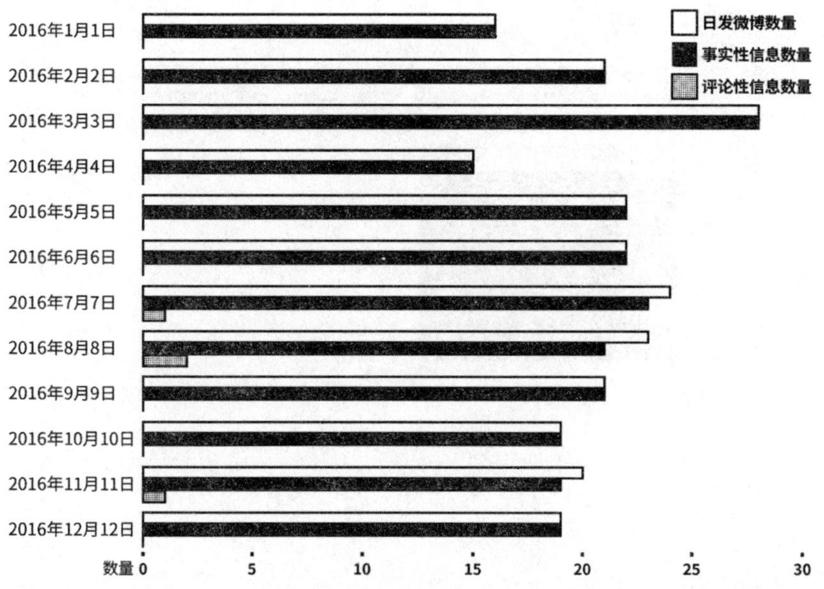

在随机抽取的12天，“上海发布”共发布250条微博，其中，“事实性信息”246条，“评论性信息”只有4条。这4条评论性信息，其中有两条是关于奥运会比赛，为中国运动员加油的“弱评论”。

分别为：

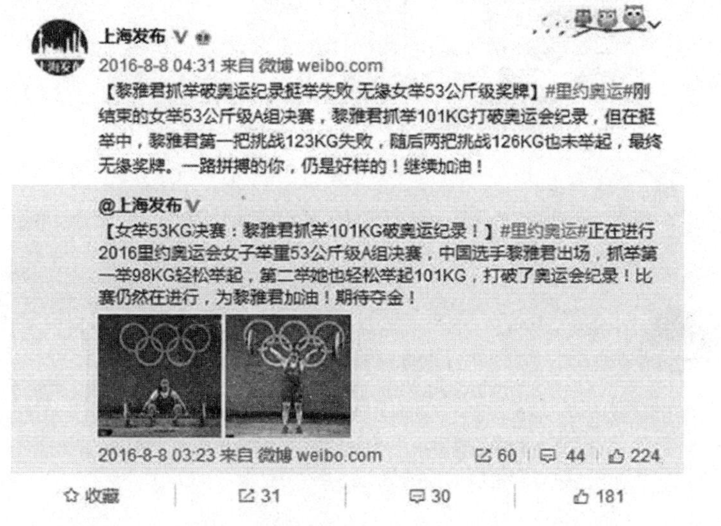

上海发布

2016-8-8 04:31 来自 微博 weibo.com

【黎雅君抓举破奥运纪录挺举失败 无缘女举53公斤级奖牌】#里约奥运#刚结束的女举53公斤级A组决赛，黎雅君抓举101KG打破奥运会纪录，但在挺举中，黎雅君第一把挑战123KG失败，随后两把挑战126KG也未举起，最终无缘奖牌。一路拼搏的你，仍是好样的！继续加油！

@上海发布

【女举53KG决赛：黎雅君抓举101KG破奥运纪录！】#里约奥运#正在进行2016里约奥运会女子举重53公斤级A组决赛，中国选手黎雅君出场，抓举第一举98KG轻松举起，第二举她也轻松举起101KG，打破了奥运会纪录！比赛仍然在进行，为黎雅君加油！期待夺金！

2016-8-8 03:23 来自 微博 weibo.com　60　44　224

收藏　31　30　181

上海发布

2016-8-8 04:09 来自 微博 weibo.com

【射箭中国女团无缘四强】刚刚结束的一场#里约奥运会#射箭女子团体1/4决赛中，意大利队5-3淘汰了中国队。在最后一局中，中国队手感不佳打出50环，意大利队打出53环，最终5-3击败了中国队。一路拼搏的女子射箭队员们，你们仍是好样的！继续加油！

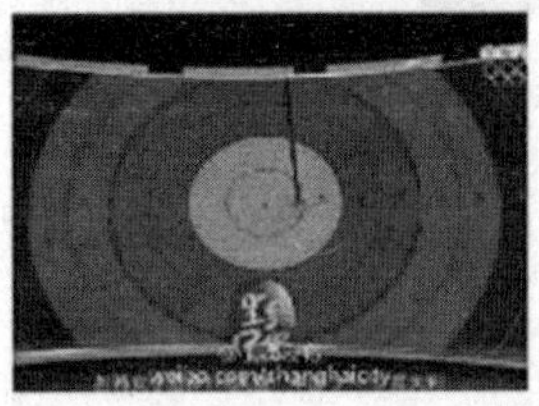

☆ 收藏 | 26 | 26 | 158

另外一条是关于11月11日“光棍节”的“弱评论”。

上海发布

2016-11-11 08:00 来自 微博 weibo.com

【光棍节快乐】今晨零点后你怎么过的？一个人走，一个人醉，一个人把大觉睡，一个人把购物车买买买？问世间情为何物，单身的你是否也曾大彻大悟？网络时代造就了光棍节，喊起了“脱单”的口号，但是感情上的事还是不要盲目，就和买东西一样……吃光棍的饭，走光棍的路，开心最重要！

☆ 收藏 | 47 | 28 | 64

还有一条是关于纪念“七·七卢沟桥事变79周年”的“弱评论”。

上海发布

2016-7-7 08:13 来自 微博 weibo.com

【“七·七”卢沟桥事变79周年】1937年的今天，在卢沟桥附近演习的日本军队以有一名日军士兵失踪为由进行挑衅。次日晨5时左右，日军包围了宛平县城。中国军民奋起反抗，由此掀开了全民族抗日的序幕。点长微博了解这段历史，讴歌先烈，不忘国耻

之所以称上述四条“评论性信息”为“弱评论”，是因为每一条都只是表明“上海发布”的态度（或者说观点），而并没有进行逻辑推理。由于没有逻

辑推理，所以说服的力度是欠缺的。因此称之为“弱评论”，但其毕竟不是完全的“事实性信息”。

“上海发布”的微博只提供“事实性信息”的情况占绝大多数，例如，2016年12月12日“上海发布”发布的19条微博，无一例外都是“事实性信息”。为节省篇幅，这里仅对其在不同时段所发布的“微博标题”以列表的方式统计如下：

发布时间	微博标题
7：00	【今天多云到阴有短时阵雨，11～17度。本周气温一路跌跌跌，周四、周五跌至2度左右】
7：18	【早高峰路况：南北西侧等路段较拥堵】
7：29	【今早空气质量优，实时指数47】
9：47	【即日起，欠缴社保的单位将被公开告示！】
9：56	【9号线商城路站4号口明起临时关闭】
10：31	【外牌车主如何更换本市车辆牌照？】
10：56	【佘山元旦登高12月15日起报名，限报5000人】
11：31	【@上海理工大学·学年学位与研究生质量年报公布！】
12：42	【本周文艺菜单：各类演出大集合】
13：13	【冬天手脚冰冷、长蹲久坐会眼前发黑或头晕，这些是贫血惹的祸？】
13：48	【在上海兜马路，一不小心就文艺了】
14：24	【警惕这些新型ATM诈骗手法！】
15：07	【上海这8户家庭获全国文明家庭称号！】
16：20	【不动产登记收费标准出炉！这16种情形收费减免】
17：00	【明天阴有时有小雨，后天降6度、大后天再降3度！】
19：09	【宝宝一直歪着头？这些斜视的信号家长要当心】
19：28	【195路、151路等4条公交线拟新辟或调整，今起公示】
20：24	【提醒：沪少儿居保登记缴费25日截止！一图了解少儿看病指南】
21：27	【每日一书·《永远讲不完的故事》】

导致类似于“上海发布”这种“事实性信息”占主导地位现象的一个重要原因——可以从许多政务微博冠以“XX发布”的名称中获得解释。所谓“XX发布”，显然脱胎于政府的“新闻发布会”中的“发布”——似乎政务微博的

主要功能也应该如政府的新闻发布会一样，就是“发布新闻”。①

然而吊诡的是，目前许多政务微博在日常运营实践中，事实上其所发布的只有政府才能够提供的“政府新闻”或“独家新闻”并不多，许多“政务微博”每天所“发布”的内容与“非政务微博”所发布的内容并没有多少区别。这其实已经隐含着“政务微博”与“非政务微博”在内容上的“同质化”现象的事实性存在。这也可以解释为什么目前许多政务微博无法吸引公众关注，因为其提供不了只有政务微博才能够提供的“独特的信息”，而“独特的信息”——按照美国战略竞争研究领域的著名学者波特（Michael E. Porter）的观点②，恰恰是政务微博“竞争力”的核心构成要素。

特别值得我们注意的是，“政务微博”作为“新媒体”，其所提供的信息不但应该包括“发布新闻”——以便提供“事实性信息”，而且应该包括“发布评论”——以便提供“意见性信息”。而目前政务微博的评论“不在位”，自然意味着其并没有提供“意见性信息”，这，显然不利于政务微博影响力的生产和提升，亦即不利于政务微博成为具有影响力的“意见领袖”。

（二）政务微博的评论“不到位”

我国有少数的政务微博，偶尔会以“微议”的方式发表评论，但往往对于所要评论的事件或者轻描淡写③，或者一语带过④，并且评论的深度也只停留在众所周知的常识层面，达不到予人新知的传播效果，这种现象即属于政务微博的评论“不到位”。

---

① 当然，在重大突发事件出现时，政府完全可以利用政务微博发挥其“新闻发布会”般的功能，通过及时发布权威性信息，对网络谣言进行“辟谣”，但这种“新闻发布会”般的功能充其量只是政务微博的功能之一，而绝不是政务微博的主要功能或全部功能，否则，如果有“新闻”要告知公众，只要召开新闻发布会就可以了，何必还要专门开设政务微博，并安排专人来运营？

② “竞争战略探讨的其实是差异性的问题，它意味着选择一套不同的活动，以提供独特的价值。”（美）波特：《竞争论》，高登第，李明轩译，北京：中信出版社，2012 年版，第 38 页。

③ 例如“南京发布”2014 年 10 月 14 日的“微议录：政府补助你照顾生活困难的父母！”：“将推的这一新政，有人觉得月补助三四百元‘太少，不够买菜’，但更多是为服务意识的进步点赞。居家养老是道难题，政府购买服务把照顾失能老人的钱拿来直接‘聘用’子女。儿女不仅可尽孝，还可增加一定收入”。

④ 例如“南京发布”在评论 2014 年 10 月 17 日该市出版的都市报的头版时，只有一句“今天报纸头版很精彩”。再如，“南京发布”于 2016 年 6 月 15 日发布的#小布微评#：“不是老人变坏了，是有些坏人变老了……哎！”

南京发布 V
2016-6-15 09:44 来自 微博 weibo.com
#小布微评#不是老人变坏了，是有些坏人变老了……哎！

@江苏身边事V
【女生来例假公交车上未让座，被老人骂畜生不如！】在福州的公交上，一位老人因他身边的学生没给自己让座，就对这位女生破口大骂，缺德、畜生不如，态度极其恶劣而女生忍无可忍地则回应道：来月经要写脸上吗？网友：让座是情分，不让座是本分！你怎么看！ 秒拍视频

造成政务微博的评论“不到位”的关键原因在于“评论”难写。对此，政务微博的运营人员也有着清醒的识见，例如，2014 年 10 月 16 日“南京发布”的一条微博便承认：“新闻三大体裁消息、通讯、评论中，最难是评论写作。因为评论的灵魂是新鲜而深刻的思想”。

南京发布 V
2014-10-16 09:49 来自 微博 weibo.com
#今日评报#新闻三大体裁消息、通讯、评论中，最难是评论写作。因为评论的灵魂是新鲜而深刻的思想。南京地区各大媒体中，南京日报、现代快报等一直将评论放在最重要版面，今天现代快报——“文艺不要当市场的奴隶，不要沾满铜臭气”，简单明了，算是一篇天然好评论。#这是明摆着拍马屁的节奏#

文艺不能当市场的奴隶
不要沾满铜臭气

收藏　15　12　8

但是，“评论难写”不能成为目前各级政府部门政务微博的评论“不到位”的理由——恰如培根（Bacen，F.）在讨论“学术的进展”（The Advancement of Learning）时所言：“那些研究（可以将‘那些研究’替换为‘评论’，笔者注）虽然不是人人都可以完成，但是有些人可以；虽然不是任何人都可以完成，但

是许多人可以”。①

二、应对策略：我国政务微博的评论“四清”

我国政务微博的“评论缺位”，既不利于中国共产党的群众路线的践履，也不利于政府施政目标的实现。而要解决这一问题，则需从认清“为何评”、厘清“评什么”、思清“怎样评”和弄清“谁来评”等方面着手。

（一）认清政务微博“为何评”?

1. 为吸引群众关注而评

吸引群众关注是政务微博发挥功能的前提。而就吸引群众关注而言，从战略竞争层面考量，政务微博必须能够提供满足群众需求的不可替代的“独家信息”——既包括“事实性信息”，也包括“意见性信息”②，而“意见性信息”无疑需要政务微博通过发布评论来提供。

2. 为培育意见领袖而评

培育意见领袖是政务微博引导舆论的关键。若想培育意见领袖（Opinion Leader），首先需要政务微博善于发表“意见”（Opinion），没有“意见”发表或者不善于发表“意见”，也就不可能将政务微博培育成“意见”的“领袖”（Leader），毕竟，“皮之不存，毛将焉附”?

3. 为实现社会善治而评

实现社会善治是政务微博发布信息的目的。按照经济学的“理性人”假设，人的行动是由思想支配的，亦即“怎么看”是“怎么办”的前提。通过政务微博发布评论，不但有助于谋求政府和群众在“怎么看”问题上的最大公约数，而且有利于促进群众和政府在“怎么办”问题上积累和达成共识，从而降低施政成本，实现社会善治。

（二）厘清政务微博“评什么”?

1. 评论政府公开的信息

国务院于2013年9月18日曾召开过常务会议，研究部署进一步加强政府信息公开工作，特别强调要采取配套措施，加强相关制度和平台建设，让群众看得到、听得懂、信得过③。这意味着，政府信息公开的方式不能仅仅停留在让

---

① （英）弗朗西斯·培根：《学术的进展》，刘运同译，上海：上海人民出版社，2007年版，第63页。

② 喻国明：《规则改变、系统协同、构建信任 微博有效传播的三个关键词》，《新闻与写作》2013年第9期，第83页。

③ http://www.ce.cn/xwzx/gnsz/szyw/201309/18/t20130918_1525506.shtml

群众“看得到”的告知层面，还需要积极地评论政府所公开的信息，以便让群众真正“听得懂”，从而实现对政府公开的信息“信得过”，促进建设“透明型政府”。

2. 评论本地群众的关切

我国绝大多数政务微博是区域性的地方政务微博（如上海发布、南京发布、中国广州发布，等等）。毋庸置疑，对于地方政务微博而言，其粉丝主要来自于所在地区的群众。因此，政务微博要大力评论本地区群众所关切的问题，使政务微博真正成为连接“政府施政”和“网民问政”的桥梁和纽带，促进建设“回应型政府”。

3. 评论当前社会的热点

在群众的注意力已成为稀缺资源的今天，对当前社会的热点发表评论往往能够吸引最多的注意力，从而实现观点传播的效益最大化。政务微博要着力评论当前社会的热点，这不但有利于吸聚群众的注意力、提升政务微博的影响力，而且有利于拉近与群众的心理距离，促进建设“亲民型政府”。

（三）思清政务微博“怎样评”？

1. 异思与说服并进

评论作为一种传播观点的手段，目的是为说服受众接受评论者所持有的观点，而说服的前提预设是评论者与受众所持的观点的异质性。因此，政务微博发布评论时，不但要善于“异思”（即“见人所未见”），而且要能够说服受众接受评论者的“异思”，惟其如此，受众阅读评论时才会真正感觉有收益。因此，政务微博发布的评论应该“异思”与“说服”并进，其中，“异思”是“说服”的前提，而“说服”则是“异思”的目的。

2. 短评与长论并用

政务微博发布评论首先要尽量采用“短评”，力争在140字之内完成对所持论点的逻辑论证；其次，根据目前的技术进展，发布微博评论事实上并不受140字的限制，对于某些需要深入和细致剖析的问题，可以采用长微博工具发布评论。因此，政务微博发布评论时，应该具体问题具体分析，短评与长论并用，其中，短评是“常规武器”，而长论则是“特殊武器”。

3. 文字与图像并重

符号是信息传播的物质载体，而符号既包括抽象的文字符号，也包括具象的图像符号，抽象符号与具象符号在传播信息时各有所长，因此，政务微博在发布评论时，理应文字符号传播与图像符号传播并重，以实现最佳的传播效果。其中，文字符号重在“晓之以理”，而图像符号则重在“动之以情”。

（四）弄清政务微博“谁来评”？

1. 安排政府专人来评

“评论”由于涉及“选题”“异思”和“说服”，没有受过专业训练或经过专门学习的人很难胜任。因此，就政务微博发布评论而言，需要以制度设计和制度安排的方式指定政府专门人员——负责政务微博评论的选题策划和内容撰写，安排政府专人来评，可以为政务微博发布评论提供机制性保障。

2. 委托媒体人员来评

政务微博要注意评论当前社会的热点，而“热点”在实质上是一个“时间”问题，对于“热点”的评论往往有“时效性”的要求。在限定的时间内完成合乎要求的评论，这是媒体的评论员最为擅长的。因此，政务微博在评论当前社会的热点时，应积极借助媒体的评论人才之力，委托媒体人员来评，以便为政务微博发布评论提供时效性保障。

3. 邀请专家学者来评

我国政府目前承担着“全能型政府”的管理和服务职责，这意味着政务微博需要评论的社会现象涉及方方面面，政府人员和媒体人员对于某些社会现象的认识和评论总有力所不逮之时，因此，需要主动邀请“术业有专攻”的专家学者为政务微博撰写评论，以期于切中肯綮，邀请专家学者来评，能够为政务微博发布评论提供专业性保障。

附录Ⅰ:“上海发布”深度访谈提纲

采访时间:2017 年 7 月 13 日 14:00 - 15:30

采访地点:上海市人民大道 200 号市政府大厦 201 室“上海发布”工作室

受访人姓名:周凯

受访人职务:“上海发布”主编、上海市政府办公厅“上海发布”办公室副主任

您的年龄:(D)

A. 21 - 25 B. 26 - 30 C. 31 - 35 D. 36 - 40 E. 41 - 45 F. 46 - 50 G. 51 - 55 H. 56 - 60

您的性别:(A)

A. 男 B. 女

您的教育程度:(C)

A. 大专 B. 本科 C. 硕士 D. 博士

您的学科背景?

硕士所学专业:传播学。

您的毕业院校?

复旦大学新闻学院。

您攻读硕士学位的时间?

2002 年 - 2005 年。

您的新闻业界从业年限?

7 年(2005 年 - 2012 年)。

您来“上海发布”之前所就职的媒体?

《新闻晨报》。

您来“上海发布”工作的时间?

2012 年。

左起：刘泱育，周凯（“上海发布”主编）

2017 年 7 月 13 日，上海发布工作室

“上海发布”的深度访谈提纲

Q1. “上海发布”在全国 31 个省会城市政务微博中，影响力连年排名第一，您认为取得这一成绩最为重要的原因是什么？

Q2. “上海发布”与“南京发布”等省会城市政务微博如何互动？

Q3. 自 2011 年 11 月 28 日开通以来，发布的微博获得最高关注的是哪一条或哪一类？受关注的原因您认为是什么？

Q4. “上海发布”如何化解负面舆论？（您能举例说明吗）

Q5. “上海发布”如何放大正面舆论？（您能举例说明吗）

Q6. “上海发布”与《解放日报》、《文汇报》和《新民晚报》等媒体如何互动？

Q7. “上海发布”与网络大 V 如何互动？

Q8. “上海发布”与普通网民如何互动？

Q9. “上海发布”在尊重原创版权方面采取了哪些做法？

Q10. “上海发布”能提供哪些独家信息？

Q11. “上海发布”微信公众号运营每天有专职负责人员吗？

Q12. “上海发布”微信如何与“上海发布”微博协同引导舆论？

Q13. “上海发布”微信与“上海发布”微博相比的优势是什么？

Q14. “上海发布”微信与“上海发布”微博相比的劣势是什么？

Q15. 有人认为，目前政务微信在舆论引导方面发挥的作用超过政务微博，您对此种观点作何评价？

Q16. "上海发布"的内容运营制度是怎样的？

Q17. "上海发布"人员的考评机制是怎样的？

Q18. "上海发布"每天发微博有时间和条数的规定吗？

Q19. 您每年要参加哪些重要的政务微博会议？您认为参会的最大收获是什么？

Q20. 您与全国其他 30 个省会城市政务微博主编中的哪些人交往较多？采用什么样的互动方式？

Q21. "上海发布"在省会城市政务微博的差异化运营中采取了哪些竞争战略和策略？

Q22. "上海发布"运营团队目前一共有多少人？（最初是多少人？）

Q23. "上海发布"采用了从媒体借调工作人员的轮岗制度，从哪些媒体借调人员？轮岗时间为多长？为什么采用这种运营机制？您如何评价这种运营机制？

Q24. "上海发布"对于网民的评论每条都看吗？

Q25. "上海发布"对于网民的私信如何处理？

Q26. "上海发布"每年用于微博推广的经费有多少？什么样的微博会进行重点推广？

Q27. "上海发布"平均每条微博的阅读数怎样？能够提供"上海发布"2016 年高影响力微博阅读数的部分截图吗。

Q. 28 您认为应该何评价每一条政务微博的影响力？（阅读数？）（转发数？）（评论数？）（点赞数？）

Q29. 政务微博应重点编制和发布高影响力微博，您怎样看这个问题？

Q30. "上海发布"关注的 1543 个对象可以分为哪些类型？

附录 II："南京发布"深度访谈提纲

采访时间：2017 年 7 月 10 日 10：00－11：30

采访地点：南京市北京东路 41 号"南京发布"工作室 201 会议室

受访人姓名：黄伟清

受访人职务："南京发布"主编、南京市委宣传部新闻处副处长。

您的年龄：（D）

A. 21－25 B. 26－30 C. 31－35 D. 36－40 E. 41－45 F. 46－50 G. 51－55 H. 56－60

您的性别：（A）

A. 男 B. 女

您的教育程度：（B）

A. 大专 B. 本科 C. 硕士 D. 博士

您所学的专业是？

新闻学。

您毕业的院校是？

南京师范大学新闻与传播学院。

您就读的时间是？

1997 年－2001 年。

您的新闻从业年限是？

11 年（2001 年－2012 年）。

您来"南京发布"之前所就职的媒体是？

《南京日报》。

您来"南京发布"工作的时间是？

2012 年。

左起：刘泱育，黄伟清（"南京发布"主编）

2017 年 7 月 10 日，南京发布工作室

南京发布深度访谈提纲

Q1. 2014 年 1 月 24 日，南京发布与北京发布、成都发布、昆明发布等政务微博，共同发起"新浪政务微博学院"，做这件事是出于怎样的考虑？

Q2. 南京发布关注的 1972 个对象都是谁？可以分为哪些类型？

Q3. 南京发布在"多说政事"上采用的方法是什么？如何"小说大事"？如何"巧说杂事"？

Q4. 在南京发布的微博中，搜索"上海发布"得 28 条结果，与"上海发布"等省会城市政务微博如何互动？

Q5. 自 2011 年 4 月 12 日开通以来，发布的微博获得最高关注的是哪一条或哪一类？受关注的原因您认为是什么？

Q6. "南京发布"如何化解负面舆论？

Q7. "南京发布"如何放大正面舆论？

Q8. "南京发布"与《南京日报》《扬子晚报》和《现代快报》等媒体如何互动？

Q9. "南京发布"与网络大 V 如何互动？

Q10. "南京发布"与普通网民如何互动？

Q11. "南京发布"在尊重原创版权方面采取了哪些方法？

Q12. "南京发布"能提供哪些独家信息？

Q13. "南京发布"能够为网民提供哪些类别的服务信息？

Q14. “南京发布”微博如何与“南京发布”微信协同引导舆论?

Q15. “南京发布”微信公众号每天有专职人员负责运营吗?

Q16. “南京发布”微信与“南京发布”微博相比的优势是什么?

Q17. “南京发布”微信与“南京发布”微博相比的劣势是什么?

Q18. “南京发布”的运营制度是怎样的?

Q19. “南京发布”政务微博操作手册的内容是怎样的?

Q20. 政务微博南京分院聘请了哪些人作为政务微博讲师?

Q21. “最南京,全民拍”的创意是怎样来的?效果如何?

Q22. 南京市委宣传部对“南京发布”的考评机制是怎样的?

Q23. “南京发布”每天发微博有时间和条数的规定吗?

Q24. 您每年要参加哪些政务新媒体方面的会议?您认为参会的收获是什么?

Q25. 为什么不组织一个省会城市政务微博主编联盟?有这样的微信群吗?

Q26. “南京发布”在省会城市政务微博的差异化运营中采取了哪些竞争战略和策略?

Q27. “上海发布”采用了从媒体借调工作人员的轮岗制度,“南京发布”对此种做法有何评价?

Q28. 我说“南京发布”的主编是意见领袖,您同意吗?为什么?

Q29. 政务微博每条微博的影响力您认为应该如何评价?

Q30. 政务微博应重点编制和发布高影响力微博,您怎样看这个问题?

参考文献

［1］白贵、王秋菊：《微博意见领袖影响力与其构成要素间的关系》，《河北学刊》2013 年第 2 期。

［2］白淑英、肖本立：《新浪微博中网民的情感动员》，《兰州大学学报（社会科学版）》2011 年第 5 期。

［3］北京大学光华管理学院整理：《从历史看管理/许倬云讲演》，桂林：广西师范大学出版社，2005 年。

［4］北京市互联网信息办公室、首都互联网协会编：《中国微博发展报告（2012）》，北京：人民出版社，2013 年。

［5］北京市互联网信息办公室、首都互联网协会编：《中国微博发展报告（2013 - 2014）》，北京：人民出版社，2014 年。

［6］毕宏音：《微博诉求表达与虚拟社会管理》，北京：中国社会科学出版社，2014 年。

［7］蔡继明：《从狭义价值论对广义价值论》，上海：格致出版社：上海人民出版社，2009 年。

［8］蔡骐：《网络与粉丝文化的发展》，《国际新闻界》2009 年第 7 期。

［9］曹劲松：《政府网络发言》，南京：江苏人民出版社，2011 年。

［10］曹劲松：《政府形象传播》，南京：江苏人民出版社，2012 年。

［11］曹林：《微博传播的十大特点》，《新闻记者》2011 年第 9 期。

［12］曹艳、吴玉贞：《从“成都发布”看地方政府微博的发布策略》，《成都大学学报（社科版）》2012 年第 5 期。

［13］曹志：《网红粉丝经济学》，北京：人民邮电出版社，2017 年。

［14］常松、胡靖主编：《新媒体传播与舆论引导》，芜湖：安徽师范大学出版社，2016 年。

［15］陈刚：《共识的焦虑：争议性议题传播的话语变迁与冲突性知识生产》，北京：人民出版社，2016 年。

［16］陈惠雄：《快乐原则——人类经济行为的分析》，北京：经济科学出版社，2003 年。

［17］陈建群：《电视信息经济学初探》，北京：新华出版社，2014 年。

［18］陈建英、文丹枫：《解密社群粉丝经济学》，北京：人民邮电出版社，2015 年。

［19］陈建云：《舆论监督与司法公正》，上海：上海人民出版社，2016 年。

［20］陈力丹：《舆论学：舆论导向研究》，上海：上海交通大学出版社，2012 年。

［21］陈然、刘洋：《基于转发行为的政务微博信息传播模式研究》，《电子政务》2017 年第 7 期。

［22］陈先红、何舟：《新媒体与公共关系研究》，武汉，武汉大学出版社，2009 年。

［23］陈燕、屈莉莉编著：《信息经济学》，大连：东北财经大学出版社，2017 年。

［24］程世寿：《公共舆论学》，武汉，华中科技大学出版社，2003 年。

［25］Couldry，N. & Hepp，A. （2017）. *The Mediated Construction of Reality*：*Society*，*culture*，*mediatization*，Cambridge：Polity Press.

［26］崔蕴芳：《网络舆论形成机制研究》，北京：中国传媒大学出版社，2011 年。

［27］丁方舟：《中国网络行动十年：动因、过程与影响》，北京：中国广播影视出版社，2016 年。

［28］杜杨沁：《政务微博舆情管理研究》，上海：上海大学出版社，2017 年。

［29］董艳：《“社会”与公共空间》，北京：时事出版社，2016 年。

［30］（法）丹尼斯·库什：《社会科学中的文化》，张金岭译，北京：商务印书馆，2016 年。

［31］（法）亨利·卡蒂埃—布勒松：《摄影的表达旨趣》，见顾铮编译：《西方摄影文论选》，杭州：浙江摄影出版社，2007 年。

［32］（法）米歇尔·克罗齐耶，埃哈尔·费埃德伯格：《权力与规则——组织行动的动力》，张月等译，上海：格致出版社：上海人民出版社，2017 年。

［33］（法）米歇尔·塞尔：《拇指一代》，谭华译，上海：华东师范大学出版社，2015 年。

［34］封红旗、雷晨阳：《从“南京发布”的运营看政务微博的发展》，《青年记者》2016 年 10 月（中）。

[35] 封红旗、雷晨阳、杨长春、袁敏：《基于复杂网络结构的政务微博影响力研究》，《常州大学学报（社会科学版）》，2016年第6期。

[36] 冯春海：《中国政府新闻发布变迁》，北京：清华大学出版社，2015年。

[37] 冯帆：《从“上海发布”的成功看政务微博的发展现状及趋势》，《东南传播》2015年第12期。

[38] 高山晟：《经济学中的分析方法》，刘振亚译，北京：中国人民大学出版社，2013年。

[39] 韩晓宁：《传媒经济行为：策略与博弈》，广州：世界图书出版公司广东有限公司，2013年。

[40] 韩耀、唐红涛、王亮：《网络经济学》，北京：高等教育出版社，2016年。

[41]（荷）托伊恩·A. 梵·迪克：《作为话语的新闻》，曾庆香译，北京，华夏出版社，2003年。

[42] 胡登全：《风险传播的场域研究》，北京：中国社会科学出版社，2014年。

[43] 胡泳：《阅读的未来》，《读书》2011年第12期。

[44] 胡泳：《信息渴望自由》，上海：复旦大学出版社，2014年。

[45] 黄河：《新媒体发展与社会管理》，北京：中国传媒大学出版社，2013年。

[46] 黄瑚：《新媒体时代专家型新闻人才的认知与实践》，《新闻大学》2016年第6期。

[47] 纪忠慧：《美国舆论管理研究》，北京：新华出版社，2016年。

[48] 贾哲敏：《互联网时代的政治传播：政府、公众与行动过程》，北京：人民出版社，2017年。

[49] 匡文波：《新媒体舆论：模型、实证、热点及展望》，北京：中国人民大学出版社，2014年。

[50] 李彪：《舆情：山雨欲来：网络热点事件传播的空间结构和时间结构》，北京：人民日报出版社，2011年。

[51] 李强、刘强主编：《互联网与转型中国》，北京：社会科学文献出版社，2014年。

[52] 李维杰、刘晖、吴世忠：《互联网舆情理论分析》，北京：科学出版社，2015年。

[53] 李云新、张海舒：《基于微博特征的政务微博运行效果研究——以

“@上海发布”为例》,《电子政务》2015 年第 1 期。

[54] 林升栋编著:《中国微博活跃用户研究报告》,厦门:厦门大学出版社,2014 年。

[55] 刘春波:《舆论引导论》,北京:社会科学文献出版社,2015 年。

[56] 刘绩宏:《微博公益传播涵化效果研究》,北京:中国传媒大学出版社,2017 年。

[57] 刘利芳、欧阳莹莹:《关系强度对政务微博扩散过程的影响研究——以新浪“成都发布”政务微博为例》,《中国报业》2013 年 03(下)。

[58] 刘启君:《寻租行为的经济分析》,武汉:华中科技大学出版社,2008 年。

[59] 刘少杰主编:《中国网络社会研究报告.2011 - 2012》,北京:中国人民大学出版社,2013 年。

[60] 刘维忠:《微博问政》,兰州:甘肃文化出版社,2015 年。

[61] 刘雪艳:《政务微博中热点事件信息透明化影响机制》,北京:科学出版社,2016 年。

[62] 芦何秋:《社交媒体意见领袖研究——以新浪微博平台为例》,武汉:武汉大学出版社,2016 年。

[63] 骆正林主编:《舆论传播与社会治理案例分析》,北京:中国广播影视出版社,2016 年。

[64] 马凌:《公共管理与公众舆论》,《公共管理学报》2006 年第 2 期。

[65](美)奥尔尼:《微观经济学思维》,陈宇峰等译,北京:中国人民大学出版社,2013 年。

[66](美)奥尔尼:《宏观经济学思维》,陈宇峰等译,北京:中国人民大学出版社,2013 年。

[67](美)保罗·海恩,彼得·勃特克,大卫·普雷契特科:《经济学的思维方式》,史晨,马昕,陈宇译,北京:世界图书出版公司北京公司,2012 年。

[68](美)保罗·萨缪尔森:《萨缪尔森辞典》,陈迅,白远良译释,北京:京华出版社,2000 年。

[69](美)比尔顿:《翻转世界:互联网思维与新技术如何改变未来》,王惟芬、黄柏恒、杨雅婷译,杭州:浙江人民出版社,2014 年。

[70](美)波斯特:《信息方式》,范静哗译,北京:商务印书馆,2014 年。

[71](美)查尔斯·斯特林:《媒介即生活》,王家全、崔元磊、张祎译,

北京：中国人民大学出版社，2014 年。

[72]（美）丹尼斯·麦奎尔：《麦奎尔大众传播理论》，崔保国、李琨译，北京：清华大学出版社，2006 年。

[73]（美）哈尔·R·范里安：《微观经济学：现代观点（第9版）》，费方域等译，上海：格致出版社：上海人民出版社，2014 年。

[74]（美）哈罗德·L·沃格尔：《娱乐产业经济学》，支庭荣、陈致中译，北京：中国人民大学出版社，2013 年。

[75]（美）赫伯特·西蒙：《人类活动中的理性》，胡怀国等译，桂林：广西师范大学出版社，2016 年。

[76]（美）何维·莫林：《合作的微观经济学：一种博弈论的阐释》，童乙伦，梁碧译，上海：格致出版社，2010 年。

[77]（美）加里·S·贝克尔：《人类行为的经济分析》，王业宇，陈琪译，上海：格致出版社：上海人民出版社，2008 年。

[78]（美）简宁斯·布莱恩特：《媒介效果：理论与研究前沿》，石义彬、彭彪译，北京：华夏出版社，2009 年。

[79]（美）吉拉德·德布鲁：《价值理论：对经济均衡的公理分析》，杜江、张灵科译，北京：机械工业出版社，2015 年。

[80]（美）卡斯·桑斯坦：《选择的价值》，贺京同等译，北京：中信出版社，2017 年。

[81]（美）克莱·舍基：《人人时代：无组织的组织力量》，胡泳、沈满琳译，杭州：浙江人民出版社，2015 年。

[82]（美）克莱格·M·纽马克编：《应用微观经济学读本：市场的力量》，刘勇译，上海：格致出版社：上海人民出版社，2011 年。

[83]（美）克鲁格曼，（美）韦尔斯：《微观经济学》，黄卫平等译，北京：中国人民大学出版社，2013 年。

[84]（美）里夫金：《零边际成本社会》，赛迪研究院专家组译，北京：中信出版社，2014 年。

[85]（美）刘易斯·芒福德：《城市文化》宋俊岭，李翔宁，周鸣浩译，郑时龄校，北京：中国建筑工业出版社，2008 年。

[86]（美）罗思编：《经济学中的实验室实验：六种观点》，聂庆译，北京：中国人民大学出版社，2013 年。

[87]（美）迈克尔·桑德尔：《金钱不能买什么：金钱与公正的正面交锋》，邓正来译，北京：中信出版社，2012 年。

[88]（美）迈克尔·舒德森：《新闻社会学》，徐桂权译，北京：华夏出版社，2010 年。

[89]（美）诺姆·乔姆斯基、戴维·巴萨米安：《宣传与公共意识》，信强译，上海：上海译文出版社，2006 年。

[90]（美）帕梅拉·休梅克，（以色列）阿基巴·科恩主编：《全球新闻传播：理论架构、从业者及公众传播》，刘根勤等译，杭州：浙江大学出版社，2015 年。

[91]（美）斯奈德，（美）尼科尔森：《微观经济学理论：基本原理与扩展》，杨筠、李锐译，北京：北京大学出版社，2015 年。

[92]（美）泰德·理查兹编，雷国樑等译：《足球与哲学——美丽的运动，激情的思辨》，武汉：武汉大学出版社，2016 年。

[93]（美）W. 兰斯·班尼特：《新闻：政治的幻象》，杨晓红、王家全译，北京，当代中国出版社，2005 年。

[94]（美）西奥多·格拉瑟：《公共新闻事业的理念》，邬晶晶译，北京：华夏出版社，2009 年。

[95]（美）休伯特·L·德雷福斯：《论因特网》，喻向午、陈硕译，郑州：河南大学出版社，2014 年。

[96]（美）约翰·H·麦克马那斯：《市场新闻业：公民自行小心?》，张磊译，北京：新华出版社，2004 年。

[97]（美）约翰·克莱顿·托马斯：《公共决策中的公民参与》，孙柏瑛等译，北京：中国人民大学出版社，2005 年。

[98]（美）约翰·V·帕夫利克：《新闻业与新媒介》，张军芳译，北京：新华出版社，2005 年。

[99]（美）约瑟夫·熊彼特：《经济分析史》，朱泱等译，北京：商务印书馆，1991 年。

[100]（美）詹姆斯·T·汉密尔顿：《有价值的新闻》，展宁，和丹译，杭州：浙江大学出版社，2016 年。

[101]（美）詹姆斯·韦伯斯特：《注意力市场：如何吸引数字时代的受众》，郭石磊译，北京：中国人民大学出版社，2017 年。

[102] 莫祖英：《微博信息内容质量评价及影响分析》，上海：世界图书出版公司上海有限公司，2015 年。

[103] 倪鹏飞，杨华磊，周晓波：《经济重心与人口重心的时空演变——来自省会城市的证据》，《中国人口科学》2014 年第 1 期。

[104] 清华大学新闻与传播学院编：《全球传媒评论.9》，北京：清华大学出版社，2015 年。

[105] 邱林川、陈韬文主编：《新媒体事件研究》，北京：中国人民大学出版社，2011 年。

[106] 邵祺翔：《充分发挥政务微博在突发事件信息发布中的作用——以“上海发布”及上海政务微博群为例》，《中国应急管理》2012 年第 9 期。

[107] 佘时飞、钟生根主编：《微观经济学分析方法》，北京：清华大学出版社，2015 年。

[108] 沈满洪、何灵巧：《外部性的分类及外部性理论的演化》，《浙江大学学报（人文社会科学版）》2002 年第 1 期。

[109]（斯洛文尼亚）斯拉沃热·齐泽克：《事件》，王师译，上海，上海文艺出版社，2016 年。

[110] 首都互联网协会编：《中国微博发展报告（2015－2016）》，北京：人民出版社，2017 年。

[111]（宋）苏轼：《乞校正陆贽奏议进御札子》，见高海夫主编：《唐宋八大家文钞校注集评：东坡文钞（上）》，西安：三秦出版社，1998 年。

[112] 宋祖华：《从共识性仪式到冲突性实践：新媒体环境下“媒介事件”的解构与重构》，《新闻与传播研究》2015 年第 11 期。

[113] 孙玮：《从新媒介通达新传播：基于技术哲学的传播研究思考》，《暨南学报（哲学社会科学版）》2016 年第 1 期。

[114] 孙玮主编：《中国传播学评论．第七辑，城市传播：地理媒介、时空重组与社会生活》，上海：复旦大学出版社，2017 年。

[115] 唐钧：《政府形象与民意思维》，北京：中国传媒大学出版社，2011 年。

[116] 唐绪军主编：《中国新媒体发展报告.No.4，2013》，北京：社会科学文献出版社，2013 年。

[117] 唐绪军主编：《中国新媒体发展报告.No.5，2014》，北京：社会科学文献出版社，2014 年。

[118] 唐绪军主编：《中国新媒体发展报告.No.6，2015》，北京：社会科学文献出版社，2015 年。

[119] 唐绪军主编：《中国新媒体发展报告.No.7，2016》，北京：社会科学文献出版社，2016 年。

[120] 唐绪军主编：《中国新媒体发展报告.No.8，2017》，北京：社会科学文献出版社，2017 年。

[121] 唐彦东、于汐:《灾害经济学》，北京：清华大学出版社，2016 年。

[122] 佟力强主编：《微博发展研究报告 2011》，北京：人民出版社，2012 年。

[123] 汪波:《中国网络监督与政府治理创新（1994 – 2012）》，北京：北京师范大学出版社，2013 年。

[124] 汪丁丁:《经济思想史讲义》，上海：上海人民出版社，2012 年。

[125] 汪兴和:《政务微博在我国城市形象构建与传播中的作用刍议——基于@南京发布的实证研究》，《新媒体研究》2015 年第 14 期。

[126] 汪祖柱，阮振秋：《基于关联规则的政务微博公众评论观点挖掘》，《情报科学》2017 年第 8 期。

[127] 王国华:《突发事件网络舆情的动力要素及其治理》，武汉：华中科技大学出版社，2017 年。

[128] 王金水:《网络政治参与与政治稳定机制研究》，北京：中国社会科学出版社，2013 年。

[129] 王榕:《通过政务微博体现“服务为本”——以上海建设交通行业政务微博为例》，《新闻记者》2011 年第 6 期。

[130] 王绍光:《中国公共政策议程设置的模式》，《中国社会科学》2006 年第 5 期。

[131] 王淑华：《互联网的公共性》，北京：社会科学文献出版社，2014 年。

[132] 王志锋：《城市治理的经济学分析》，北京：北京大学出版社，2010 年。

[133] 吴信训:《新媒体与传媒经济》，上海：上海三联书店，2008 年。

[134] 吴之洪、荚莺敏:《注意力：经营原理与实务》，镇江：江苏大学出版社，2008 年。

[135] 夏雨禾：《突发事件中的微博舆论：基于新浪微博的实证研究》，《新闻与传播研究》2011 年第 5 期。

[136] 夏雨禾:《微博互动的结构与机制——基于新浪微博的实证研究》，《新闻与传播研究》2010 年第 4 期。

[137] 夏雨禾:《微博空间的生产实践：理论建构与实证研究》，北京：中国社会科学出版社，2013 年。

[138] 项贤明:《泛教育论》，太原：山西教育出版社，2002 年。

[139] 谢进川：《微博传播与社会管理》，北京：中国传媒大学出版社，

2015 年。

［140］谢静：《传播的社区——社区构成与组织的传播研究》，上海：复旦大学出版社，2013 年。

［141］谢起慧：《政务微博危机传播实践与效果——中美比较视角》，合肥：合肥工业大学出版社，2016 年。

［142］谢耘耕、荣婷：《微博舆论生成演变机制和舆论引导策略》，《现代传播》2011 年第 5 期。

［143］徐正、夏德元主编：《突发公共事件与微博治理研究》，杭州：浙江大学出版社，2014 年。

［144］许静：《舆论学概论》，北京：北京大学出版社，2009 年。

［145］颜芳：《@南京发布带来的政务微博启示》，《传媒观察》2012 年第 6 期。

［146］杨娟：《代际流动性的经济学分析》，北京：经济科学出版社，2016 年。

［147］杨娟娟、杨兰蓉、曾润喜、张韦：《公共安全事件中政务微博网络舆情传播规律研究：基于"上海发布"的实证》，《情报杂志》2013 年第 9 期。

［148］尹连根、黄敏：《政府官方微博：形似公共领域和次私密领域的集合体》，《国际新闻界》2016 年第 5 期。

［149］尹韵公主编：《中国新媒体发展报告 . No. 3，2012》，北京：社会科学文献出版社，2012 年。

［150］（英）保罗·布赖顿，丹尼斯·福伊：《新闻价值》，周黎明译，北京：中国人民大学出版社，2014 年。

［151］（英）丹尼尔·米勒，（澳）希瑟·霍斯特主编：《数码人类学》，王心远译，北京：人民出版社，2014 年。

［152］（英）弗兰克·韦伯斯特：《信息社会理论》，曹晋，梁静，李哲，曹茂译，北京：北京大学出版社，2011 年。

［153］（英）尼克·库尔德利：《媒介、社会与世界：社会理论与数字媒介实践》，何道宽译，上海：复旦大学出版社，2014 年。

［154］（英）桑吉夫·戈伊尔：《社会关系：网络经济学导论》，吴谦立译，北京：北京大学出版社，2010 年。

［155］（英）詹姆斯·柯兰，（英）娜塔莉·芬顿，（英）德斯·弗里德曼：《互联网的误读》，何道宽译，北京：中国人民大学出版社，2014 年。

［156］于德山：《共识与分歧：网络舆论的信息传播研究》，北京：社会科

学文献出版社，2016 年。

[157] 俞可平：《论国家治理现代化》，北京：社会科学文献出版社，2014 年。

[158] 俞可平：《思想解放与政治进步》，北京：社会科学文献出版社，2008 年。

[159] 俞可平：《中国公民社会：概念、分类与制度环境》，《中国社会科学》2006 年第 1 期。

[160] 俞可平：《走向善治》，北京：中国文史出版社，2016 年。

[161] 喻国明等：《微博：一种新传播形态的考察——影响力模型与社会性应用》，北京：人民日报出版社，2011 年。

[162] 喻国明：《微博影响力发生的技术关键与社会机理》，《新闻与写作》2011 年第 10 期。

[163] 喻国明主编：《中国社会舆情年度报告（2011）》，北京：人民日报出版社，2011 年。

[164] 喻国明主编：《中国社会舆情年度报告（2012）》，北京：人民日报出版社，2012 年。

[165] 喻国明主编：《中国社会舆情年度报告（2013）》，北京：人民日报出版社，2013 年。

[166] 喻国明主编：《中国社会舆情年度报告（2014）》，北京：人民日报出版社，2014 年。

[167] 喻国明主编：《中国社会舆情年度报告（2015）》，北京：人民日报出版社，2015 年。

[168] 喻季欣：《微博对新闻传播的拓展》，《新闻战线》2010 年第 5 期。

[169] 袁持平：《政府管制的经济分析》，北京：人民出版社，2005 年。

[170] 曾繁旭、戴佳：《风险传播：通往社会信任之路》，北京：清华大学出版社，2015 年。

[171] 曾润喜：《网络舆情信息资源共享研究》，《情报杂志》2008 年第 8 期。

[172] 查伟诚：《Web2. 0 时代政务微博：从“政能量”到“正能量”——以“南京发布”为例》，《中国传媒科技》2012 年 10（下）。

[173] 张波：《互联网思维下政府微博的创新之道——“上海发布”的踩踏事件报道分析》，《公共论坛》2015 年 4 月号。

[174] 张建军、黄伟清：《“南京发布”，小微博搭建舆论引导大舞台》，

《群众》2012 年第 7 期。

[175] 张静敏：《互联网络的经济学分析》，北京：中国金融出版社，2010 年。

[176] 张淑华：《社会性突发事件的网络“扩音效应”研究》，北京：人民出版社，2015 年。

[177] 张淑华：《网络对媒介民意表达结构的变革》，《当代传播》2009 年第 1 期。

[178] 张涛甫：《舆论引导：效果才是硬道理》，《新闻与写作》2016 年第 11 期。

[179] 张涛甫：《纠偏：舆论场的结构性再平衡——兼论两种舆论引导偏向》，《新闻与写作》2017 年第 3 期。

[180] 张涛甫、项一嵚：《中国微博意见领袖的行动特征》，《新闻记者》2012 年第 9 期。

[181] 张志安等：《新媒体与舆论：十二个关键问题》，北京：中国传媒大学出版社，2016 年。

[182] 郑忠明、江作苏：《作为知识的新闻：知识特性和建构空间》，《国际新闻界》2016 年第 4 期。

[183] 中国交通报社编：《交通舆情及政务微博典型案例分析汇编》，北京：人民交通出版社股份有限公司，2015 年。

[184] 中共辽宁省委宣传部编：《指尖上的正能量——“郭明义微博”现象解析》，北京：人民出版社，2014 年。

[185] 中共上海市委宣传部新闻阅评监督组编：《大局意识与专业素养：上海新闻评点精选：2013》，上海：上海人民出版社，2014 年。

[186] 中共上海市委宣传部新闻阅评监督组编：《媒体融合与主流价值：上海新闻评点精选：2014》，上海：上海人民出版社，2015 年。

[187] 中共上海市委宣传部新闻阅评监督组编：《精彩故事与精心策划：上海新闻评点精选：2015》，上海：上海人民出版社，2016 年。

[188] 中华全国新闻工作者协会编：《媒体社会责任报告（2016 年卷）》，北京：学习出版社，2017 年。

[189] 钟瑛主编：《中国新媒体社会责任研究报告 . 2016》，北京：社会科学文献出版社，2016 年。

[190] 朱春阳：《新媒体时代的政府公共传播》，上海：复旦大学出版社，2014 年版。

[191] 朱春阳：《政务微博还是政务微信?》，《当代贵州》2017 年第 24 期。

[192] 朱光喜等：《危机事件中的政府形象和政府危机公关》，《公共管理学报》2006 年第 2 期。

[193] 朱琳：《上海政务微博“上海发布”的发展研究》，《电子政务》2012 年第 11 期。

[194] 庄锦英：《经济心理学》，杭州：浙江教育出版社，2015 年。

[195] 邹建华：《微博时代的新闻发布与舆论引导》，北京：中共中央党校出版社，2012 年。

[196] 邹军：《看得见的“声音”：解码网络舆论》，北京：中国广播电视出版社，2011 年。

后　记

长恨此身非我有。

大学老师的“寒暑假”——其实也“休息”不了。

因为对于脑力劳动者而言，并没有“下班”时间。至于工作场所那更是不受限制，只要允许我“想”就行了。因此，每天一万步，散步时既是锻炼也是“思考”；看足球比赛时，既是放松也是“工作”；甚至旅游时，除了“青山不厌三杯酒”，除了“水面风回聚落花”，灵感如闪，赶紧记下——仍是在“干活”。

本书的选题就源于2013年寒假——早春二月，一个上午，我在南京图书馆“大翻书、乱翻书”——电光石火，“灵感”袭来，此“灵感”由偶然读到贝克尔（Becker）的《人类行为的经济分析》一书引发。那天中午，在科巷吃了一碗热汤面之后，我精神大振，接下来一鼓作气，只用了一个星期就完成了国家社科基金项目申请书的论证。

2013年夏，本研究获得国家社科基金项目立项。

一

勿以善小而不为。

2011年6月我博士毕业，7月执教南京财经大学新闻学院。2012年首次申请国家社科基金项目，出师未捷乃情理之中。2013年，个人第二次申请国家社科基金项目，获得立项——出乎自己意料。

由于申报本课题时，受益于研读其他学者的国家社科基金项目申请书，而申请国家社科基金项目，又是今天高校教师（尤其是青年教师）“横眉冷对”的“寒假作业”或“非此不可”的“升等阶梯”，故践行“与人为善”的做人理念，将当年申请书的主要论证内容分享如下①：

1. 研究目标和主要内容：

本课题研究的目标是：从经济科学的角度切入，探究“政务微博意见领袖”

① 选题意义和文献综述见本书第一章。

是怎样形成的，深入解读和分析其原因。课题的前提预设是：如果能够科学地分析出政务微博意见领袖的形成原因，那么，我们就可能有目标有效率地培育和生产政务微博的意见领袖，从而在风险社会中有效地引导微博舆论，以期实现我国社会管理的长治久安。

为了实现这一研究目标，本课题的主要内容可以分解为互相联系的三个板块：政务微博意见领袖效果论，政务微博意见领袖结构论和政务微博意见领袖成因论。

①政务微博意见领袖效果论。从“放大正面舆论”和“化解负面舆论”两个维度研究政务微博意见领袖所要实现的“政府对微博舆论”有效引导的目标。本研究将强调：对于实现“政府对微博舆论有效引导”这一目标而言，“放大正面舆论”的重要性绝不亚于“化解负面舆论”。

②由政务微博意见领袖所要实现的传播效果，来分析“政务微博意见领袖”的结构，即：以政务微博意见领袖为主，以可能与政务微博意见领袖意见相同或相近的“个人意见领袖”（如名人微博）和“组织意见领袖”（如传统媒体所开微博）为辅的“三位一体”的政务微博意见领袖结构。

③为构建“三位一体”的政务微博意见领袖结构，实现政府对微博舆论的有效引导，本课题将“政务微博意见领袖”视为“经济人”，从“经济人追求效用最大化动机”“偏好稳定”和“市场均衡”三个向度来研究“政务微博意见领袖成因”。具体如下图所示：

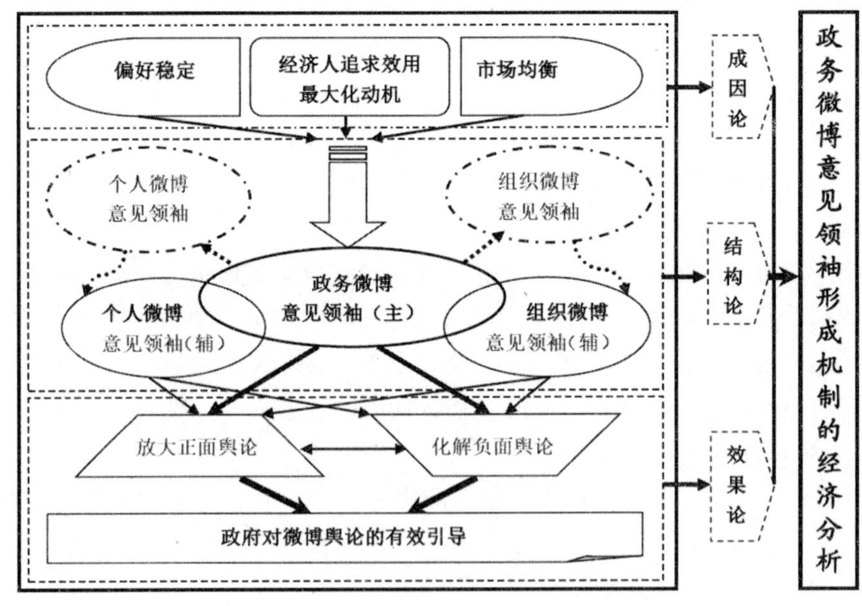

2. 基本观点：

①政务微博意见领袖既包括“显性的”，也包括“隐性的”，其在构成上不仅仅是指各级政府部门所开设的政务微博，还应该包括可能与政务微博意见相同或相近的个人微博意见领袖和组织微博意见领袖。

②构建“三位一体”的政务微博意见领袖结构，需要政务微博在平时对个人微博意见领袖和组织微博意见领袖进行“效用投资”，通过满足其稳定的偏好而施加潜移默化的影响。

③政务微博意见领袖在舆论引导中所起的作用，不仅仅是化解负面舆论，还应努力放大正面舆论，正面舆论的放大与负面舆论的化解在某种意义上存在着此消彼长的关系，反之也是一样。

④“意见领袖”在实质上是“人”。尽管微博意见领袖可以划分为“个人微博意见领袖”和“组织微博意见领袖”等多种类型，但无论何种“微博意见领袖”，都可以抽象为“经济人”，因而不但可能——而且可以从“经济人”的角度来研究“微博意见领袖”的形成原因。

⑤培育政务微博“意见领袖”归根结底要培育能够提供满足公众“稳定的偏好”的信息产品的特定人群。因为“经济人”追求最大效用，而效用的来源可以是市场上的商品或劳务，也可以是声望和影响力等其他一些非货币因素。效用最大化的实现过程是“人”的基本偏好的满足过程，基本偏好决定了偏好类型相对稳定，并不因人因时或因地而异。偏好的满足无疑需要相应的资源，而信息资源的分配通过市场的供求博弈来进行，信息市场所提供的信息产品质量能够有效地调整参与者的行为。

3. 研究思路和主要方法：

政务微博意见领袖形成机制是一个极为复杂的问题，为使此复杂问题得到解决，本课题在研究思路上选择数学上的化归思想为指导思想，在研究方法上则主要采用经济分析法和跨学科视景透视：

①化归思想

所谓化归思想，就是在寻求问题的解决时，研究者往往不是对问题进行直接的攻关，而是对之进行分解、映射、变形、使之转化，化模糊为清晰，化生疏为熟悉，化复杂为简单，直至最终把问题化归成某个（或某些）已经解决的问题。化归思想的基模如下图所示：

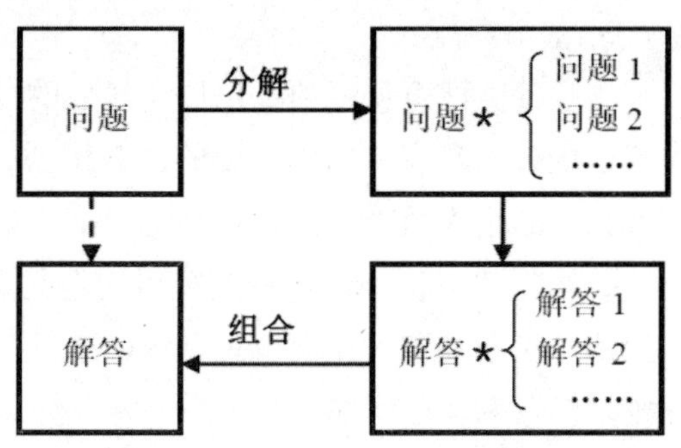

②经济分析法

政务微博意见领袖追求效用最大化，它的实现过程由“界定目标公众偏好”“投入资源”“生产效用”“满足目标公众偏好”四个环节构成。其中，最大程度地“满足目标公众偏好”与政务微博意见领袖效用最大化是一致的。因而，政务微博意见领袖追求效用最大化，可用函数表示为：$MaxV = F(\sum T, \sum R, \sum U)$。其中：

$\sum T$ 表示政务微博意见领袖所界定的目标公众稳定的偏好（basic tastes）的总和；

$\sum R$ 表示政务微博意见领袖为满足目标公众稳定的偏好所能够投入的全部可用资源（available resources）；

$\sum U$ 表示政务微博意见领袖所可能生产出来的满足目标公众稳定偏好的全部效用（all utilities）。

③跨学科透视

政务微博意见领袖的深入研究涉及议程设置、网民心理、传播情境、政府形象、群体感染、信息流向等多个层面，这决定了本课题研究除了采用经济分析法之外，还需要采用建立在传播学、社会学、心理学、政治学、公共关系学、信息管理学交叉透视基础上的研究方法。

4. 创新点：

①一个新的研究视角

尽管国内外对政务微博和意见领袖的研究成果十分丰富，但是，从经济分析的视角切入，分析政务微博意见领袖形成机制的研究成果尚未见到。

②一种新的研究尝试

本研究试图发挥课题负责人自身学科结构优势（本科：学习经济学；硕士：研究传播学；博士：研究新闻学）、课题负责人所在财经类院校的优势，尝试对政务微博意见领袖的形成机制做出系统、深入的学理阐释和实践分析。

③一些新的对策思路

我国已经进入并将长期处于风险社会阶段，深入研究政务微博意见领袖的形成机制，有效率地培育政务微博意见领袖，从而有效地引导微博舆论，化解新媒体时代的舆论风险，无疑是一项具有维护社会稳定，确保国家长治久安的重大和重要课题。本课题的研究希望并将着力在此问题上提出一些具有实践操作价值的对策思路。

二

文章得失寸心知。

在研究过程中——我虽然以项目申请书为蓝本，但在紧扣申请书设定的研究目标时，也根据到上海发布和南京发布的实地调研结果，本着“解放思想”和“实事求是”的原则，由经验到理论，再由理论到经验，如此反复①，对原拟的研究内容和研究设计进行了修正和完善——这可以解释为什么本书与项目申请书的研究设想有差异（但项目申请书的“基本观点”基本未变）。

为实现本研究所追求的——较强的系统性、严整的逻辑性和可操作的实用性，同时也因为我在研究过程中，不断地“充电”（包括于 2014 年 9 月到复旦大学新闻学院从事博士后研究）——项目实际完成时间比原计划延期约一年。2017 年 11 月 10 日，提交结项；2018 年 4 月 9 日，“准予结项”（证书号：20181396）。

本书在数据采集方面，付出了艰苦劳动。仅以第二章的研究内容为例，2016 年，全国 31 个省会城市政务微博共发布 174935 条微博。由于要判断每一条微博的转发数、评论数、点赞数三者之一是否为超过 100（包括 100）的“高影响力”微博，因此，（1）本研究“下笨功夫”——对于 174935 条微博采用了“逐条阅读”的方法，筛选出高影响力微博 6920 条。并对每一条高影响力微博做截图②。（2）本研究系统地绘制了 2016 年全国 31 个省会城市政务微博每天所发布的微博总数与高影响力微博数量对比的图表（出版时，为省篇幅，略去不录）。（3）对于 2016 年全国 31 个省会城市的 6920 条高影响力微博，又通过“反复研读”来划分其所属的“理性人”稳定偏好的类型。

为了获取第一手资料，避免“空对空”地逻辑思辨，我于 2017 年酷暑之际，到“上海发布”和“南京发布”实地调研——根据访谈录音整理出来的调

① （美）黄宗智：《实践与理论：中国社会、经济与法律的历史与现实研究》，北京：法律出版社，2015 年版，第 5 页。

② 感谢南京财经大学新闻学院传媒经营管理专业研究生田方苏的协助，本书的微博截图是她和我一起做的。本书第二章关于“理性人”作为“消费者”“生产者”“娱乐者”和“投票者”偏好稳定的数学检验，也是在她协助下完成的。南京财经大学新闻学院传媒经营管理专业研究生杨路和陈娜为本研究第四章第二节的数据搜集提供过帮助。南京财经大学新闻学院本科生陈良贤绘制了本书第二章的部分图表和第三章第一节的部分图表。在此，一并致谢。

研实录有33000余字，因为有些重要资料属于私人之间内部交流，也由于有些关键内容在本书中已经征引——为遵学术伦理，也为避免重复，本书效颦贾平凹，附录略去□□字。

在研究政务微博意见领袖形成机制的4年时光里，我平均每年发表1篇学术论文①——不求多产，但求精思②。其中，发表在《新闻大学》的论文，于2017年4月5日被中国青年政治学院（中国社会科学院大学）“政治传播研究中心”微信公众号“政治传播研究”推送。研究成果虽然产生了些许影响——但是，“瑜”不掩“瑕”，本研究的不足，至少有如下几点是需要向读者真诚地指出的：

其一，本书中政务微博用户的信息偏好来自于特定年份的归纳推理。

基于政务微博用户的信息“偏好”是“稳定”的假设，培育政务微博“意见领袖”归根结底要提供能够提供满足政务微博用户“稳定的偏好”的信息产品。本研究通过实证分析全国31个省会城市政务微博2016年全年的高影响力微博，归纳出政务微博用户稳定的信息偏好的四大类共16个子类。由于采用的是基于2016年高影响力微博样本的“归纳推理”的方法，因此，结论的适用性受限于全国31个省会城市政务微博“2016年”高影响力微博的实际发布情况。

其二，“理性人”偏好类型分类的界限存有交集。

由于人的需求是交叉叠加的，因此，基于信息“需求”的“理性人”的信息偏好类型的分类必然存有交集（交叉叠加）。如何分类才能够使这种必然存有的交集减至最少？本研究尽管对此有着清醒的认识并做出了艰苦的思考，但仍然不能完全令人满意——例如，“政令”与“民生”、“体育”与“健身”，以及“记忆”与“纪念”等分类都有商榷的余地，但我却没有探研出更好的分法。

其三，经济学视野与其他学科理论的结合欠圆融。

做研究而后知不足。我本科学习的是经济类专业，并获经济学学士学位。

---

① （1）写于2014年的《评论缺位：政务微博的问题及对策》，发表在新华通讯社主办的《中国记者》2015年第1期“国家社科基金项目”专栏。（2）《论政务微博与风险社会官民协商空间的建构》发表于《南京晓庄学院学报》2015年第4期。（3）《论突发公共事件中微博意见领袖的舆论引导机理》，收入常松，胡靖主编：《新媒体传播与舆论引导》，安徽师范大学出版社，2016年版。（4）《我国地方政务微博“上情下达”传播效能研究》发表于《新闻大学》2017年第1期。

② 这种自我约束的理念由2014年9月进入复旦大学新闻学院博士后流动站而强化——某个中午，在复旦旁边三号湾的一家中餐厅，一边喝酒，我的博士后导师陈建云教授一边指点我：“做学术的时间是有限的，不要追求多产，‘粗制’必然导致‘滥造’。一年能够出一两篇质量较好的论文即为学术上的‘成功人士’”。

硕士，博士和博士后阶段均研究新闻传播学，虽然具备了较适合从事本研究的知识结构，但在研究中却仍然感觉到将经济学视野与其他学科理论有机融合并非易事——例如，本研究在分析省会城市政务微博传播国务院政府工作报告时，曾尝试以经济学的“生产函数”作为研究者中观的理论视野；以传播学的“议程设置”“消息源”和“新闻本质理论”作为研究者微观的理论工具——来分析构成“生产函数”的具体“生产要素”。然而，限于我的学养，虽然自感本部分的经济学视野与传播学理论的结合欠圆融，但却没有思考出更好的解决方案——这也是本研究的局限。

三

一向年光有限身。

本研究立项之时，我尚三十几岁；本书付梓之际，心已微近中年。夜雨孤灯，徐记前尘——我做“田野调查”时，曾得到南京发布主编黄伟清先生、上海发布主编周凯先生的热情帮助。由于我的博士是在南京师范大学新闻与传播学院读的（导师：倪延年教授），博士后是在复旦大学新闻学院做的（导师：陈建云教授），因此与毕业于南京师范大学新闻与传播学院的黄伟清先生、毕业于复旦大学新闻学院的周凯先生不但是“校友”，而且是“院友”！两位“学长”，一位中午款待我吃饭，一位下午请我喝咖啡，“人生意气豁，不在相逢早”，其对本研究的支持——感恩于心。人民日报出版社周海燕老师，干济诚善，思精行敏，其为拙作面世的辛苦付出——鸣谢于此！

本书从立项到结题的5年时光里，我，跨过四十，青山依旧在；早生华发，不只朱颜改。对于学术——自己所生的领悟概括起来也许可引那句古话：“修辞立其诚”。重点在于“其”和“诚”。“其”是“我思”所得，“诚”是“我思”经过分享之后对于特定的“读者”有何益处？把自己近年的所思写出来，以书的形式分享，说来说去目标还是“与人为善”——至于能否做到，那需另当别论。

我现在怕被“贴标签”，一会儿说你是做“新闻史”研究的，一会儿又说你——研究“新媒体”。因这大有“打一枪换一个地方”之嫌，除非你能够“但开风气不为师”——而愚钝如我，显然又没那本事。这就需要自己心里细想清楚：在短暂的人生数十寒暑之中，我做的研究能否实现“吾道一以贯之”？比如，《影响将来有影响的人：中国新闻传播学博士培养系谱研究》① 和这部《政务微博意见领袖形成机制的经济学分析》，是否前者是“新闻史研究”，后者是

① 中国博士后科学基金第9批特别资助项目（项目编号：2016T90331）。

“新媒体研究”，两者——“风马牛不相及”？

实际上，这两个课题研究的都是“影响力”。如果将“影响力”再向上抽象一层，那就是研究“权力”——用“权力”（政治权力、经济权力、文化权力……宏观权力、微观权力……显性权力、隐性权力……）这一“人类社会的中心命题”作为理论工具，可以针对不同的研究对象，提出不同的问题，——无论“新闻史”还是“新媒体”，都只不过是“研究对象”而已。

在研究兴趣上既作此般自我定位，今后无论以何作为研究对象，万变——不离其“中”。我始终面临的真正问题既不是“你的研究对象是什么”，也不是“你的研究方向是什么”，而是，以“权力”作为“眼睛”，如何提出既是自己感兴趣又对读者有价值的一个——又一个问题。

为学之路上，我问——故我在。

刘泱育

2018 年 12 月 18 日

南京财经大学仙林校区德正楼